U0647214

青少年足球运动员培养训练宝典

（全彩图解修订版）

[西]霍斯特·韦恩（Horst Wein） 著

李东波　陈柳　译

人民邮电出版社

北京

图书在版编目（CIP）数据

青少年足球运动员培养训练宝典：全彩图解修订版 /
（西）霍斯特·韦恩（Horst Wein）著；李东波，陈柳译
. -- 2版. -- 北京：人民邮电出版社，2019.7
ISBN 978-7-115-49411-5

Ⅰ. ①青⋯ Ⅱ. ①霍⋯ ②李⋯ ③陈⋯ Ⅲ. ①青少年
－足球运动－运动训练－图解 Ⅳ. ①G843.2-64

中国版本图书馆CIP数据核字(2018)第217933号

版权声明

免责声明

作者和出版商都已尽可能确保本书技术上的准确性以及合理性，并特别声明，不会承担由于使用本出版物中的材料而
遭受的任何损伤所直接或间接产生的与个人或团体相关的一切责任、损失或风险。

内 容 提 要

　　执教青少年运动员，发挥他们的最大潜能！本书是《青少年足球运动员培养训练宝典（全彩图解版）》的修订版，
旨在将行之有效的执教方法和吸引人的游戏结合到一起，以此培养青少年运动员的足球技能，让他们了解团队打法并
学会欣赏体育精神。

　　作者霍斯特·韦恩在本书中为年龄从 7 到 14 岁的运动员提供了 150 多种游戏、纠正训练和比赛。本书以国际认可
的足球发展模式为基础，将训练和执教方法分成 4 个级别，从而提供了具有针对性的适龄执教资源。本书通过清晰的
描述和彩色插图，以简单易懂的方式将足球运动的基本技术、守门员技能、战术应用和比赛智商，整合到各个训练课
程中，可以有效帮助读者成为更好的老师或教练，为运动员实现成功的足球生涯创造一个良好的开端。

◆ 著　　　　　[西]霍斯特·韦恩（Horst Wein）
　　译　　　　　李东波　陈　柳
　　责任编辑　　林振英
　　责任印制　　周昇亮

◆ 人民邮电出版社出版发行　　北京市丰台区成寿寺路 11 号
　　邮编　100164　电子邮件　315@ptpress.com.cn
　　网址　http://www.ptpress.com.cn
　　临西县阅读时光印刷有限公司印刷

◆ 开本：700×1000　1/16
　　印张：16　　　　　　　　　　　　2019 年 7 月第 2 版
　　字数：329 千字　　　　　　　　　2019 年 7 月河北第 1 次印刷
　　　　　著作权合同登记号　图字：01-2015-4395 号

定价：88.00 元
读者服务热线：(010)81055296　印装质量热线：(010)81055316
反盗版热线：(010)81055315
广告经营许可证：京东工商广登字 20170147 号

目 录

推荐序　　　　　　　　　　　　　　　　　　　　　　　iv

译者序　　　　　　　　　　　　　　　　　　　　　　　v

前言：全新的足球培训理念　　　　　　　　　　　　　vi

第 1 章　　青少年运动员的自然成长　　　　　　　　1

第 2 章　　成功的足球培训方法　　　　　　　　　　10

第 3 章　　适合球员年龄的足球培训方法　　　　　　25

第 4 章　　练习基本技能的游戏　　　　　　　　　　39

第 5 章　　培养足球比赛智商　　　　　　　　　　　82

第 6 章　　Mini 足球比赛　　　　　　　　　　　　　89

第 7 章　　7v7 足球比赛　　　　　　　　　　　　　144

第 8 章　　青少年守门员的培养　　　　　　　　　　177

第 9 章　　8v8 足球比赛　　　　　　　　　　　　　211

结束语：让足球走向未来　　　　　　　　　　　　　241

参考文献　　　　　　　　　　　　　　　　　　　　244

作者简介　　　　　　　　　　　　　　　　　　　　246

译者简介　　　　　　　　　　　　　　　　　　　　247

推荐序

听闻霍斯特•韦恩的关于青少年足球培训的书在西班牙和其他国家很受欢迎，而且目前还出版了英文版，本人甚感欣慰。这本书为极度痴迷足球的教练和青少年开启了一扇通往独特的足球理念和成功教学模式的大门。

足球教练可将作者在书中分享的宝贵经验用作教学模式。书中超棒的图画和照片不仅清楚地描述了如何组织比赛的过程，同时还体现了指导青少年足球运动员的教学艺术。

霍斯特•韦恩在书中所描述的足球教学方法侧重于让青少年享受教学过程，而非禁锢青少年的娱乐天性和创造力，踢足球的乐趣不应被苛刻的规则限制。

青少年运动员是足球运动发展的基石，他们是足球运动的主宰，同时也是足球运动的未来。相对于比赛，传承足球运动的内在价值尤为重要：公平竞赛、力争做到最好等体育精神。

因此，只有知识和技能的同步教育，才能充分发挥足球的社会性功能。

我们始终秉承国际足球联合会（FIFA）主席约瑟夫•布拉特（Joseph Sepp blatter）先生所倡导的"足球为人人，人人为足球"理念以及在全球推广的"Goal Project"计划，同时，希望看到更多的青少年运动员体验到这本书中所推荐的训练和比赛。我很高兴地看到国际足球联合会和西班牙皇家足球协会为霍斯特•韦恩撰写的这本书所写的推荐词。这样积极的做法不仅令更多青少年受益，而且还将推动世界足球运动的发展。

安赫尔•玛利亚•维拉（Ángel María Villar Llona）
西班牙皇家足球协会主席
国际足球联合会委员会主任
国际足球联合会执行委员

译者序

　　该书作者霍斯特•韦恩先生，是著名的曲棍球运动员，曾作为教练带领西班牙曲棍球国家队获得欧洲冠军，之后长期从事足球运动的研究与服务工作。他对世界青少年足球的发展做出了不可磨灭的贡献。不幸的是，2016年2月14日，霍斯特先生永远地离开了我们。这本书是他的31部著作之一。

　　这是一本逻辑清晰、体系完整且非常实用的青少年足球培训指导书。首先，霍斯特先生始终能够以一种快乐至上的思想，通过其创新性的"足球发展模式"将7至14岁的青少年培训进行有效整合，形成了一套风格鲜明、科学性强的青少年足球培训体系；其次，其快乐足球的培训理念、绝不揠苗助长的科学发展观值得我们从业者和家长们深思；再次，书中与比赛紧密结合的"战术优先"理念始终贯穿整个体系，值得我国青少年足球教练思考与借鉴；最后，在现代足球的发展中，守门员作为球队最重要的环节之一，把门卫技术训练单独作为一章讲解意义重大。

　　译完此书，体会颇深。第一，国内外诸多的研究将足球运动的本质定义为比赛，因此，一切训练安排都不能脱离实战比赛的真实场景。而传统的分解式、封闭式的训练方法，恰恰与此相反，显然已不能适应现代高水平足球发展的需要。第二，运动员是赛场上的主角，这使得教练全盘掌控的填鸭式的传统培训模式已不能适应现代足球发展的需要。这本书通过设计不同场景的游戏比赛，人为创造出适用于青少年的比赛场景信息，能够潜移默化地提高青少年的足球运动能力；同时，能够使青少年体会到足球运动的乐趣，这种快乐足球对青少年的发展意义重大。第三，书中内容符合训练学理论，作者提出的"足球发展模式"与著名的"窗口期"理论完全吻合。第四，各足球强国重视体系建设和后备人才培养已是一般规律，构建适合我国国情的青少年训练体系和发展路径成为当务之急。但需要说明的是，在我国青少年足球训练中使用此书时还需因材施教、因地制宜，切不可生搬硬套。

　　最后，感谢霍斯特先生带给我们快乐足球的理念。感谢在翻译过程中给予我帮助的各位老师、学者以及朋友们。同时，感谢我的家人和孩子们，足球是全世界人们的宝贵财富，而你们是我人生最重要的礼物。

前　言

全新的足球培训理念

　　青少年运动员是否会将足球作为一项终身运动，取决于他们对训练课的内容、教练的专业化程度与经验、俱乐部或学校的社交生活以及比赛结构等方面的认知。开发针对青少年的有效训练和比赛计划的关键，是了解在青少年的特定生理和心理发展阶段，哪些训练和比赛方式是最合适的。只有当青少年的训练或者参赛要求与自身的智商、心理以及动作技能相符时，青少年才能快速、有效且全面地掌握训练方法。

　　"准备就绪"的概念（运动员生理年龄成熟度）是练习任何项目的重要先决条件。教练必须了解"青少年在哪个年龄阶段可以坦然面对成年人比赛的要求"。如果按一些正规培训的要求，那么年龄低于14岁的青少年就不应该参加他们并不具备条件的比赛测试。青少年可以参与强度逐步提高的训练和激烈程度不断提高的一系列比赛，接着在数年之后再逐步参加成年人比赛。培训的关键在于了解运动员在特定的生理和心理发展阶段所适应的项目（技术动作、战术行为或复杂的比赛）。

　　但是，人们经常引导青少年参加不符合他们身心发展的复杂运动项目，期望青少年理解和应对大场地11v11足球比赛的复杂情况，最终结果只会导致沮丧和失败。本书向教练介绍了一种针对青少年运动员身心发展现状的训练课程，本课程旨在逐步培训年龄介于7~14岁的运动员的技术、战术、认知和体能方面的能力。

　　青少年身心的成熟度会直接影响培训效果。除了动作，成年人必须确定青少年可能实现目标的年龄阶段。例如，在开始教孩子骑只有两个轮子的自行车之前，必须先了解孩子大致掌握平衡的能力。经验告诉我们，在孩子们做好准备之前（大约4岁之前），指导孩子掌握任何技巧都会失败，因为从本质上讲孩子不具备掌握能力。

> "训练可以根除坏习惯，同时养成好习惯。"
>
> ——德特马·克拉默（Dettmar Cramer）

　　遗憾的是，坏习惯是青少年足球发展的最大障碍。传统的方法往往是盲目跟风——对于训练的结果或比赛的结构未做充分的考虑。为了取得更好的结果，教练、管理机构和联合会必须首先审查青少年足球计划的结构和组织情况，必须简化复杂的成年人比赛，打造并设计完全符合青少年身心能力的合理比赛进程并逐渐增加难度。只有符合自身能力、兴趣和期望的训练、比赛及挑战才能让青少年积极参与进来，青少年训练计划和比赛必须是为青少年量身定做、完全匹配且让人愉悦的。

本书重点阐述一种创新模式：足球发展模式。这个模式适用于培训不同年龄段运动员的认知能力和体能。目前，大多数青少年运动员培训书籍所涉及的通用知识和训练都未考虑参与者的年龄，而本书以更科学的方法理念代替传统比赛，使比赛适应青少年，而不是迫使青少年适应足球比赛，从而让运动员更好地学习和享受各种复杂的比赛。

这个模式是足球培训的基本框架，它包含了基本的比赛要素以及这些要素能够实现愉快和有效训练课程的安排比例。更重要的是，它还阐述了在青少年足球运动员发展的不同阶段可以传授的最佳技术。本模式相关的所有研究工作都已完成，可将研究成果直接应用到训练过程中。

本书共9章。第1章到第3章阐述青少年的发育特点以及目前违背运动员身心发展的一些项目。在这些练习中，青少年被当作成年人一样对待，即使成年人比赛的复杂度远高于青少年的心智和技能承受度也是如此。第2章探讨了目前各种问题的解决方法和各种年龄段运动员的培训模式，以及创建模式的方法和原因。在学校和俱乐部训练中采用本书倡导的培训模式可以有效减少坏习惯的养成，而这些坏习惯的养成会制约运动员的发展。

第4章包含的基本项目和练习构成了足球发展模式的第1级别。我们将了解培训青少年运动员和入门者的各种活动及练习，如控球、传球、接球、射门和抢断。第1级别还包括针对7岁以上运动员的简单比赛——足球"十项全能"和2v2"三项全能"。

"因为我们都习惯了当今的速食食品、即冲相片、即时信息传输等生活方式，因此人人都期望快速成名。"

——齐格·金科拉（Zig Ziglar）

第5章旨在鼓励培训青少年足球运动员的教练们发掘自身的潜能，摆脱绝大部分教练喜欢的"专制型"教学风格。随着运动员控球能力的不断提高，他也应该具备良好的知识和思维能力：不仅要锻炼肌肉和肌腱，而且还要开发大脑。

第6章介绍足球发展模式的第2级别，对运动员的思维和战术意识进行早期的系统性培训。重点内容是逐步激发运动员的洞察力和智商，智商的培训主要通过全方位的方法来实现，而不是仅仅通过分析性方法。运动员将不断面对一系列适应其自身体能、技术和心智的简单技战术比赛，通过这些简单比赛，运动员可以学会如何应对比赛的认知和体能要求。简单比赛保留了大场地比赛的背景本质，但又不会在早期对运动员施加过于复杂的技术要求。了解复杂的足球比赛的最好的办法是通过逐步增加比赛人数这种合理渐进的简单比赛练习来实现。第2级别也包含适合本年龄组的比赛——Mini 3v3足球比赛、Mini足球"五项全能"和3v3"三项全能"比赛。

第7章的内容是第3级别,适合10岁以上运动员。本章增加了只有3名运动员参加的简单比赛和诸如4v4"三项全能"比赛及7v7的比赛,这些比赛相比第2级别逐渐提高了复杂性。第8章的内容是关于青少年守门员的训练及提高的培训。

第9章介绍了适合12岁以上运动员训练的器材。本章详细介绍了足球发展模式的第4级别,内容包括更加接近正规大场地比赛水平的简单比赛——8v8足球赛被认为是引导青少年运动员过渡到11人制足球比赛的最佳途径。与脱离比赛内涵的传统指导和培训课程相比,本章所描述的面向比赛的训练可以更好地调动参与者的积极性。

第4章到第9章还包括了200多张关于特殊技能、训练或比赛的彩色插图,以帮助读者了解项目规律。最后,本书在结语中强调,培训健康、快乐和天才足球运动员的唯一方法就是顺其自然地发展。揠苗助长是青少年运动员健康成长和未来出色表现的最大阻碍。

所有新老教练现在都有必要调整自身的培训理念,制定适合青少年的训练课程和比赛。本书获得国际足球联合会执行委员和国际足球联合会委员会主任安赫尔·玛利亚·维拉的推荐。本书将是培训优秀青少年运动员和开发成功足球项目的必备工具。

第1章

青少年运动员的
自然成长

"自然决定孩子们在成年之前，他们必须是孩子。如果尝试改变这个自然规律，我们会造成一些早熟的果实，他们长得既不丰满也不甜美，而且很快就会腐烂。"

让-雅克·卢梭
（Jean-Jacques
Rousseau）

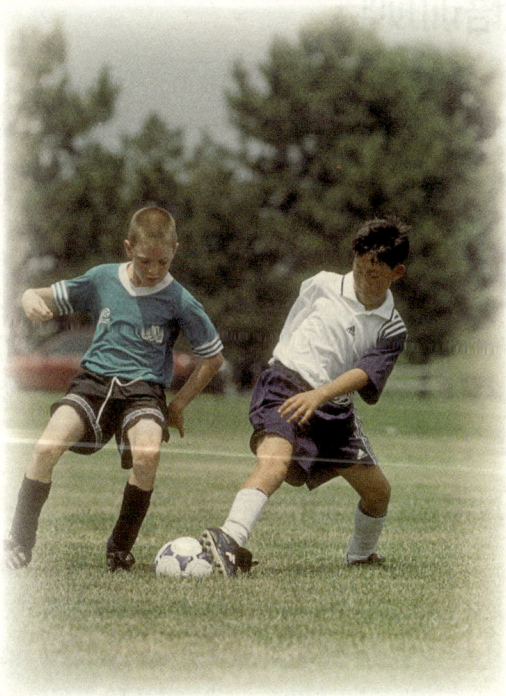

自然界的任何事物都有其发展规律，每个人只有在经历了各种不同的发展阶段，最终才会变得日臻成熟。揠苗助长是不可行的：自然成长本身是天生且从容的。教练、运动员、父母和管理者都必须遵循自然法则。怀着焦躁的心情着急地培养青少年足球运动员往往会导致球员的表现很糟糕，这种情况往往发生在非常有前途的青少年运动员身上。教练需要的是一种完全根据运动员自身的认知和运动能力来制定的训练模式。我们应遵循而非违背个体身心的发展规律。所有青少年足球训练和比赛计划都必须遵循自然法则，同时还要考虑青少年参与者的实际身心条件。随着青少年逐渐成长，他们所参加的比赛的难度和复杂程度也必须逐步提高。在一个结构完善的机制中，青少年足球运动员的成长与所参加比赛的难度和复杂程度也就相适应了。

培训现状

大多数（不管是哪个国家的）运动员都不清楚如何利用自身未发挥的潜能。遗憾的是，培训青少年运动员几乎没有什么经济收益，因此，最好的教练都不会在基层工作。知识和经验水平更高的教练会被吸引到能提供更高薪水的团队，而不是能力水平高的团队。

无法引入高水平的教练意味着学校和俱乐部中的青少年运动将面对低水平且乏味的培训过程。在很多情况下，人们会按照对待成年人的方式来培训孩子，完全不考虑自然规律或青少年运动员每天的成长需求。大多数教练所采用的临时或无计划的教学方案并不能完成各种棘手的任务，无法确保青少年运动员获得高水平的培训效果。此外，在青少年运动员的起步阶段进行科学的培训，这对他们未来发展至关重要，因此，教练必须快速掌握独特的训练方法。

过早引入复杂的项目

大多数训练和比赛存在一个问题：在孩子们未做好准备之前就采用复杂的比赛。即使足球运动员参加职业水平的比赛，也往往只有三分之一的胜算，可见足球确实是一项十分复杂的运动。研究显示，在一般情况下，运动员越年轻，在比赛中失误的比例会越高，当8~9岁的初学者参加7v7比赛时，我们会看到较低的成功率（低于50%）。即使参加这种简单的比赛，运动员也会遇到无数的困难和复杂的问题。注意，在有11名运动员的青少年比赛（这种比赛在世界的大多数地方还会举行中），团队在1分钟的比赛时间里（有效控球时间是45秒）会丢失4~6次控球权。

青少年运动员不应该对发生如此高比例的失误动作承担责任。我们必须认识到，不管是在足球方面还是其他体力和脑力等方面，如果培训不是逐步和渐进的，那么孩子们都会经常犯错。在目前的训练和比赛中，人们会要求孩子们面对完全超出其自身心理发展水平的比赛。要求孩子们在做好准备前就去过度应对复杂的比赛，这样只会增加失误和挫折感。当个人不断经历失误时，他们不仅会失去兴趣和自尊心，同时还会感到无法面对事实上对于这个年纪的他们来说过于复杂的局面。结果可能会导致他们产生压力，甚至放弃体育运动。

对青少年运动员要求过高

青少年运动员在有限的训练时间和个人关注下必须努力克服比赛的复杂性，同时还要满足不断增加的新需求。越来越多的孩子投身到足球运动中，但给予孩子们的时间和空间却越来越少。很多培训或学习以及参加比赛等这些传统的方法无法充分发展青少年运动员的身心，并且他们的大部分天赋也未被发掘出来。

在正式的比赛过程中，运动员最多运球90秒或者在90分钟的训练课中主动参与少于15分钟是根本无法让运动员发挥其全部潜能的。但是，运动员往往仍被寄予厚望，甚至会被强迫高水平的发挥，这对青少年运动员的身心能力提出了更高的要求。

使用低效的培训方法

设想一下：很多孩子在学校学习了8年多的外语课程。但是，当孩子们去一个非母语国家旅行时，他们往往无法应用他们已经学习了上千小时的知识。同样，大多数刚毕业的体育老师在完成大学体育教育专业四年中各门体育学科的学习后，仍然无法解决他们在上第一节体育课时遇到的大部分问题。这种准备的缺乏是由于他们对自身学习成果的实际运用不足和经验缺乏导致的——同时还采用了已经过时的方法。在大学或国际训练中心所获得的知识无法帮助教练们成功地应对职业挑战，因此，要想紧跟潮流并利用新信息（大多数内容每隔20年会出现重复），体育老师（特别是这些培训未来之星的人）必须不断提高自身的知识水平和能力，帮助学生学习相关专业的最新方法。

阻碍足球培训发展的主要因素是教练安逸放松的态度。由于自身的惰性或懈怠，教练倾向于继续采用旧方法，而非不断地重新思考培训的内容和理念。很多时候有些教练所使用的信息和采用的练习以及评测方法都已经失效了，但很多教练甚至没有注意到所采用的信息在多年之前就已失去了价值。

很少有教练会跳出自身专业的局限性，去结合、混合或者融合与自身教学和学习过程相关的不同体育科学。因此，大部分运动员和教练必须通过各种事件、错误和试验不断学习，而非只是取用不同体育领域的发展成果。

培训青少年运动员的最大悲剧在于大多数教练对比赛了如指掌，但却对自己的学生一无所知。

在培训像足球运动这样的特殊项目前，教练必须全面了解哪些方式最适合儿童、青少年或者成年人学习，然后分析哪些机制可干预或影响学生每个发展阶段的学习。青少年足球运动员在成长和发展过程中会出现各种生理、认知和社交的变化。这些变化会直接影响他们的协调性和条件反射以及心理等。

是时候进行改变了

在人们越来越习惯久坐不动的当下时代中，教练应该如何应对呢？经过整晚8~10个小时的休息后，孩子们会搭公交车或坐车到学校，接着往往便是一坐6个多小时。下午，在吃完午饭且坐着上完更多的课程后，他们会搭公交车或坐车去参加他们最喜欢的运动。在那里，孩子们大多站在队列里等待和听取教练的指示。接着他们回家，看看电视、上网或者玩视频游戏。在一天中，孩子们只有很少的几分钟来发挥他们的创造力、想象力，也没有很多主动性来应对身体刺激活动。在这种情况下，我们必须重新思考和认真修改整个培训传统，以便在教学过程中为运动员提供更多的亲身实践机会。

明确孩子们的角色分配后，教练必须考虑青少年的身体和感情需求。同时，教练还必须了解各个发展阶段，以便清楚孩子们在不同的年龄适应哪些项目。全面考虑这些方面后，教练就能毫无压力地制定出有趣且有效的足球培训计划了。

提倡主动参与

现代教练必须培训运动员了解比赛的各个方面，而不是仅教授目前足球课程所关注的各种技术内容。过度练习会扼杀青少年运动员的先天潜能！随着时间的推移，教练必须认真且逐步培养运动员的相关重要能力，其中包括洞察力和分析比赛情况以及在压力条件下制定正确决策等能力。教练不能仅依靠口头指令来传授这些能力。如果教练不断地使用口头指令，他们便会成为培训课程中的主角，从而减少甚至扼杀运动员的参与积极性。剥夺运动员的积极性不利于他们自身的学习。另一方面，教练让运动员主动参与项目可以让他们学会思考、组织已收集的信息并做出结论，以便评估、判断、想象和创造新的动作模式或动作组合。

> 要更多地激励而非教导青少年。
>
> ——约翰·沃尔夫冈·冯·歌德（Johann Wolfgang von Goethe）

约翰·惠特莫尔（John Whitmore）在《培训成效》一书中写道，运动员只能记住三个月前教练指示或口头传授全部内容的19%，但是却可以记起32%以演示和解释方式传授的内容。如果在教练的帮助下让学生自行生成信息，那么学生可以记住65%的信息。这就是足球运动员必须积极参与培训过程的原因：培养最终可以脱离教练指令的优秀运动员，最佳的教学方式就是教练能够将决策权移交给运动员。

给孩子们更多的控制权

创造力被认为是人类最崇高的精神活动之一。可惜的是，很少有教练清楚地知道如何才能激发运动员这方面的能力。在大多数足球场上依然可以看到扼杀运动员想象力、创造力等错误培训项目。

在训练过程中，因为担心将控制权交给运动员后无法控制局面，所以教练倾向于支配一切，而不是为孩子们提供充分培养自身潜力的机会。教练的教学目标必须是让学生思考，而不是代替学生思考。

具备丰富技术知识的专业教练往往会有一段时间很难把握自身的专业知识。他们习惯于通过很多指令来完成任务，从而为运动员传授知识，完全不考虑这种培训方式会限制运动员的发展。不能再让运动员去记住教练提供的解决方法，而是应该提供特定的问题让运动员自己去解决。

刺激运动员的头脑

为了让运动员积极参加训练和学习，教练必须掌握提问技巧。最有效的就是那种需要描述性答案的开放式问题。相反，那种是或不是的封闭式问题无法让人获得更多的细节信息。这就是教练必须重点提开放式问题的原因：这些以什么（what）、何时（when）和多少（how much 或者 how many）开始的提问可以实现量化或收集信息的作用。

通过教练系统性的提问，运动员可以自己生成信息。多亏这些聪明的提问，很多运动员开始注意到他们之前从未探索的问题。在面对教练提出的问题时，运动员必须进行思考、调查、判断和评估，直到最终找到解决方法。相反，如果教练进行培训只是告诉运动员应对特定比赛情况的方法，那么就无法激发运动员任何主动的心理变化过程。

很重要的一点是，教练要鼓励运动员的创造性，以便激励年轻运动员不断成长

一旦足球教练确信必须改变传统的培训方法，他们很快就会探索运动员理解和学习足球的过程，那么足球培训将越来越多地转变为运动员自学足球的过程。

10个有效的学习规则

（1）养成好习惯。坏习惯会让教练的工作量倍增，因此他首先必须抑制学生的坏习惯，接着教导学生对相同的刺激做出正确的反应。就像一个人可以很好或很糟糕地讲一门语言一样，踢球也会养成好的或坏的习惯和动作。

（2）完成特定的训练后，让运动员独自面对力所能及的问题——同时慢慢提高项目的复杂程度和难度。让运动员变得有能力并获得成就感通常可以进一步促进他的学习，当运动员意识到自身具有一定的能力，同时获得某些成功的回报时，学习便会变得更加有趣，同时更能激励运动员进一步学习。

（3）项目结束后，及时帮助运动员分析过程结果和了解自己的表现，这将有助于运动员接下来面对更加复杂的比赛情景。

（4）传授运动员可以承受的比赛新内容。如果运动员已经具备一定的能力时教练可以尝试提高训练难度，那么运动员可以学习得更快些。

（5）练习单个比赛情景元素。学习的第一个阶段就是了解到比赛过程中的各种不同要素。要想更好地了解情况，很重要的一点就是反复练习，除了强调了解情况，反复练习还可以强化刺激和决策之间的联系。

（6）不断重复重要练习。因为只练习一次根本无法巩固运动员的能力，反复练习对于学习至关重要，几次练习只能激活短期记忆，只有反复训练才能形成长期记忆。

（7）多变的练习和比赛内容。单一的练习内容会让运动员感到厌烦，学习过程中最大的敌人就是训练内容单调乏味，学生注意力不集中和缺少动力。这往往是因为教练安排课程不够多样化。

（8）混乱无序的训练内容。不同项目的训练课程之间的内容越相似，就越容易转换，但混乱无序的训练也会降低运动员的专注度和兴趣。

（9）利用表扬或选择运动员感兴趣的项目来激发运动员的积极性。积极性有利于学习。

（10）让身心同时受到刺激。保加利亚科学家洛扎诺夫（Lozanov）在20世纪70年代探索了"超级学习"方法：当老师采用的项目同时刺激了学生的左右大脑时，学生就会产生最高的学习动力。传统的足球教学方法往往无法对掌控创造力、直觉和空间感的右脑产生充分的刺激。因此，好的足球教学方法的每个训练课程必须能够对身体以及左右大脑都形成刺激。

满足青少年运动员的需求

成功培养青少年足球运动员的关键在于了解和满足青少年运动员的需求，而不是让他们忍受为成年人设计的无聊练习或比赛。因此，教练必须时刻记住基础训练对孩子们的重要意义。

▶ **安全需求。** 在训练过程中，孩子们需要一个熟悉且惬意的气氛来确保他们有安全感和自信心。我们不建议经常改变训练场地、教练或老师。只要训练课程的内容与孩子们已学的知识有所联系，那么孩子们还是会喜欢参加他们已经熟悉（但有所变化）的项目。孩子们需要稳定性。

必须在安全的环境中进行训练，同时还必须采用特定的规则来确保安全，避免发生任何危险事件。

▶ **新体验需求。** 实践出真知。教练必须让孩子们体验各种项目，孩子们需要对周围事物进行自我探索。这个规则适用于体育界，特别适用于足球运动。采用孩子们的身心能力可以接受的比赛和项目来刺激学习。自我探索，这种培训方法可以逐步培养孩子们自身的能力。

▶ **认可度需求。** 通过表扬孩子们在掌握技术或解决问题时的努力表现，可以显著提高孩子们的积极性。年龄低于12岁的孩子会将老师、教练或父母看成一面镜子，并通过他们看到自身的能力，这就是教练和父母要经常积极地夸奖孩子，同时最大限度减少使用批评性评论的原因。

▶ **责任感表现的需求。** 孩子们更喜欢自己做事情，而不是过度依赖成年人。他们希望尽可能快地独立。教练的培训方法和行为必须考虑到这种需求，确保孩子们可以经常自己解决教练提出的问题。只有当孩子们无法解决问题时，教练才必须进行干预。青少年也可以执行摆放或收集锥桶、修改练习赛规则、挑选表演赛或特定项目运动员等任务。在每次训练课上，学生们有10分钟的时间自由选择练习内容、方法、地点以及搭档并完成特定的技术或比赛。利用这种方式也可满足学生表现责任感的需求。

勉强交出部分责任的教练必须意识到，他们不在场时孩子们也会学习。在世界各地的任何一场青少年比赛中，即使在没有成年人指引的情况下，孩子们也可以合理地组织比赛。第一，他们会确保人数是对等的，以便比赛的公平性和挑战性，并会确保在比赛中会发挥其所有的潜力。第二，孩子们不需要裁判，运动员自己会关注规则，根据条件和环境做出修改：如没有越位，运动员会更多，场地更宽等。第三，团队往往由不同年龄的运动员组成，年轻的运动员向年长的运动员学习，同时年长者将面对年轻运动员的挑战，这也是实现提高团队水平的一种方式。

▶ **玩游戏的需求。** 玩游戏与睡眠对孩子们同样重要。玩耍对孩子们的身心健康必不可少。孩子们都是通过玩来进行学习的，因此每次训练课的核心部分必须是练习和理解简单的比赛。培训的关键在于指令要不断地适应孩子们的能力和行动水平——而不是相反。玩游戏可以促进沟通和决策的制定;不带思考地踢球类似于不瞄准就射击。

➤ 参加社交的需求。孩子天生喜欢与他人进行交流。随着年龄的增长,孩子们越来越需要同龄人相伴,他们喜欢与目标相同的队友或团队一起,同时证明自己的能力。

➤ 跑动的需求。孩子的天性就是活泼好动。青少年无法在队列中耐心轮候。必须修改成年人比赛规则,让孩子们可以更多地接触球。运动员越少的比赛就越可以确保参与者的主动性。

➤ 活在当下的需求。孩子一般都不会对过去或未来非常感兴趣。他们的时间概念完全不同于成年人,孩子们会愉快地活在当下,完全不受他们所认为遥远的未来或过去的影响。

➤ 多样化的需求。孩子渴望多样化,不喜欢无聊和乏味。大量不同的刺激是吸引孩子们注意力的关键。教练只有不断地变化演示方法和内容才能吸引大多数孩子的注意力。同时,教练还必须变化练习或比赛的强度级别。

➤ 被成年人理解的需求。孩子们好像生活在不同的世界中:他们会面对不同的问题,会学习不同的东西,同时无法像成年人一样逻辑性思考。他们的想法、思想和理由往往缺少连贯性,而情绪稳定性很大程度上又取决于自身生理成长的速度。这导致孩子们一般都不清楚使用力量的方法,因此很容易疲劳。他们完全只是凭感觉做事。在这种情况下,与孩子们一起生活和工作的成年人必须清晰地激励和引导他们寻找个性和自我。

消除焦虑感

在皮尔斯(Pierce)和斯特拉顿(Stratton)(1981)的一项研究中,453 名青少年运动员被要求找出让他们深受困扰且可能导致他们未来不参加运动的后顾之忧。大多数孩子表示,表现不佳(63.3%)和犯错误(62.5%)是比赛的主要压力因素。与这些焦虑相关的是,44.2%的孩子们表示这些困扰使他们无法发挥最佳状态,而23.6%的孩子们表示对困扰的焦虑可能让他们以后无法参加比赛。

众所周知,孩子们在比赛中面对的主要压力是父母和教练想看到他们赢得比赛的强烈希望。在成年人们的压力下,青少年运动员在赛前、赛中甚至赛后的焦虑感完全取代了与朋友们进行比赛的乐趣。

管理者、老师、父母和其他成年人常常会不切实际地高估孩子们的能力和行为,并迫使青少年运动员参加自身无法胜任的比赛。结果这些不切实际的期望导致青少年将自己作为失败者看待,同时还伤害了他们的积极性和自尊心。自尊是人格的生命之力,压抑或削弱人格就是压抑或削弱个性。在这种情况下,孩子们会认为他们仍未做好准备,而且他们不可能充分应对这些一个世纪之前原本为成年人所设计的高难度且复杂的比赛要求。

即使比赛还未开始,孩子们都很清楚任务的难度(赛前焦虑)。在比赛的过程中,当孩子们的动作失误过多时，他们就会感受到自身的局限性，而青少年运动员对这种情况的表现会更加明显。即使在比赛结束后，孩子们认为自己的表现不够充分时仍然会觉得有压力。

更具体一些，对身体发育未成熟的孩子过早地进行11v11比赛会造成压力过大，从而产生负面的自我感知。这种糟糕的自我印象会严重阻碍青少年运动员的学习和积极性。

青少年在无压力环境下进行学习时最高效（Wilson, 1984）。身体发育未成熟的孩子在每个发展阶段所面对的，必须是确保可以发挥孩子们自身能力的、量身定制的比赛。

了解目前练习的不足之处是进行更加有效培训的第一步。如果训练课程在设计时未考虑孩子们的各个发展阶段，那么足球项目所提供的内容以及孩子们的学习需求之间便会存在巨大差异。是时候挑战目前的培训理念了，以及阻止孩子们参加与他们身心发展不相符的复杂比赛。通过设计适应青少年运动员身心要求的足球比赛，教练才能成功地发展足球项目，并培养快乐的且有天赋的青少年运动员。

青少年足球运动员的权利

（1）娱乐的权利，包括在训练和比赛中，必须有各种有趣且易学的项目。

（2）被作为孩子看待的权利，不管是在球场上还是在球场外，都不应被当作成年人一样要求。

（3）参加简化规则比赛的权利，比赛必须适应不同发展阶段孩子们自身的能力和行为。

（4）在最可能安全的条件下参赛的权利。

（5）参加各种比赛的权利。

（6）受训于经验丰富且做了特别准备的教练和老师的权利。

（7）通过自身训练解决大多数问题，以获取经验的权利。

（8）获得教练、队友和对手尊重的权利。

（9）与获胜概率相似且年龄相仿的孩子们进行比赛的权利。

（10）不需要成为胜利者的权利。

第 2 章

成功的足球培训方法

规划青少年运动员的培养工作就像为旅行做准备一样。明智的做法是要有一个规划（计划或模式），以免迷路或者浪费时间和精力等。

　　有效培养青少年运动员的方法现在已开发出来。这个名为足球发展模式（Football Development Model）的方法适用于各个年龄段孩子们的身心水平。这个模式可供所有老师和教练们使用，而且完全可以取代之前被证实无效的临时训练和比赛。

　　足球发展模式是一个训练计划。它对欧洲、亚洲和南美30多个国家的青少年运动员的足球比赛体验方式产生了显著影响。通过这个模式，孩子们将逐步面对高难度和复杂的比赛。但是，这个模式完全不同于死板的模式或训练计划。教练可以在所提议的选单中选择与其体验或执教风格相对应的内容。足球发展模式并不是为教练们提供指导，而是激发起他们的积极性，促使教练们为特定的运动员团队找到最佳的组合活动。

足球发展模式

　　在开始应用这个模式来开发可适应青少年运动员的培养计划之前，我们先了解这个模式的创建方式以及具体的组成要素。

创建模式

　　足球发展模式考虑了孩子成长过程中的所有已知要素。它不仅尊重自然法则，而且满足了青少年运动员的期望。

　　设计足球项目时，除了要满足孩子们的基本需求，还必须满足孩子们的特定期望。孩子们在踢球时会首先对4个方面感兴趣：动作、个人行动参与、比分和建立友谊的机会。

　　这里的每个要素对于孩子们的健康都非常重要，因此在足球发展模式下设计训练和比赛项目时必须牢牢记住这4个方面。我们已对传统的训练和比赛项目做了大量的修改，以满足孩子们的要求。

➤ 简化或修改大量传统的训练或比赛规则，以增加训练效果。在孩子们进行自己组织的比赛时，尽量设置可强化动作的规则。比赛过程中大多数活动都发生在得分区域，并且要让孩子们经常得分，每个人至少得1分。

➤ 特别设计了增加每个运动员个人参与的训练和比赛，让孩子们成为训练的主导者，同时让孩子们感到自身的重要性。

➤ 比赛规则和得分方法的改变有助于保持比赛比分接近并增加挑战性。为了保持比赛得分足够接近并让活动具有趣味性和挑战性，在训练时应经常改变队伍或项目组合。即使是出色的运动员也必须接受各种不利因素的影响。

➤ 改变队伍和训练的组织结构，从而增加与队友一起参加不同活动的机会。

足球发展模式的设计充分考虑了孩子们动作发展（Gallahue, 1973）的4个阶段。这4个阶段如下所述。

- 反射动作——从出生到8个月左右。
- 初步动作——快1岁到2岁。
- 基本动作——2岁到6岁。
- 专项动作——6岁或7岁以上。

大多数孩子在7岁时其基本动作技巧就相当熟练了（虽然还不是很成熟），而且他们开始使用这些基本的动作技能，直到动作的质量和数量两者都得到改善。他们还会在过渡期的动作活动中变化、改变和组合这些动作。例如，跳跃跑动、跑动中不同方式的传或踢球或者控球跑动（像短跑选手、橄榄球或曲棍球运动员一样）。

足球发展模式恰好在动作发展的最后阶段开始，这样可以确保孩子们面对的只是他们已做好准备的活动。某个运动专项或体育动作阶段的孩子们会接触到足球发展模式的第1级别，然后按照指定的时间线逐步参加推荐的项目。

5个渐进式级别

足球发展模式包含5个级别。

- 1级　基本能力和技能的比赛（第4章）。
- 2级　Mini足球比赛（第6章）。
- 3级　7v7足球比赛（第7章）。
- 4级　8v8足球比赛（第9章）。
- 5级　11v11正式足球比赛。

这些级别（在后面详细描述）描绘了一个渐进式过程，它为一个年龄组提供了最常见比赛情景的练习和简单比赛。训练和比赛中的运动员会比较少、比赛场地的面积也会减小、规则更加简单等。青少年运动员从一个测试或比赛进入到下一个测试或比赛的发展会比较慢，而且还将不断地面对越来越复杂和棘手的问题。他们只有在了解和掌握了之前简单项目或比赛的技术和战术要求之后，才能够进入下一个级别。因此，他们的训练会是一个随着时间推移不断提高要求的发展过程。

这种渐进式的训练是运动员和教练在这个方法中获得成功的一个关键因素。每个部分都会分成一系列小的步骤，这些步骤会系统地实现掌握每一种技能或所属级别的最终目标：在专项年龄组的比赛中能够完美地表现自己。

在第1级别中，年龄7岁及以上的青少年运动员会面临基本能力和技能的比赛项目。这些比赛项目包括颠球和控制球的平衡、运球、传球、接球、射门以及抢断。他们接触简单的比赛（例如足球十项全能和三项全能）和各种不同的多线比赛。通过这些比赛，孩子们可以在他们掌握专项技能之前有足够的实践机会提高动作技能，而其他在这个发展阶段没有接受各种多线项目练习的青少年运动员，可能在稍后会遇到熟练掌握程度的障碍。如果他们的基本技能和过渡性动作活动没有得到很好地发展，那么逐步学习复杂的技术可能会变得极其困难。

完成各种多线项目后，孩子们接下来会进入第2级的培养，这个级别包含一系列渐进式简单比赛，针对由2名球员组成的球队，孩子们不仅能够体验及提高在1级中所学技术的正确使用方法，而且在沟通和合作中还增强了自身能力，这个级别的目标是了解和学习第2级对抗性Mini足球比赛（首先是在没有守门员情况下的3v3，然后是在有守门员情况下的3v3）和3v3三项全能。第3级（简单的3v3、4v4比赛和青少年守门员培养）中所推荐的项目可培养球员在正规场地上进行7v7足球比赛的能力。进入第4级，运动员主要接触针对4或5名球员所组成的球队的简单比赛，而前面三个级别的活动将有助于他们巩固技术。运动员们主要进行纠正练习，并培养如何理解比赛以及技战术反应能力，从而可以更好地完成在正规场地禁区之间的8v8足球比赛。第5级或大场地比赛的培养项目霍斯特·韦恩在《培养足球比赛智商》（2005）一书中进行了详细阐述。

足球发展模式的优点

为了更好地阐述足球发展模式是促进青少年运动员积极性的最有效方法，接下来将总结这个模式的优点。它不仅有利于足球项目本身，更重要的是还能让青少年运动员受益匪浅。

训练和比赛两者之间的关系

每一个级别的训练都是由不同的纠正练习和赛前准备组成的，特别是针对每个年龄组运动员的比赛要求而设置的各种任务。在课程学习的过程中巩固知识，稍后再将知识正确地应用到简单的训练或正规比赛中。训练和比赛总是被看作一个整体，两者是紧密联系的。这不同于传统方法：过程是良好表现的基础。足球发展模式是传授孩子们如何最佳地应用技术的（何时、何地和为何），而不是重点关注实施封闭式技术培训方法。这样可以确保运动员一直充满激情，因为训练总是与比赛相关，而不是与比赛割裂开（往往在青少年运动员身上可以看到）。

提高成功动作

劳伦斯·默尔豪斯（Laurence Morehouse）和伦纳德·格罗斯（Leonard Gross）曾说过"只有在做对的情况下才能熟能生巧"。如果运动员反复练习一个错误的动作或者参加组织糟糕的比赛，那么即使熟练也不是完美的。这种情况出现在很多青少年运动员身上，运动员参加针对自身年龄而设计的比赛，将比参加传统比赛更能完成更多成功的动作，从而提

第1级别（一般面向7岁及以上的男孩和女孩）

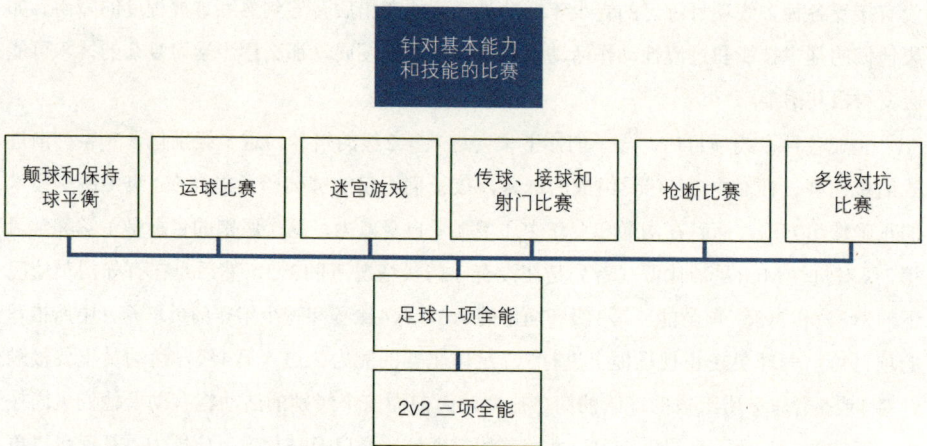

针对基本能力
和技能的比赛

| 颠球和保持球平衡 | 运球比赛 | 迷宫游戏 | 传球、接球和射门比赛 | 抢断比赛 | 多线对抗比赛 |

足球十项全能

2v2 三项全能

第2级别（一般面向8岁及以上的男孩和女孩）

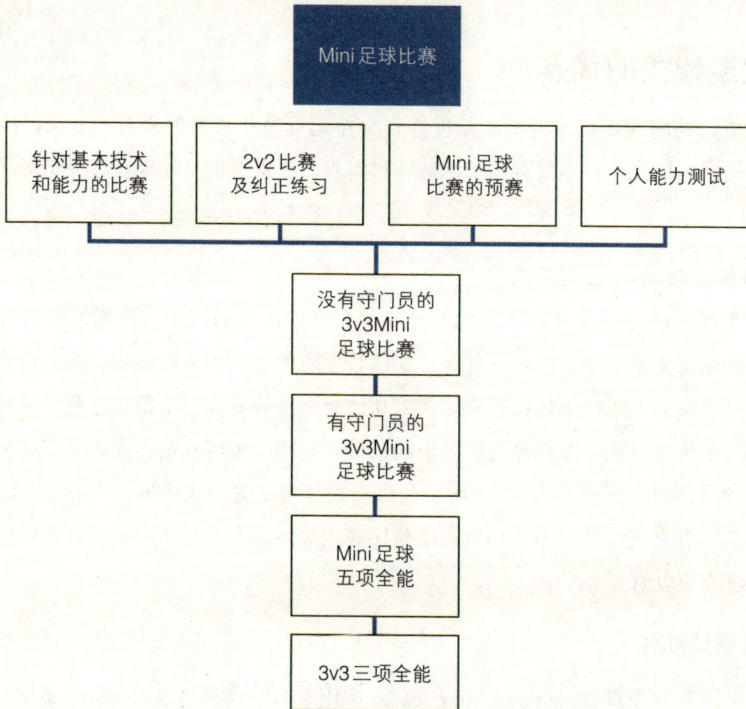

Mini 足球比赛

| 针对基本技术和能力的比赛 | 2v2比赛及纠正练习 | Mini 足球比赛的预赛 | 个人能力测试 |

没有守门员的
3v3Mini
足球比赛

有守门员的
3v3Mini
足球比赛

Mini 足球
五项全能

3v3 三项全能

足球发展模式包括个人训练、简单比赛以及集体和复杂的比赛。

第3级别（一般面向10岁及以上的男孩和女孩）

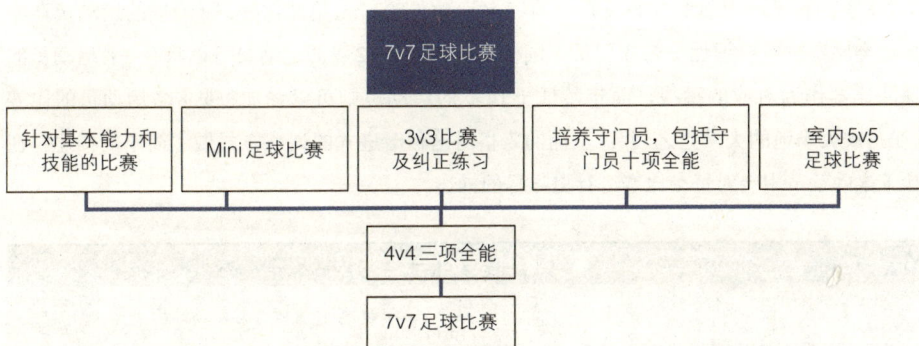

```
                          7v7足球比赛

针对基本能力和    Mini足球比赛    3v3比赛       培养守门员，包括守    室内5v5
技能的比赛                      及纠正练习     门员十项全能          足球比赛

                          4v4三项全能

                          7v7足球比赛
```

第4级别（一般面向12岁及以上的男孩和女孩）

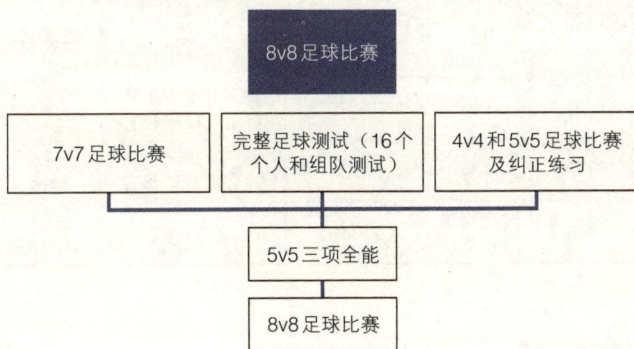

```
                          8v8足球比赛

7v7足球比赛      完整足球测试（16个      4v4和5v5足球比赛
                个人和组队测试）         及纠正练习

                          5v5三项全能

                          8v8足球比赛
```

第5级别（一般面向15岁及以上的男孩和女孩）

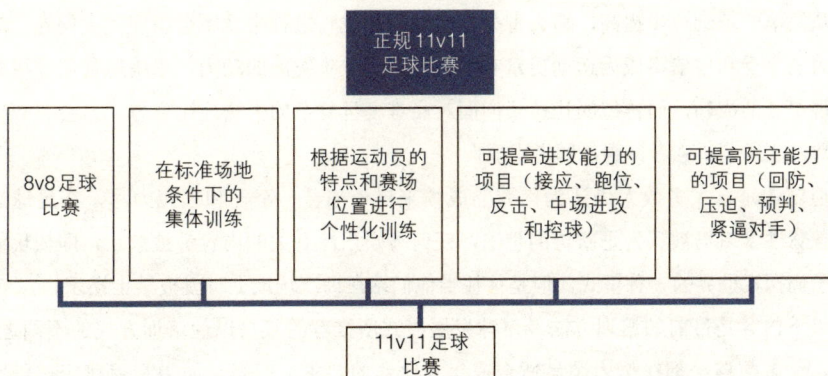

```
                          正规11v11
                          足球比赛

8v8足球      在标准场地      根据运动员的      可提高进攻能力的      可提高防守能力
比赛        条件下的        特点和赛场        项目（接应、跑位、    的项目（回防、
           集体训练        位置进行          反击、中场进攻        压迫、预判、
                         个性化训练        和控球）              紧逼对手）

                          11v11足球
                          比赛
```

高自信心。

8岁的初学者可以参加每支队只有三名运动员的Mini足球比赛，而9岁的运动员在参加这类比赛时可以增加一名守门员。同样，年龄低于12岁的运动员可以将有7名运动员的球队比赛作为对应的挑战，而年龄低于14岁的运动员则可以参加每队8名运动员的比赛（在正规大场地的大禁区之间）。下面的表格对这种渐进式的训练方式做了简单的描述。在接下来的章节中会对每个比赛进行更详尽的描述。

青少年比赛的合理进程							
参加比赛年龄	运动员人数	替补人数	足球	持续时间（场次×分钟）	比赛规则	场地大小	裁判年龄
8岁	3人	1人	4号	3×10	没有越位 4个球门 可多次使用替补	24米×30米	18岁以下
9岁	3或4人包括守门员	1人	4号	3×10	没有越位 4个球门 可多次使用替补	25米×35米	18岁以下
10~11岁	7人	3人	4号	2×25	球门6米×2米 可多次使用替补	35米×55米	20岁以下
12~13岁	8人	3人	4号	2×30	球门6米×2米 可多次使用替补	在两个禁区之间	21岁以下
14岁及以上	11人	5人	比赛用球（5号）	2×45	官方规则	全场	没有年龄限制

比赛的乐趣

一般情况下，运动员成功完成更多的动作后，他们会更加享受比赛。每两年提高比赛的难度和复杂程度可以很好地适应运动员不断增长的体能和智商要求。如果按照足球发展模式从简单的基础逐步提高，那么青少年运动员在成长过程中就不会出现重大问题。对自身能力的享受和自信将成为运动员富有积极性和进一步发展的动力，正确地使用该模式可以实现更大的成功，而传统的让孩子们面对高难度且复杂的大场地比赛方式只会导致更多的失败，正所谓，强者恒强，弱者更弱。

遗憾的是，大多数人仍认为优秀的成绩来自于痛苦、奋斗和筋疲力尽，在足球运动中，趣味性学习仍被认为是新奇的想法，任何与娱乐性有关的内容都被禁止，即使玩耍只是孩子们探索世界的一种模式，但是往往当他们站在训练场地上时就被禁止娱乐。

以下内容是目前的培训方法及足球发展模式所推荐的且与以往培训方式的不同之处。目前，大多数孩子都在努力满足适合成年人比赛的要求，但是，如果利用适应孩子发展的比赛和渐进式的活动进行培养，青少年运动员可以体验到更多的成功，更重要的是他们可以更加享受比赛。

以后将按照青少年运动员体能和智力水平的逐步发展情况来制定足球比赛

易于应用

　　足球发展模式的优点并不单单有利于运动员的发展，该模式还为教练提供了可以直接应用到运动员身上的完整且有效的训练方法，即使是根本没有经验的足球教练也可以应用足球发展模式逐步且有效地引导青少年运动员参加大场地足球比赛。这种模式的培训结果已经很明显了：会培养出聪明且全面的足球运动员。

　　为了更加熟悉足球发展模式，教练甚至可以进修专业培训课程，在这个课程中，教练可以了解设计这些针对特殊年龄组的专项训练和比赛项目的原因，以及实施这个项目的方法。教练不仅可以学到这个模式的详细内容，还可以更加熟悉应用这个模式的最有效方法和培训风格。

固定目标

　　模式的结构对所有的项目（例如，Mini足球比赛）和各个级别的具体局部目标（例如，运球游戏或3v3比赛）采用了分级顺序，以便更加适合教练使用，每场比赛或练习都确定了具体的目标，每个分类都有固定的目标并且具备以下优点。

　　➤ 教练可以根据指导方针组织和发展学习过程，同时在完成了内容的评估之后将自己的训练项目添加到模式所建议的项目中。

　　➤ 有助于将推荐项目与固定的目标联系起来。

➤ 增加孩子们的奖励措施，以便让他们将精力集中在某些明确的目标上，而不需要猜测这样打比赛的原因或者以后的目标方向。

➤ 允许教练研究他是否实现了目标，从而做出必要的改变。

根据青少年足球训练为每个分类设定明确且固定的目标——是这个独特培训模式的一个关键因素，孩子们不会接触到只由教练临时准备和直觉决定内容的训练过程。这个项目的培训模式体现了相关的体育科学和动作发展模式研究。因此，在学习的最初几年里培养好习惯可以更好地提高预期的表现。

大多数年轻教练在不知道方法正确与否的情况下，老的习惯用起来会比较得心应手，这些都是他们经常使用但较少反思的方法。但是，教练们在接触到有效的训练项目即足球发展模式之后，培训工作可能就会做到事半功倍。

培训理念

如果没有正确的培训理念，那么足球发展模式也就无法得到更好的应用，在训练和比赛过程中，教练必须时刻保持健康、积极的态度。

比赛理念

这些规则必须应用到比赛中。

➤ 年龄在8~14岁的男孩和女孩总是认为球踢得好比获胜更重要。在学习的过程中，参与者必须忘记比赛的结果，应该鼓励他们多冒险，即使这样踢球会导致对手得分，运动员、父母和教练必须将比赛看作另一种训练方式。

➤ 调动所有的动力取得胜利，但是不能为了获胜而不惜一切代价，胜利永远不应该被认为是唯一重要的事情。

➤ 不要介意输了一次比赛，因为比赛的过程难免会出现错误，谁都无法保证一定获胜。如果你被一支球队打败了，那么一般都是因为他们表现得更好，绝对不可以是因为你的球队没有尽全力而输了比赛，只要你已经尽力了，那么你就不是失败者。

➤ 获胜并不是像大多数父母所认为的那么重要，失败也不像他们所认为的那么糟糕，这完全取决于队伍想证明的是什么。运动员可能在消极且糟糕表现之后取得比赛的胜利，同时，他们也可能在比对手表现得更好而且很好地享受了比赛之后却失败了。

➤ 学着将训练看作比赛一样重要，要以参加重要比赛的态度进行训练。

➤ 获胜只是优异表现的结果，这就是每个运动员必须尽他最大的努力参赛的原因，结果会像成熟的果实一样从树上掉落下来。

➤ 指导14岁以上的青少年运动员赢得比赛比指导他们赢得游戏要更简单些。但是，良好的表现可以不断用于发现老问题的新的解决方法，另一方面，指导如何获胜意味着将比赛只局限于对获胜重要的已知技术动作和战术模式（例如，空当、传和无球跑动、防守），如果以这种方式参加比赛，那么长期看来，青少年运动员的全面培养仍然是会受到限制。

保持积极态度

青少年运动员的教练对教与练必须尽心尽责，要让青少年运动员感觉良好、乐于接受，更重要的是，充满快乐和成功感。可以尝试以下的简单沟通方式。

> ➤ 热情地打招呼并喊得出运动员的名字。
> ➤ 微笑。
> ➤ 竖起大拇指。
> ➤ 拍肩膀。
> ➤ 与运动员交流。
> ➤ 与运动员一起参加游戏或活动。
> ➤ 听取运动员的建议并聆听他们的心声。
> ➤ 帮助运动员学习新的知识或提高他们的能力水平。
> ➤ 帮助运动员调整他们的个人目标。
> ➤ 关心运动员所有的问题。
> ➤ 对运动员的朋友、家人和爱好感兴趣。
> ➤ 进行一些有趣且好玩的活动。
> ➤ 鼓励。
> ➤ 表扬而非批评。
> ➤ 在教学过程中向青少年运动员有效地提问。

"越想赢，越要忘记赢。"
——劳伦斯·默尔豪斯（Laurence Morehouse）和伦纳德·格罗斯（Leonard Gross）

除了正确的培训理念，一个成功的足球项目还需要组织和社会的支持、有力的推广和安全的环境。将正确的培训理念和渐进式的足球发展模式结合到一起一定可以取得成功。在量身定制比赛方面的成功经验可以更好地促进模式进一步发展，但是如果协会、俱乐部和学校没有意识到引进逻辑性发展比赛的需要，那么一切将不会发生任何改善；如果更多的协会决定不惜代价地为各个分类的青少年运动员提供适当的年度比赛，那么将会有越来越多的孩子获得更好的表现和享受比赛的机会。

培训特点

　　某些特点可以让教练更容易被他的青少年运动员所接受（Halliwell，1994）。以下就是其中一部分易于识别的特点。

鼓励比批评对运动员们更有用

- 成为一名有经验且成功的运动员。
- 成为一名有经验且成功的教练。
- 外表以及着装看起来和蔼可亲。
- 健康的生活方式（习惯）。
- 工作有条不紊，准时且高效。
- 能够很好地组织训练课程、会议和旅行。
- 良好的沟通能力，清楚概念的解释方式以及倾听方式。
- 良好的性格——总是愿意在运动员身上花时间。
- 渊博的技术和战术知识及培训方法。
- 乐于将知识传授给运动员。
- 积极的方法——采用积极的方式鼓励和激励运动员，制造激情，经常表扬运动员。
- 从替补球员开始培训，快速决定并重新调整队伍打法，机智地更换运动员同时具有幽默感。
- 在更衣室以及训练和比赛的赛场上都可以带队指导。
- 自我控制——情绪稳定可以传递出冷静的信息，特别是在发生对抗时。
- 不断提升的欲望——寻找新的练习和比赛以及新的培训方法或风格，培训过程中自我批评。
- 观察、分析和改正错误或坏习惯的能力。
- 诚实且公平对待青少年运动员——不搞特殊化，高要求但公平对待每一个人。
- 听取建议——保持灵活性，听取运动员或助理的建议。
- 向运动员展示真正的优点（以及他们在比赛场上存在的问题）。

赢得比赛vs培养才能

　　大多数足球俱乐部已经早就忘了"体育运动中最重要的就是参与和发挥"的名言，很多教练往往将青少年运动员作为融入上流社会和上升职业阶梯的平台。这种青少年运动员培养文化每天都会导致不好的结果——不仅是对孩子们同时对孩子们参与的俱乐部也是如此。即使是儿童、青少年或初学者参与的俱乐部，只要他们的训练都是为赢得比赛而进行的，那么这样的俱乐部也会受到影响。

　　不幸的是，很少有俱乐部会根据在经过多年良好规划和有效训练之后，能够参加一线队或代表队的运动员人数来评估他们的成就，这些俱乐部的教练关注于学习而非比赛获胜，从而成为最终的赢家。

　　根据美国一份针对20世纪90年代末参加有组织体育运动的青少年的调查发现，2 000万北美青少年在13岁之后会有1 400万人不再参加比赛。目前青少年运动员的退出率是令人担忧的。例如，英国的一些研究显示，70%以上的青少年运动员选择退出比赛。退赛盛行主要是因为青少年太早开始参赛、过多参赛、过度训练而且过早专业化，可能糟糕的培训方式也是原因之一——如果教练不惜一切代价追求获胜，那么青少年运动员的运动热情肯定会被燃烧殆尽。当然，青少年运动员（以及他们的父母）都很希望快速获得成功，但是，在体育运动方面并没有捷径可走，而且如果教练们无法耐心培养运动员的潜能，那么他们也会面临失败。西班牙皇家足协也对此做了大量的调查，因为他们发现13~15岁的青少年运动员在经历了6年多成年人般的训练和比赛之后不断地退出足球联盟。这样大规模的退出是因为足球这项原本被孩子们认为可以作为一种简单且可与一些朋友分享的运动，随着时间的流逝已经成了大多数青少年的痛苦经历。现在在孩子们看来，足球往往意味着失败、非常严格的比赛体系和严厉的父母。这对他们同时还意味着实现教练的高期望，而教练的目的并不是训练孩子们了解和掌握难度渐进式的足球比赛。相反，这些教练希望获得尽可能多的胜利——不惜一切代价，然后获得一连串声望，从而能够在足球界获得一份收入更高的工作。

　　很多致力于体育运动组织、管理、研究和培训的专家针对赢得比赛和培养才能展开了争论，而很多将孩子们的体育活动作为通往社会和经济成功跳板的家长也对此展开了热烈的讨论。

　　问题的关键是地区协会仍然声称足球只有一种训练方式，这些组织所关注的重点在于寻找到好的运动员并以此证明纯粹的比赛训练有助于挑选优秀运动员。

　　糟糕的是，能力较弱的运动员在这样的体系中会被无数目标所压迫，而且总是被教练要求实现过多的目标，以便尽可能早些取得最好的成绩。看看下面的例子：在学校、俱乐部或其他机构的青少年组中，教练在开始训练青少年运动员之前必须在两种完全不同的职业道德中做出选择。

（1）带领队伍在短时间内取得比赛胜利——不惜一切代价。

（2）针对足球比赛的复杂程度和难度，寻找面向青少年年龄的长期渐进式方法。

可惜的是，足球运动员的体形和力量不断成为大多数队伍最关注的重点。众所周知，运动员越强大，教练在训练时就会取得越好的结果。运动员的体形往往是队伍选择的决定性因素，特别在较小的青少年运动员比赛中，只有明显优势的足球技术才能与之对抗，但是依靠体形比球技训练要更简单些。在成年人的队伍中，体形的影响会相对比较小，而一直以来没有训练的技术会变得至关重要。

除了渴望获胜之外，教练还倾向于过分重视战术。但是缺少技术便限制了战术选择，同时任何可能获得成功的战术不可避免地变得消极且过于强调防御性。

不断过分地强调胜负结果的教练只能创造一代惧怕失败而不敢冒险的运动员。对于运动员和教练，青少年足球的一切都是要赢得比赛，很多时候都忽略了运动员的培养。但是最佳的青少年教练并不是保持最佳胜负记录者，而是完成了以下两方面内容的人。第一，他了解向青少年并逐步传授真正比赛内涵，以及除了训练之外激励青少年运动员提高各种技术的方法（对于某些运动员可能是一个全新的认识）。第二，他为青少年成功取得下一次晋级做好准备。下一个级别可能意味着为11岁年龄组的运动员在7v7足球比赛中取得胜利做准备，从而从U-16级别以下的俱乐部队伍跳到U-18级别以下，或者从U-18级别以下跳到更高级的俱乐部队伍。注意，这里并没有涉及胜负。

足球的培训包括技术、战术、体能和心理素质四个主要方面，体能的培训是最简单和最快速的。因此，如果根据胜负来判断青少年教练的能力，那么便是鼓励未来的青少年教练主要关注运动员体能以及易于获胜的过时培训模式。这样便不需要培养运动员技术、指导运动员了解比赛以及引入足球发展模式。青少年运动员在所引入的培训模式中可以作为一名独立思考者，而不需要完全听从教练的要求。

教练以及父母（特别是8~12岁孩子们的父母）往往在孩子们成长之前无法耐心地等待青少年运动员取得好的结果。这种困扰是很多教练规划训练项目背后的阻力。这些训练项目都是专门针对足球比赛的计划和指导练习课程。遗憾的是，这些教练都忽视了基本的动作技能、协调性、速度、力量、耐力以及良好足球表现的基本要求。例如，认知技能、决策、创造性和时空感知的能力。

因此，运动员可能在比赛中会快速取得成功，但是仅仅在几年前，这些成功却是非常少见的。不考虑长期目标的早期运动培养以及过早专业化训练的缺点便是较高的受伤概率。按照这种方式训练的孩子们比在其他体育运动中有训练优势的孩子更容易放弃踢足球。

众所周知，足球的训练需要丰富的经验和深入的培养。如果在黄金年龄（7~11岁）掌握技术，那么运动员就可以有效地学习并应用高质量足球所要求的复杂技术和战术。

团队目标对比：赢得比赛 vs 培养才能	
目标：赢得比赛	目标：培养才能
通常选择运动员的先决条件是体能，特别是力量。所选运动员一般都是最高的，相对于保证球场获胜的实际表现，运动员的努力程度、训练课程的按时出勤以及作为队伍一员的行动很少受到关注。	所有的运动员而非只是最强壮的都可以参赛。教练喜欢有球感的运动员，这样的运动员了解控球的方式而且很聪明。在选择参赛运动员时，球员在球场上和球场下的良好行为是其中的一个标准，付出努力也是很重要的一个方面。
较年轻、能力较弱或者未接受培训的运动员都没有参赛机会。足球并不民主。	不管体力和能力如何，每个人都有参赛的权利。足球是民主的。
从8岁开始便着重强调比赛战术。	比赛有助于突出运动员的技术能力，同时让运动员获得战术经验。
运动员主要依靠长传（守门员可以用脚抢断），他们的动作速度超过自身技术水平。	采用短传和带球方式，每个运动员都可以接触到足球。守门员通常是将球抛出以便应对下次进攻。
很少花心思增强比赛能力，球往往不是通过中场而是直接长传给前锋。	基于沟通与合作的比赛内涵，以便球从后场传到中场。
进攻时很少改变方向（从左边踢到右边）。	不断改变进攻方向，目的是通过转移创造空间。
教练以赢得比赛为目标。运动员必须服从教练下达的命令或指示。	教练激励队伍的目标是为了提高每个运动员以及队伍的整体表现。运动员根据洞察力和决策能力决定下一个动作而非教练决定他的下一个动作。
为了获胜，运动员被传授可以不讲信用，可以制造陷阱，可以不诚实和欺骗对手或教练。实现目的可以不择手段。	运动员被传授要有体育道德、诚实，尊重规则和忠于队伍。
教练以适用于成年人的方式提出比赛计划，运动员的天赋在此没有用武之地。	个人可以表现他的天赋、技术和想象力。
对专项的角色过早专业化。相同的打法和替补往往不可能获得机会。	每个人在比赛中都有几次体验不同位置的机会。不管能力如何，每个人都可以充分发挥自己的水平。
青少年运动员过早接触到成年人比赛，而不是适应有效的竞争学习。孩子们在经过多年的失望和沮丧之后最终养成了11v11比赛中成年人运动员所表现的正确习惯。	为了确保有效学习复杂的足球比赛，可以根据青少年运动员每个成长阶段的体能和智商选择参加比赛。必须更好地保护运动员的自尊心和确保更多的比赛乐趣。
过度强调身体技能和训练，因为这是最快实现结果的方式。	重视周边的环境，运动员在不同条件下的协调性和能力会随着在每个比赛季中所接触到的不同比赛而提高。
传统的教学方法在训练的过程中强调获胜。	为了了解比赛，同时减少犯错，必须在训练时强化在简单比赛练习中运用技术的能力。
任何与足球相关的事情都被认为比个体重要。可以达到好结果的无把握行为也往往被接受。	优先权属于通过体育运动培养的运动员。运动就是"生活的训练"。

　　为了鼓励足球教练修改他们训练课程的结构和内容，以及他们对8~13岁运动员培养的愿景，很有必要将足球"十项全能""三项全能"和"五项全能"添加到比赛清单中。同时，教练要致力于改变传统青少年足球比赛的结构，大多数老师或教练在青少年比赛期间会为青少年运动员的足球比赛准备专项足球训练和模仿情景的简单比赛。但是，因为是多线对抗的比赛，教练会被迫采用更多样的训练内容。只要孩子们的比赛仍然具有足球特征，那么教练的训练也会保持独特的足球特征。

　　因此，为了青少年运动员的培养，只有当8~13岁的运动员面对强化基础动作技术以及专项足球技术的比赛时，才能实现理解多样或多线以及专项训练的正常关系。通过利用不同结构的青少年比赛，目标是希望赢得比赛的教练会学习到运动早期的重点在于青少年运动员的全面发展，同时要避免过早的专业化。

　　我们只须清楚且很好地认识到胜负的重要性，让孩子们接受到适当的教育和培养，以及按照适合年龄的方式培养运动员并指导他的强烈获胜意志。Mini足球"五项全能"比赛可能是取得比赛胜利，同时确保青少年运动员先天潜能得到正确发展的教学方法。此外，教练可以举办足球"三项全能"赛。这项比赛包含三场简单的足球比赛和两场多线的比赛。如果将这些比赛组合到一起，就可以组成"五项全能"比赛了。

　　在年龄组中，采用多线比赛要求教练让青少年运动员接触足球基本专业技术和技能，以及更多球门的项目活动。这种方法重点在于获得胜利和享受比赛，同时培养全面的足球运动员。

> 判断青少年教练成功与否不应该根据获胜的记录，而应依据他们所培养的运动员在每个赛季成为更高水平队伍或代表队伍成员的人数。培养运动员一直都比赢得比赛更重要。

第 3 章

适合球员年龄的
足球培训方法

"足球场有边界，但创新的可能性却是无限的。"

德特马·克拉默（Dettmar Cramer）

培训5~6岁的运动员

足球俱乐部必须建立针对7岁以下运动员的启蒙学校，同时将启蒙学校作为运动员参加足球学校之前的"体育乐园"。

在这些项目中，青少年运动员将接触到大量不同的娱乐和运动项目。训练的目的是克服运动员所表现出来的协调性、身体控制以及时空感等方面的运动缺陷和不足。必须学习这些历代足球运动员在街头、庭院或附近的公园中所喜欢的日常游戏。从专业的角度上看，我们的下一代可能注定会因为久坐不动而远离健康和自然环境。但是，通过量身定制的青少年训练项目，依靠电脑和电视的现代社会生活方式的负面影响将得到扭转。为了让5~6岁的男孩和女孩更健康地成长，并具备更强壮的体魄，建议孩子们每个星期要至少接触两次体育活动，原因如下。

➤ 认识自身的身体，了解整个身体以及身体每个部位的结构和功能的可能性和局限性，以便增强不同的基本运动能力：转体、拖拽、坐立、停止、行走、起身、下蹲、跑动、投掷、跳跃、爬行、滑行、推和踢。

➤ 通过诸如接力赛、障碍跑和追逐等各种流行的游戏，培养运动员的心理和社交能力；通过与同伴带球或不带球的训练项目练习基本运动技术；通过加强对自身能力和体能的训练提高自信心；学会沟通和使用词语以及手势表达自己的想法；融入小团队以及与小团队合作；享受体育活动的乐趣，学习照顾好身体，同时尊重他人的身体，了解和关注周围情况。

➤ 了解如何确定自己的方位，同时注意身体四周的情况；可以通过变向变速的组合练习，了解相对时间概念、节奏概念等。

➤ 了解一些足球运动的视觉体验。运动员必须通过大量不同的刺激来学会正确地评估球的速度、飞行的最高点、落地的位置、球的旋转、球的反弹方向。一个组织有序的运动启蒙学校会具备各种不同材质、大小、重量和弹性的球。

➤ 为了让运动员更好地控制球，掌握足球的技术，为孩子们在家里练习提供机会。

➤ 通过各种不同刺激的练习，让球员自信地在地面和空中控球，同时控制身体，让足球成为青少年运动员最好的朋友。

这个年龄组的运动员在学习控制身体和足球时必须定期完成以下日常练习。

（1）运球。

● 使用左右手运球。

● 拍球练习，控制高度在肩膀、臀部或膝盖等不同高度。

● 半转身和转身运球。

● 前后分腿跳。

- 在颈部放置一个球，同时保持单手或单脚平衡。
- 单脚站立，同时单手抓住另一只脚。
- 同时拍两个球，在运动中双手同时或不同时接住球。

（2）两名或者更多运动员以不同的技术传球。

- 单手正面扣球。
- 从一只手将球越过头部传到另一只手上。
- 单手传落地反弹球给同伴。
- 像掷铁饼一样传球。
- 像打篮球一样双手传球。
- 像正规掷边线球一样进行比赛性质的足球游戏。
- 背对同伴，双手将球越过头部掷出。
- 像在接力赛中一样，分开双腿将球向后传给同伴。

（3）双手接住和控制空中投掷的球。

- 单脚着地，双手在臀部高度持球，保持头部平衡将球掷出。
- 以脚的不同位置在地面或臀部高度控球。
- 以大腿、胸部或头部接球，可以两次触球完成控球。
- 360度转身接球。
- 以坐在地面的姿势接球。
- 球还在空中飞行时，站立的运动员必须接住球并回传给同伴。

（4）Mini比赛，有球或无球训练。

一旦实现控制和协调性等基本技能，运动员将达到7岁的年龄要求，那么体育启蒙学校的孩子们就可以进入俱乐部或足球学校了。在这里教练会让他们接触基本的运动技能，同时还可以接触到本书中所描述的各种不同的足球基本技术、战术情景。

培训7~9岁的运动员

一旦5~6岁的男孩和女孩完成了"体育乐园"第一次有组织的运动体验，以及一些基本的足球专项训练，他们就可以接触前两个级别的足球发展模式了。对于7岁以上的孩子，我们可以逐步引导他们接触足球比赛，同时提高他们对这项运动的兴趣。但是，在教练开始应用这些级别的游戏和练习之前，他们不仅必须意识到这个年龄组运动员的具体特征和需求，还必须了解可以让孩子们更好学习的一些重要游戏变化。最后，他们必须考虑一些可以激发孩子们潜能的一般规律。

7~9 岁的孩子们有一些显著的特点。

➤ 他们缺乏良好的运动技能。

➤ 他们的动作往往是没有准确度的整体运动。

➤ 他们会短期爆发能量或对运动产生热情。

➤ 他们始终需要培养协调性，但仍表现比较笨拙。

➤ 他们是为了乐趣和享受而参加比赛的。

➤ 他们的行动仍不是主动或有计划的。

➤ 他们不确定哪些动作技术可以获得成功。

➤ 他们觉得每个细节都是重要的。

➤ 他们的行动不确定，同时他们不清楚达到预期结果的方法。

➤ 他们缺乏清晰的思路和新技术理念。

➤ 他们无法同时接受过多的指令或者处理太多的信息。

　　了解了这些特点之后，教练可以设计能满足青少年运动员特点和需求的训练方法。下面的表格列举了青少年运动员的其他特点以及满足青少年需求的培训策略。

量身定制的训练，以匹配7~9岁运动员的特点	
特点	培训策略
10岁以下的男孩和女孩在运动方面有很多相似的特点。	男孩和女孩必须一起训练和比赛。
孩子们都有高的积极性和热情，他们都很活跃。	通过一系列训练和比赛保持他们的积极性，避免让运动员静静站着和排队。聆听运动员的想法。
10岁以下的孩子们一般都比较以自我为中心，同时喜欢尽可能最大限度地控球。他们很关心自己。	为每个孩子提供一个球，设计1v1的比赛，以便最大限度地利用这个以自我为中心的成长阶段，促进公平竞赛。
运动员可以建立运动模式，这样不需要思考就可以执行技巧。他们所有的注意力都集中在球上。	给运动员学习技术的时间。在通过正确完成比赛评估技术水平之前，可以通过重复和变化来提高技巧。设计演示和训练，以免过多的决策制定。
每个人都享受得分。进球得分可以提升自尊和自信心。	练习简单比赛和做了改变的Mini足球比赛，这样每个人都可以经常得分和接触球。
注意力受限。他们没办法处理大量的信息。	经常改变项目。将特定的足球训练或比赛与多线比赛混合到一起，大约每15分钟改变内容，同时只可以有一名替补来完成。不要讲太多，最好是演示而不是讲解。只介绍一个活动。
他们才开始学习合作的方式。	选择通过合作取得成功（诸如Mini足球）的比赛。比赛要求不能超出运动员本身的发展阶段能力。提问关于青少年运动员心智的问题。

续表

特点	培训策略
他们没有理想表现的概念，因此完全依赖教练。	演示可以作为青少年运动员的反馈来源。
他们对于批评和失败非常敏感。	在任何情况下都很乐观。表扬和奖励往往可以促进努力或者改进表现。
他们无法像成年人一样忍受炎热和寒冷。	确保他们穿着适当。他们的身体水分流失会很快。

培训10~11岁的运动员

第3级别的足球发展模式通过各种简单的比赛进一步培养运动员的技术、战术以及其他能力。这些简单的比赛一开始是针对由3个运动员组成的团队，稍后是4个运动员组成的团队。此外，第3级别还有一个针对培养青少年守门员的专项训练项目。但是在实施这些项目之前，教练必须更多地了解运动员。

培训10~11岁的运动员是一个有重要意义的培训阶段。很多资料证实，运动员稍后的阶段是青少年的"黄金学习年龄"（蒂姆说过）。他们在这个黄金年龄里的生理、心理和动作模式有很大潜力：身体和心智都是协调的。在有了梦想之后，孩子们现在比任何时候都要努力。不真实、无法让人理解或虚幻的一切都将随风而逝。孩子们的汲取能力（也就是将重要的信息从次要信息中分离出来）得到了发展，从而促进了他们对比赛情景的理解和解读。他们第一次通过感官唤醒记忆，那么以后所有的动作都将遵守一般规则。

青春期前的足球运动员仍十分渴望体育活动，他们的内在动机倾向于参加更多的体育运动。运动员在10岁之前会寻找可满足他们运动需求的活动，但是受益于他们的运动越来越可控、有经济价值，他们现在会努力追求好的表现。试着模仿运动模式，青少年运动员会展现出为持续提高自身能力的真正努力。事实上，如果组织了比赛，那么10~11岁的孩子们会更加积极地参加练习，从而向他们的朋友和对手证明自己的能力。

这种新级别的比赛对教练意味着什么呢？在这个青少年足球运动员发展阶段，他们的老师必须做好从简单展示大量不同的多线比赛和特定足球项目，向更系统、更激烈和有目的性技战术训练的足球比赛过渡。提高速度、协调性和有氧耐力的练习是多方向培养的支柱，而理解、练习和掌握大量不同的简单足球比赛（与3或4名运动员组成的团队比赛）是保证运动员能力提高的基石。

针对初学者的特殊考虑

在培训青少年运动员时，请考虑调整以下内容，以更好地满足运动员的需求和技术水平。

球的大小

正规的足球对于青少年运动员而言体积过大且过重，因此很多孩子在训练和比赛时不得不费力地控球，甚至出现膝关节伤病的情况，即胫骨粗隆疾病。这种情况在孩子们，特别是青少年运动员跑动和跳跃时非常常见。这种综合症状的特点是在膝盖稍下但胫骨上面的位置会疼痛、肿胀和敏感。但是，如果青少年运动员使用较小、较轻的球就可以自然地跑动，同时正确地完成动作模式。结果是，他们可以更简单地掌握新技术，并且避免受伤。

最好选择青少年足球运动员高度和力量能适应的周长和重量的球，而不是在不考虑孩子们年龄的情况下选择标准大小和重量的球。训练7岁及以下的运动员必须使用重量低于340克的3号球；8岁及以上的青少年运动员可以使用4号球。4号球的重量介于340~370克，而周长是63~66厘米。在训练课程和比赛中使用这种球可以让孩子们更快更好地学习。经验表明，即使是较年长的运动员（14岁以上）也会觉得使用4号球比正规球要更舒服。正规球可能更适合15岁及以上的运动员。（注意：正规球的重量介于400~454克，周长是68~71厘米。）

使用较小的球有很多好处，因为重量较轻，所以球员可以将较小的球传到更远的地方，这样孩子们就可以更像成年人一样踢球。这显然会对他们的领悟能力起到促进作用。使用4号球对于视觉技能（包括周边视觉、动态视觉和视觉景深）的要求更高些。

4号球还可以让即使离持球员15米远的队员也能够积极投入到比赛中。此外，这些年龄组的特点往往不如按国际足联要求的正规球的青少年运动员受关注，但通过对四周队员进行不断观察，运动员不紧紧围绕着球活动，那么他们就可以更容易地做出观察、分析和决策，从而减少丢球情况的发生并达到更高的比赛水平。

在第一个为期四年的青少年运动员训练中，教练必须让运动员坚持使用不太熟练的脚。由于引入了4号球，足球发展模式第1级别中的活动（以及很多第2级别的训练和游戏）都可以使用"不擅长"的脚，这样运动员就有了更多的打法选择，从而使比赛更具有吸引力。

比赛场地

第1级别的训练和比赛并不需要使用整个足球场地，它只需要整个场地的四分之一或者像篮球场大小约20米×40米的场地。为两个球队组织简单的比赛时，教练必须记住运动员的技术和能力越低，比赛场地就必须越大的原则。小的场地往往无法让运动员有足够的时间观察和分析比赛情况，然后快速地决策执行哪些技术、为何执行这些技术，以及何时何地使用这些技术才能达到最佳的效果。事实上，场地越小，对技术和注意力的要求就越高。确切地说，更大的比赛场地有利于完成比赛。

如果只有小的比赛场地可用，那么就必须减少参加比赛的运动员人数。减少参赛人数可以弥补所缺乏的空间；换言之，这样做仍然是尽可能适应青少年运动员的能力。如果所有运动员因为场地有限而无法直接参加训练，那么他们在等待时可以"额外"参加一些活动。例如，他们可以在训练场地外面练习颠球或控制球平衡、对着围栏或墙壁射门，甚至做一些带球或不带球但可以提高协调性的练习。总之，很重要的一点是，教练必须根据运动员的技术、体能和智商表现水平和参加比赛的运动员人数来选择合适的比赛场地。

球门规格

球门的大小在青少年运动员的训练过程中也发挥着重要作用。为了控制比赛，很多简单的比赛规则要求初学者在相对较宽的球门区（6到20米宽）控制球，并不是让球员漫无目的地射门！运动员必须小心地处理球，不能使用暴力的动作。

宽球门有助于提高青少年运动员的洞察力。对于初学者（他们一般都将大部分的注意力放在球上），锥桶之间更宽且没有阻挡的空间有利于他们在运球时更好地观察周边情况。此外，使用较宽的球门可以让边路的运动员和前锋一样有机会得分，因此要养成总是在距离足够大时进攻的习惯。通过宽球门的使用，运动员的关注就不会像只有中间才是唯一目标一样。由于训练活动有宽的球门区域，因此，青少年运动员可以更好地享受比赛，同时也增强他们的自信心。

培养更有创新能力运动员的10个必要条件

（1）**向11v11比赛宣战**。11v11比赛多年来一直妨碍青少年运动员的茁壮成长，必须由适应青少年运动员的比赛类型所取代。诸如Mini足球比赛（4个球门的3v3比赛）、7v7足球比赛和8v8足球比赛（正规足球场地大禁区之间）等，为孩子们提供足够表现自身创造力和灵感的健康环境（即空间、运动员人数、球的大小和重量）：这个环境不会有针对11v11成年人比赛规则的压力。

（2）**使用更多的游戏和更少的分析性练习**。练习必须是游戏的形式。"游戏本身是最好的老师"的说法必须在所有训练课程计划中重新体现并得到重视。孩子们应该接触到更多游戏性质的比赛（通用方法）和较少分析方法性质的训练。

（3）**不要一直不断地纠正孩子们的错误**。在比赛时，没有必要总是让运动员知道训练的特定学习目标。学习目标对于教练总是很重要的，但对于运动员则不是。运动员不需要以任何特定的学习作为主要目标，他们只需要抓住机会踢球或者只是为了娱乐踢球就可以了。要记住，比赛的其中一个重要方面是不可预测性。这就是孩子们如此着迷游戏的原因。弗里德里希·席勒（Friedrich Schiller）完美地诠释了比赛的重要意义："人类在比赛时才能觉得自己是人类并做出人类的行为。"

（4）**孩子们必须能够有机会在所有位置和较小空间中比赛**。青少年足球运动员必须有机会在不同的位置进行比赛，以了解这些位置的角色和功能。不同位置的打法体验可以激发创造力。例如，7~9岁的运动员可以在Mini足球比赛（4个球门的3v3比赛）中不同的位置练习，而不需要进行7v7或11v11足球比赛；10~11岁的运动员可以参加7v7比赛，而不需要进行11v11足球比赛；而12~14岁的运动员可以参加8v8的足球锦标赛，而不需要进行11v11的冠军比赛。位置调整体验存在的问题是可以解决的，因为参赛的运动员比较少而且在较小空间中可以充分激发运动员的创造力，而正规大场地的完整比赛只会让运动员感到身体和精神的疲惫，同时限制他们的创造性踢法。

（5）**只有享受比赛的人才有可能是有创造力的运动员**。每个训练课程必须包括大量不同的比赛，而不单单是足球特定比赛。当孩子们参加比赛时，他们必须能够感到兴奋且享受到比赛的乐趣。如果青少年运动员无法确定他们自己是否适合教练提议的比赛，那么他们的创造力便仍处于休眠状态。运动员越享受比赛和足球运动，那么就越能激发他们展示足球的创新能力。

博姆（Bohm）和皮特（Peat）（1987）在《科学、秩序和创造力》一书中主张"目标的建立、行为的模式以及效率的困扰产生了一个阻碍思想和动作自由的死板知识体系。而思想和动作的自由是运动员创造性行为的两个必要条件"。

（6）**提供机会让运动员创建自己的游戏和规则**。在简单的游戏中，教练不仅需要确保运动员掌握了目标要求，同时还要不断地激励孩子们通过修改之前提议的规则创造不同的游戏。4个球门的Mini足球比赛可以在较小空间中进行变化，提高了青少年运动员在规则方面的创造力。

教练有时候在训练课程中必须给运动员提供10分钟自由发挥和做最适合做的事情的时间。在任何训练课程中都可以这样做。一旦青少年运动员熟悉了教练的风格，那么不仅他们的想象和幻想，而且他们的责任感、个人主动性、即兴发挥的勇气和创造力都将得到增强。同时团队里某些运动员的潜在领导才能也会凸显出来。

（7）**不要担心结果，要勇于冒险和即兴发挥**。教练不应该施压青少年运动员快速将球传给更好的队员，从而获得胜利。将球作为最好的朋友来对待，同时总是按照自己的意愿行事的青少年运动员，往往比只是接受教练要求的运动员要更加具有创造力。应该允许运动员改进打法和冒险，而不是担心犯错误或失去控球权可能发生的后果。这就是在没有教练在场的情况下（在街道、公园或庭院），运动员必须尽可能多地练习，教练的缺席会让运动员感到更加舒适，可以不担心犯错挨批评，从而更好地发挥自己内在的潜能。

> "只有尝试自己无法做到的事情的人才会成长。"
>
> ——拉尔夫·沃尔多·爱默生（Ralph Waldo Emerson）

（8）**加强右脑训练**。一旦孩子们进入了学校，那么便主要是左脑（控制逻辑思维、数学推理、语言表达）一直受到刺激。学生们被期望按照老师指定的方法完成任务（一般是"封闭型"、完全定义好的任务），完全不需要增加任何自己的解决方法或者创造性。然而，创造力潜能的发展需要一个系统的右脑刺激。这就是为何在学校的足球训练中需要更多"开放型"任务，让青少年运动员具备创造性，同时自己找出所给问题的解决方法。

教练在大多数时候都不应该充当训练过程中的总代理，而应该将他设计的情景责任转移到青少年运动员身上，并通过系统问题向他们传授问题的解决方法。真正掌握训练艺术的教练不会给问题提供答案，而是帮助运动员、指导他们找到和发现正确的答案。结构良好的简化足球比赛本身就是老师，而非教练。

（9）**越多富有创意的教练意味着越多富有创意的运动员**。为了在以后的足球场上看到越多富有创意的运动员或者行事完全不拘一格的运动员，教练必须重新思考以下内容。

在训练或比赛中，教练不能总是因为犯错惩罚运动员，因为这样会限制运动员勇于冒险，同时局限了运动员的创造力、想象力和联想能力。

在训练课程中，运动员应该利用更多的空间或时间体验他们自己发现的新动作。正如在街道、海滩或公园所看到的，越多的环境信息有助于培养更具创意的运动员。

教练必须识到运动员任何瞬间的创造性行为，尽一切可能鼓励运动员与众不同以及注意运动员自己在面对足球的内在问题时所提出的原创性解决方法。

（10）**足球环境是青少年运动员创造力的敌人**。大多数足球天才所成长的环境对创造力明显不利。在很多足球场上，青少年运动员都会受到教练的支配，几乎没有任何决策和行动自由：青少年运动员的想法都不会得到重视。对于教练，很重要的一点是控制好一切事情。当运动员有悖于常规时，运动员就会受到惩罚并被要求遵循教练的指令，很明显这样的做法对青少年运动员的发展是不利的。很多教练并不是激励运动员自身进行思考，而是代替运动员思考。

多年以来，青少年运动员都不曾质疑教练的指令，完全按照接收到的指令行事而且从未将自己正确的想法和个人的天赋用到比赛上。当青少年运动员到大约15岁被要求自己做决策时，很明显他们将面临严重的问题，因为多年以来，他们一直都被训练成只执行成年人告诉他们的事情。

训练课程构建

项目的质量和多样化决定了训练课程内容被青少年运动员成功接收的程度。就像在仔细研究了饭店的菜单之后点了一桌美味且样式丰富的饭菜一样，教练必须选择各种不同的活动为初学者创建有效且有趣的训练课程。例如，在第1级别时，教练可以选择注重基本能力的不同游戏，设计出几个课程"菜单"。

开胃酒——为两名运动员组成的团队或者仍然无法适应多线比赛的运动员提供的一种简单比赛。

第一道菜——一种或两种不同的控球游戏。

第二道菜——传球、接球或射门游戏。

甜点——抢断游戏、迷宫游戏或从十项全能中选择测试性游戏。

酒水——为不多于三名运动员组成的团队提供多线对抗练习或简单的比赛。

为了确保学生的高度专注，最好每15分钟改变一次项目。教练还必须交替进行高强度和低强度的体能训练和比赛项目。足球发展模式中的训练和比赛并不遵循任何死板的规则，每个教练可以根据适应自己的运动员的方式组合训练。

培训12~14岁的运动员

足球发展模式的第4级别是针对12~14岁运动员所设计的。教练在这个阶段要为孩子们做好以后的生活与运动项目的衔接。但是，这种衔接只有教练了解运动员并让他们接触完全可满足自身期望的有效且有趣的足球课程时才能实现。

青春期所引起强烈的身体生理变化会导致孩子们缺失移动平衡性以及减少动作技能发展的反应性。因此，这个阶段的青少年运动员培养重点是让他们接触集体（团队）项目，让他们克服不安全、不稳定的个性和孤立感。

这个时期的青少年运动员会更具备社会意识，更倾向于展示自己，更易于为了获得关注而与队友和对手进行竞争。他们也会展现出独立性，甚至在这个阶段会有些叛逆。基于这些原因，这个年龄组中较年长的青少年运动员会向教练提出特别的问题，这些问题不仅是关于纪律方面的而且还包括他所传授的内容。但是，伴随着这些问题的提出也带来了大量的好处。运动员现在会更积极地响应与其他运动员一起合作，因此，在这个年龄组的团队比赛学习相当的轻松，同时在这个发展阶段，青少年运动员所做的重要决策可能会影响到他们的性格和个性的形成。

　　如果团队中的部分运动员是真正的初学者，而且因为比较晚参加比赛而没有掌握技术，那么这个情况会导致一个问题。这些较晚开始的初学者可能缺乏团队比赛中必需的基本技能，而且很有可能没办法像早些年一样可以轻松地掌握足球技能。记住这些特点，以下是培训12~14岁运动员的一些建议。

➤ 通过竞争性训练，特别是要求运动员达到诸如目标性传球等可测量目标，确认运动员的竞争特点。

➤ 将每个运动员作为独特个体看待。

➤ 尽可能多地鼓励运动员，鼓励对于所有孩子都是重要的而且表扬往往比批评更好。这个年龄组的运动员对于教练的评论非常的敏感，很有可能会影响他们在朋友心目中的位置。因此，避免在公共场合批评这个年龄的运动员！

➤ 鉴于运动员的体形越来越强壮而且可能在其他体育运动方面有一定的经验，因此在使用规则时必须更加明确和严格。

➤ 运动员一般都会急于尽可能多地参加正式比赛。因此，必须向他们解释每项练习对于比赛表现的重要性，这有利于鼓励运动员接受必要的常规训练。

➤ 了解做的原因以及这样做的目的相当重要。利用各种不同的体能刺激促使青少年运动员克服协调性、平衡（动态平衡）、灵活性或者任何速度、对抗和力量方面的不足。事实上，这些针对体能和协调性培养的刺激必须尽可能多地穿插在足球训练课程的各个项目中。

不同的培训风格

　　教练的理念和训练课程往往决定孩子们是坚持足球比赛，还是关注其他活动。因此，教练必须努力适应不断改变的项目要求。每一天都会出现新的知识，激活在过去好几十年中我们未曾想过的可能性。由于生活的各个方面都在快速地演变，今天认为有效的东西可能明天就过期了。通往足球成功的道路一直在发展，成功只是一个过程，而不是特定的时间必须达到的目标。足球比赛的发展是持续性的，所有教练都必须适应这种不断改变的要求，以保持竞争性。

运动员的创造力是教练每天必须吸取的源泉。

足球教练培训的宗旨不仅是盲目重复老教练做过的事情，而是要培养可以做出创新事物的教练。努力变得优秀需要更具备创造力、创新性和灵活性。教练必须学会激发运动员的内在潜能，而不是教导运动员关于他们作为运动员和教练时的体验。教练应该如何实现这个目标呢？首先，未来的教练或老师（以及已经每天训练运动员的人）必须确保做到以下内容。

➤ 鼓励学生的发散性思维。

➤ 每个运动员可以自由表达个人观点。

➤ 培养和应用新的技战术动作。

➤ 创造性地确保比赛的成功。

➤ 记住，运动员自己可以掌握大多数知识并积累经验。

总之，教练必须使用不同的训练风格，这种训练不是让运动员遵守和被迫消极地接受指导或要求。教练必须成为咨询师、观察者、规划师或信息和技术的专家，而不仅仅是训练员或老师。教练要鼓励运动员不断前进和超越，直到他们超过教练自身的局限性。

激发青少年运动员潜能的13个技巧

（1）考虑在训练课程和比赛中使用4号球。世界卫生组织（WHO）基于健康的考虑推荐4号球，而国际足联推荐4号球是为了促进青少年的技术练习，以便掌握高超的技术。

（2）使用有4个球门的Mini足球比赛（不是只攻击中间目标，而是必须在距离不少于12米的两个目标中完成各种技术动作），以系统性地激发运动员的洞察力。洞察力是正确制定决策和执行技术动作的基础。通过这种方式向青少年运动员传授足球知识可以充分激发他们的洞察力以及认知能力。这两种比赛技能在很多国家仍被低估。

（3）经常组织可适应青少年身心能力发展的比赛。例如，参加诸如足球全能3v3或4v4、Mini足球"五项全能"比赛、守门员"十项全能"比赛、针对足球运动员的"十项全能"或"七项全能"等比赛。为了激发运动员的比赛潜能，可在一个赛季中为有天赋的青少年球员提供更多的比赛。在一个赛季中，几次参加不同于传统赛事的比赛可以提高青少年运动员的适应能力和大脑的灵活性。在所有这些比赛中，孩子们的参与比赛和享受比赛都比获胜更重要。

（4）对于10~11岁的孩子，赛季必须分成两个部分。在赛季的第一部分，比赛没有奖励分，也没有比赛名次表。在赛季的第二部分，冠军赛会分成为时15分钟的三个回合，并且只有5分钟的休息间隔。教练可以在休息时与运动员交换看法，禁止在边线指导球员。

（5）所有青少年足球比赛像篮球、排球或曲棍球比赛一样有替补球员。也就是只要教练喜欢，一个运动员可以多次下场和上场。多次使用替补可以在球队里形成更好的团队精神，避免球员过度疲劳。同时可以更好地沟通，因为教练可以让运动员下场并给他必要的技术或战术建议。

（6）培养重要但往往被忽视的比赛内涵（例如，面向对手公平竞争、尊重队友和裁判的体育精神）。每个团队在比赛最后都有机会向教练赠送写有一名运动员名字的金卡，这张卡片上的名字一直都是对手团队的运动员。如果没有体现出良好的体育精神，那么就不会向裁判上交卡片。在每次赛季的最后，获得对手卡片最多的运动员会成为本赛季的最佳运动员。

（7）说服当地协会减少11v11比赛，减少参加正规大场地比赛的无氧练习。可以采用3人、7人以及8人比赛来取代大场地比赛。同时，随着运动员技术、战术和洞察力以及对比赛理解能力的提高，可以增加赛场的大小。

（8）提供全面充分的多功能比赛信息，确保每次比赛前都有30分钟充分准备活动时间。

（9）在所有青少年比赛中，必须创建这样的规则：净失球在3个以上（0-3、1-4、2-5等）的团队可以在比赛中再加入一名运动员。这个规则可以迫使获胜的团队继续努力并尽他们最大的能力打好比赛。

（10）定期监督青少年运动员在足球启蒙学校的培养，让教练相信使用规范活动作为训练手段的重要性。增强孩子们的技术、战术、观察能力、感知能力和体能，同时在训练时养成健康良好的习惯。

（11）鉴于只有某些足球启蒙学校采用了国家或地区正规足球联合会的理念和推荐做法，如果完全执行认证委员会的标准，那么这些学校就可以在学校名称上使用联合会的标记。这种做法会吸引父母和公众的兴趣，同时可能获得合理的收益，其中可能包括免费保险、运动器材打折和免费参加联合会组织的专项研讨会或夏令营。其他方面的优点包括有利于与其他协会（交流）、体育运动或文化组织的联系，或者损伤预防医疗器械的使用等。

（12）制作一个手册，要求教练定期与运动员父母进行交流。同时指导教练让运动
员父母协助完成重要任务的方法，其中包括支持运动员伦理、道德、身体和
智商的培养，以及对足球世界的利益诱惑的正确认识。

（13）培训青少年天才运动员并经常取胜的教练最后往往以失败告终。这意味着教
练自己所能确保的只是他个人职业生涯，而不是他的天才运动员的未来职业
生涯。对于青少年足球发展而言，"在足球学校少获得一次奖杯，就意味着
多赢得一个有前途的天才"。

第 4 章

练习基本技能的游戏

"明天的成功建立在今天准备的基础上。"

威廉·奥斯勒（William Osler）爵士

足球发展模式第1级别的内容是向7岁及以上年龄的孩子们介绍足球运动，培养他们对比赛的兴趣和爱好。在孩子们成长的决定性岁月里，教练必须为青少年运动员提供充足的训练工具，同时激励他们自信且愉悦地参加训练。如果教练无法做到这些，就有可能将现在充满潜力的青少年运动员转变为未来的低水平运动员。教练必须一直致力于支持孩子们健康地成长，让他们主动积极地参加自己喜欢的运动项目。教学风格和训练课程越灵活多变，就越能让孩子们感受到快乐和惬意的氛围。

本章介绍了各种组成足球发展模式第1级别的游戏比赛。不必按照严格的顺序进行这些比赛，我们可以收集各种比赛并建立对本组运动员效果最佳的训练课程。通过大量接触这些游戏比赛（至少一个星期两次），初学者可以快速获得这些基本比赛方面的经验。

➤ 运球。

➤ 接球、控球、传球和射门。

➤ 抢断对手的球。

➤ 在进攻和防守时要考虑到同伴或对手。

除了接触那些注重在简化的比赛情景中正确执行基本技能的特定训练项目，青少年运动员还将参加第1级别中的"十项全能"和2v2足球"三项全能"比赛。这些比赛非常适合他们这个阶段的动作培养。

因为他们都是以自我为中心的，因此7~8岁的初学者很少能够成功地打好团队比赛。每名运动员都想成为主角，而且总想尽可能长时间地控球。第1级别的比赛和训练在设计时已经对这方面有所考虑。

第1级别的比赛的设计目标是满足青少年运动员尽可能长时间控球的需求。

颠球和平稳控球

青少年初学者除了培养自身的协调性和动作技能，还要在第一年中学习分组训练和比赛，然后是提高在地面和空中颠球及控球的能力。一星期两次的训练课程对于培养7岁运动员的球感是不够的。球感能够给运动员提供额外的优势，这个年龄阶段的运动员必须一个星期有几个小时练球，可以利用他们的业余时间练习不同大小的球，直到他们可以在任何情况下处理和控制球。只需稍微创新一下，所有的孩子和教练都可以通过同伴、墙壁、网和其他资源打造出合适的训练课程。

控球游戏

控球游戏可以帮助运动员培养控制球、平衡、步法、速度、技术、方向改变和协调能力。这些技能对于运动员进一步发现足球的魅力非常重要。运动员通过这些技术可以快速达到令人满意的比赛水平。在接下来的比赛部分和稍后列举的训练项目中，训练和比赛的难度逐渐由易变难，但这并不意味着必须按照顺序进行这些项目练习。偶尔出现一个比较复杂的问题可以挑战资质较高的运动员，而使用较简单的训练可以让资质较为普通的青少年运动员自信且积极地加倍努力练习。

1. 平行线

设置两条间距为2米的平行线。两名运动员并肩站在第一条线上，面对着第二条线。教练发出信号时，两名运动员将他们的球带到第二条线上，然后转身再将球带回。在两条平行线之间第一个完成10次运球的运动员获胜。为了在改变方向时控制好球，运动员必须尝试使用双脚的不同部位（外侧、内侧、脚底和脚趾）控球。哪种技术能确保最快地转身呢？

变化

- 改变两条平行线之间的距离，最远可达5米。
- 任何运动员都不准在两条平行线的中间区域接触球。这个地带一开始只有1米宽，接着可以扩大到2米、3米和4米。
- 只能用技术能力较弱的脚运球。

2. 通道比赛

两名运动员以1米的间距面对面站立。运动员1有30秒的时间从运动员2分开的双腿所形成的通道尽可能多地传球。运动员1将球从他的同伴的腿下踢出，然后跑到运动员2的后面将球重新踢回原来的位置。同时，运动员2保持静止并计算对手完成的次数。接着，两名运动员交换角色，由运动员2开始30秒传球。不管运动员用的是左脚还是右脚，将球从对手所设置的通道传过次数多的就是获胜者。在得分相同的情况下，再比赛一次。

变化

- 设置通道的运动员站在中间2米的区域内。运球的运动员可以用左脚或右脚从区域的外面向对手的腿传球。保持静止站立的运动员计算在30秒内从区域外成功传球的次数。接着，两名运动员交换角色，直到两者都完成了2次动作。在两次动作中得分最高的运动员就是获胜者。如果出现平局，再比赛一次。

- 完成了目标计分之后，设置通道的运动员立刻通过转身来改变"球门柱"（一只脚）的位置。

3. 运球时抬头观察

这个训练需要3名运动员。运动员1是运球员，他将球运给20米之外的运动员2。在运球的过程中，运动员1必须尽可能将头抬起，以便观察他前面的同伴（运动员2）展示的手指个数。接着，运动员2在接到球之后，以相反的方向、相同的方式运球并抬头观察计数动作运球给运动员3，而运动员3会指出（两次）不同的手指数。教练必须保证运动员可以使用任意一只脚练习运球。

变化

- 不同的运动员在正方形（每一边为5米）的对角方向运球，可以使用任意一只脚不断地运球进出，目的是避免与其他运球进出的运动员发生碰撞。

团队中不组织这样的比赛游戏！

4. 避免碰撞

在游戏开始前，两名运动员必须将球带到对角（大约10米）并且要尝试避开其他运动员，在对角等待的运动员沿着相同的路线将球带回。首先，这个练习需要两个球和4名运动员，接下来可以通过同时使用4个球和8名运动员来增加强度及难度。为了避免受伤，

5. 精准传球

4名运动员配对并组成一个正方形；同伴（运动员1A和1B，运动员2A和2B）之间彼此相邻站位。两名运球运动员站在对角（运动员1A和2A），同时运球至锥桶，并传给同伴，然后跑向对面。运球运动员的同伴（运动员1B和2B）在球门区域接住传过来的球，

然后以相同的方式继续比赛。第一对得10分的运动员获胜。

变化

- 传球之前，运动员必须在相反的方向假传球。
- 引入三角形的比赛（墙式二打一），接球者必须不停球并将球传回到跑动的传球者，而传球者跑向对面接好球。在完成了10次三角形传球之后，两名运动员都改变角色功能，稍后将改变方向和运球、传球的脚。

6. 黑色和白色

运动员站成一排并分成两队，每一队都有相同颜色的球衫或背心（例如黑色或白色）。每名运动员都有一个球。一开始可以不运球练习，然后再运球练习。一个队朝着一个方向，另一个队朝着另一个方向。教练发出信号之后，所有运动员开始运球，直到他们运过距离起点12米的线。第一个所有成员运球过底线的团队获胜。

变化

- 教练指定一个团队（例如穿黑色球衫的）作为运球员。穿着这种颜色球衫的运动员需运球到达特定的底线，另一个团队（无球）追击运球进攻者，阻止他们运球穿过底线。
- 两个团队以4米的间距面对面站立。
- 代替防守，每个团队不运球的运动员留在起跑线上，用球破坏他指定的对手的控球。

7. 折返运球

设置场地，用线条分开（如下页插图所示）。首先让孩子们在场地上练习无球跑动和转身技术。运动员从起跑线开始跑到第二条线，然后转身跑回起跑线；接着再跑到第三条线，然后转身跑到第二条线。这样一直跑到底线。接下来，运动员练习运球跑相同的路线，这个训练可以组织成一场比赛。将运动员分成水平接近的两个组，进行全体比赛，必须控球跑过所有的线，然后返回。

变化

- 采用每队3名运动员的接力赛。在线上放置锥桶指定路线，每队有5个锥桶并在第1个锥桶的位置放置一个球。每一队的运动员1拿起放在第1个锥桶的球（第1步），然后将它带到第3个锥桶的位置放好（第2步），然后运动员无球返回。接着从第2个锥桶的位置拿起第二个球（第3步），然后运球跑动至第4个锥桶的位置放好（第4步），接着到第3个锥桶的位置将球运至第5个锥桶。最后，运动员1可以跑出场地击掌交替。第一个正确完成路线的团队获胜。

8. 正方形运球

每队4名运动员并各带一个球，在正方形（如下面插图所示）上用锥桶标识角部位置。孩子们一开始不运球，稍后再运球训练。教练每次都会给一个可视的信号，团队的所有运动员（无球或稍后运球的）朝下一个正方形跑动并保持好控球。教练会给出一个指示或可视信号，让运动员朝着顺时针或逆时针方向跑动。（确保清楚地指示从哪个正方形往哪个方向跑动。）

变化

- 在正方形之间设置防守队员。这名运动员尝试延缓对手并争取抢下一个球，他必须将抢到的球运到进攻者的正方形里。接着，被抢到球的运动员开始防守。

9. 绕着正方形跑动两圈

这个项目要求青少年运动员组队练习跑动和运球技术。标示出正方形（如右上插图所示）。运动员首先不运球练习，然后再运球练习。两名运动员站在正方形的对角同时开始运球，按照相同的方向绕着正方形跑两圈（顺时针或逆时针）。第一个回到其起跑位置的运动员获胜。必须在两个方向都进行训练和比赛，以确保所有

运动员学会何时使用左脚和右脚。教练必须对好的技术做出解释，然后不断地在运动员运球时提问关于球与脚的距离。可以提出以下问题：何时应该将球"控制"在脚附近？进攻者如何才能节省时间？顺时针（逆时针）运球时，使用哪只脚控制方向？

变化

- 运动员绕正方形完成一半的运球之后，每名运动员必须在第二个锥桶转身，返回起点。
- 设置绕三角形路线：标识一个等边三角形并沿着三角形的一边设置4个锥桶（如右下插图所示）。运动员组队完成练习。比赛者都从三角

形的不同位置开始，在到达三角形的底部后，他们必须再运球绕过4个锥桶。使用脚的不同部位以及不同的运球技术练习。

10. 强盗游戏

用4个锥桶在场地上标记4个大本营，每个大本营的间隔至少10米，每个大本营中放4个球。每次4个队上场比赛，每个队由2名运动员组成。给出开始的可视信号之后，每名运动员从其他队的大本营里偷球，然后放到自己的大本营里。没有抢球，大本营也可以不设防守。在30秒的比赛中获得最多球的队赢得比赛。

11. 抢占空球门

这个活动有点类似足球版的"抢椅子"。抢椅子是大多数孩子都已经熟知的游戏。标识一个直径15米的圆圈，使用10个锥桶设置路径的内外边线，指定5个锥桶为空球门。每名运动员有一个足球，6名运动员同时朝着一个方向运球。在给出可视信号之后，所有运动员开始抢占5个空球门中的一个，没有抢到的运动员丢1分。

变化

- 使用上面的设置，但是指定一名中立的防守队员以增加进攻队员的难度。

12. 转身突破

1名运动员作为接球队员站在3米宽的锥桶球门后面3米的位置，面向与他进行10米传球的同伴。接球队员跑向滚动的球，必须在空门前接住球并控好球。一旦他获得控球，可以从侧边运球到一个锥桶，然后突然改变速度将球运到另一个锥桶。他必须确保自己一直站在球和设想的防守队员（以锥桶代替）之间，一旦做出决策，他可以变向穿过球门线。

13. 站在阴影里

在阳光充足且有建筑物的阴影时可以尝试这个练习。将运动员组队，其中一个作为进攻者，另一个作为防守者。在两人之间指定一条线，定位好防守者，这样运动员可以直接背对着阳光，产生一个很好的阴影。进攻者要尽可能多地在防守者的阴影下护住球，而防守者可以不断地在进攻者的前面左右移动，但是必须在两人之间画的线之外，防守者不可以越线。孩子们刚开始练习时可以不运球，以便提高他们的身体定位能力和步法平衡。

8米

变化

- 运动员交替进行，进攻者一开始慢慢运球，接着往一侧加速运球突破；而防守者要抢断进攻者的球，不让其运出阴影区域。

14.拖拉练习

　　每名运动员有一个球，同时将锥桶排成一排，以便指定跑动路线。每名运动员沿着锥桶运球（锥桶代表防守者），然后使用拖拉技术将球往右边带大约3米远的距离，接着将球再带回。在运球时，进攻者必须改变自己的速度和方向。教练向青少年运动员传授拖拉假动作。首先练习从左到右运球，然后再从右到左运球。

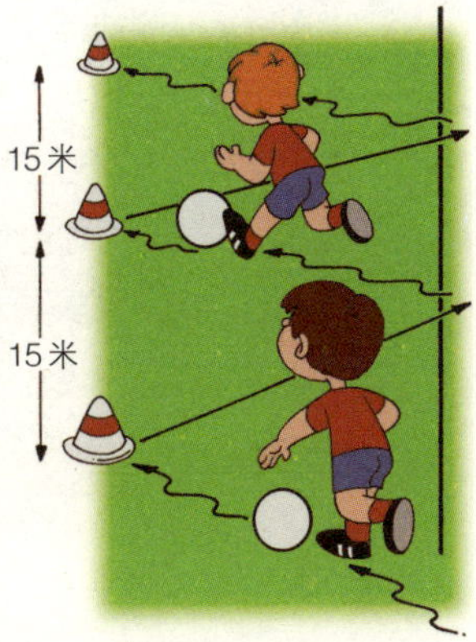

15米

15米

15.从左往右拖拉运球

　　如中间的插图所示，放置8个锥桶标识运球区域。要求孩子们必须使用不同的技术摆脱对手，包括在运球时使用不同的肢体或脚下假动作。为了激发青少年运动员的创造性，教练判定运用最合理的技术（不能出现错误技术）或者新颖的假动作的运动员获胜。

20米

4米

变化

- 练习从右往左运球（如右下图所示）。进攻者在突破运球之前必须总是先朝右边的锥桶运球。一旦球被带到左边锥桶之外，那么必须快速将球带回。
- 第一次从左到右运球，接着从右到左运球。
- 第一次从右到左运球，第二次可以从自选的任意方向运球。
- 以拖拉运球摆脱"有缺陷"的防守者。这些防守者站在球门区域里（在两个锥桶之间），他们的右脚必须始终保持踩在球门线上（如下页

上图所示）。进攻者必须先从左到右运球，然后在下一个运球区域从右到左运球。这个变化有利于青少年运动员在通过拖拉摆脱防守者之前学会先观察。在第二个球门位置的防守者的选位（明显把重心放在一只脚上）表示进攻者可以朝哪一边摆脱防守者。进攻者还必须学习远离防守者的防守范围。

16. 正方形区域 1v1 比赛

用锥桶标识出边长 5 米的正方形（如左图所示）。将青少年运动员组队，并指定每队的进攻者和防守者。一开始，进攻者和防守者站在正方形相对的对角位置。当进攻者控球带过他面前的红色球门线，他就可以得分。在开始运球练习之前，孩子们首先进行不运球的练习，就像玩捉人游戏一样练习最佳的身体位置、平衡和步法。

变化

- 向两名运动员发出可视信号，运动员在相对的对角位置开始绕正方形跑动。第一个完成全程跑动的运动员接着可以跑向正方形的中间，抢控放在那里的球。运动员可以采用运球技术（参考前面的两项游戏），运球穿过两条球门线中的一条。

17. 躲避抢断

将青少年运动员组队练习，指定进攻者和防守者。比赛场地有两条线，间距 15 米。在这个游戏中，运球的进攻者的目标是运球穿过对面的线，除非是丢掉控球权的情况。开始比赛之前，防守者在进攻者后面 1 米远的位置，准备从他后面或侧边抢断。防守者一开始就可以从起点朝另一端的边线跑。但是，一旦进攻者运球远离防守者超过 5 米时，防守者就可以选择原路返回到起点。不管到达哪条线，进攻者都可以得 1 分。

为了躲避身后的防守者，进攻者可以做以下处理。

- 转过身，用身体护球。
- 向防守者做出停球的假动作，然后采用变向变速的方法摆脱防守者，将球控制在底线上。

- 运球突破防守者，用身体切断防守者。

当防守者在进攻者前面斜穿过去时，防守者必须放慢自己的速度。

18. 追击运球员

6米

6米

　　用4个锥桶摆出一个正方形的比赛场地，两名运动员站在正方形的对角。只有一名运动员运球，另一名运动员绕着正方形追击运球者。在第一轮比赛（第1级别）中，防守者可以用一只脚运球。稍后（第2级别），防守者用任意一只脚运球。运球到达每个锥桶的位置，进攻者可以得1分。不管防守者如何接近进攻者，进攻者都要继续运球，以此提高自己的运球能力。

变化

- 4名运动员一起参加这个游戏：两名进攻者和两名防守者。发出可视信号后，每名防守者直接在进攻者后面的锥桶开始追逐，以便立刻对进攻者施压。防守者必须防止进攻者完成绕正方形跑动一周（成功防守获1分）。一对运动员获得5分之后，防守者和进攻者交换角色。

6米

6米

19. 控球追逐比赛

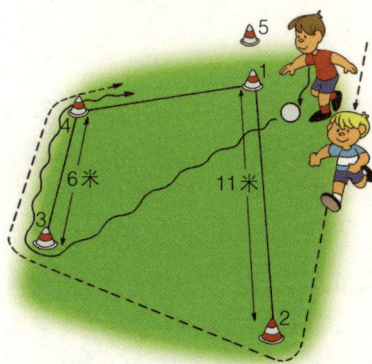

5

4

6米　　11米

3

2

　　如左侧插图所示，在场地设置梯形区域并放置4个锥桶，第五个锥桶与第一个锥桶构成球门线。孩子们组队比赛，一名运动员作为进攻者，另一名作为防守者，进攻者绕着由3个锥桶构成的三角形运球。一旦进攻者开始跑动，防守者必须做出应对并跟跑，防止进攻者在到达终点球门时可以一直控球。但是，防守者有个不利的条件：他必须跑更远的距离（绕过所有4个锥桶）才能抓住进攻者。每名运动员有两次进攻和防守的机会。

在绕着锥桶完成运球之后，控球到达球门线（锥桶1和锥桶5之间）次数多的运动员获胜。如果出现平局，可以进行最后的决赛。

20.追击游戏

这是可以由5名运动员一起参加的提高抢断和运球技巧的游戏。设定一个长方形的比赛场地，其中两条平行边线是另外两条平行边线的两倍长度。每名运动员都有一个球，所有运动员都控制着自己的球，同时他们还要通过抢断破坏（或者将球踢到场地外）其他运动员的球。任意成功抢断破坏可得1分。一旦一名运动员丢失球权，运动员可迅速捡球并返回区域内继续游戏，直到有人拿到5分结束游戏。

变化

- 只有使用左脚抢断成功才计分。

21. 警察和小偷

如右侧插图所示设置一个正方形的区域。将孩子们3人分成一组，一个当"小偷"，另外两个当"警察"。比赛的结果是看小偷在指定的比赛空间对抗两名警察时可以控球的时长。其间警察也要控制好自己的球。这个游戏的重要条件是要求运动员在运球、做假动作、变速变向以及摆脱防守者时要始终保持抬头观察。这个游戏刚开始时可以不运球练习。

变化

- 在两个并排的场地同时进行两个团队的"警察和小偷"游戏。团队1的小偷位置在第一个场地（A），而团队1的两名警察在第二个场地（B）上追逐团队2的小偷。同时，团队2在场地A设置两名警察，在场地B设置1名小偷。最先抓住指定的小偷的两名警察就是获胜者。
- 设置一个22米边长的正方形，并将青少年运动员组队，每个区域或正方形里有一队运动员。在不走出正方形的情况下，进攻者在对抗防守者时要尽可能长时间地保持控球权。5个回合得分之后，进攻者和防守者交换角色。一开始可以将这个游戏当成捉人游戏一样不运球练习，接着进行运球练习，同时采用假动作以及用身体对抗防守者来保护球的动作。完成了一轮比赛之后，双方的参赛人员都必须充分休息。

22. 保持控球权

　　如右侧插图所示设置比赛场地，首先是边长15米的正方形，稍后改为10米×15米的长方形。4名青少年运动员为一组，每一组里由3名进攻者运球，而另外一名是防守者。所有运动员都不可以离开比赛区域。防守者要抢夺进攻者的球，而进攻者要躲避并控好球。防守者在30秒的比赛中必须接近进攻者并尽可能多地将球破坏出正方形。运球时，进攻者要学着将头抬起观察防守者，改变速度和方向远离他，同时要保护好球，避免被他成功断下。

23. 猫和老鼠

　　标识出2米边长的正方形的范围，青少年运动员组队扮演猫和老鼠。游戏一开始时不运球，接着每一队运动员带一个球，猫（进攻者）追的老鼠要在不踏进正方形的情况下保持控球20秒。猫可以观察老鼠改变的方向并追着抢走对方的球。进攻者获得三轮控球权之后，运动员交换角色。可以根据运动员的能力水平增加游戏的难度，将比赛时间拉长到30秒，同时将中间正方形的大小缩小为只有1米。这个游戏有助于青少年运动员意识到：要想取得胜利，洞察力以及在正确时机采用假动作的能力与运球技术一样必不可少。同时它有利于青少年运动员提高速度和协调能力。

24. 逃跑

　　这个游戏需要7对运动员，并分为两组比赛。每名运动员都有一个球，他必须在标识为7v7（长度为50~65米，宽度为30~45米）的比赛场地中圈里运球。一旦发出其中一个团队预先定下的信号，该团队的每个成员必须将自己的球从场地中圈运出，并一直控球穿过7v7场地的任意一条边线。没有发出信号的团队的运动员将球放下，追赶他们个人的对手，试着从持球运动员脚下抢夺尽可能多的球，重新带回中圈里。

变化

- 教练给出可视信号（例如挥动有颜色的卡片）明确进攻和防守的团队。

- 进攻者要运球突破到禁区并得分，而防守者要抢断球并将球带回场地中圈。
- 场地中间要放尽可能多的球，因为有多对运动员参加活动。一旦宣布了进攻团队，不管个人的对手如何努力，每名进攻者都必须尝试获得一个球并运球到达在不同比赛场地中用锥桶设置的4个或5个球门中的一个。

25. 挑战

用4个锥桶设置出球门区域的长方形场地，两名运动员用一个球。两名运动员站在同一球门的两侧（∧），在发出可视信号之后，两名运动员必须朝着放在比赛区域12.5米处的球冲刺。第一个获得控球权的运动员必须运球进入对手的射门区域并得分。如果运动员在射门区域之外的中场犯规，那么防守者需在离进攻者半米远的位置重新开始比赛。如果防守者在他自己的射门区域犯规，那么运动员必须接受任意球的处罚。任意球指的是运动员在比赛区域的中间位置向对手的空球门射门，球穿过球门线得1分，两名运动员交换比赛位置。最先取得2分的运动员获胜。

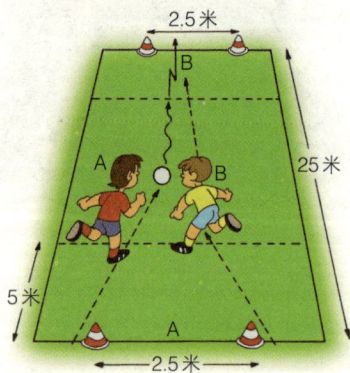

迷宫游戏

迷宫游戏包括两种：迷宫运球游戏和迷宫传球游戏。第一种游戏可以激发青少年运动员的观察能力，同时还可以提高运动员的方向感、快速制定决策的能力和协调能力，特别是双脚的运球技术。随着这些技术的不断提高，越多的游戏变化越有助于确保充足的练习以及提高运动员的兴趣。第二种迷宫游戏的变化有助于提高队员之间的传球和接球的默契。

1. 迷宫运球

如右侧插图所示设置比赛场地，标识8个间隔为1米的球门，每个球门由两个锥桶组成。将运动员组队并分给每队一个球。两名运动员同时从迷宫外面的正对面开始比赛，他们的任务是在确保不丢球的情况下从任意方向运球穿过迷宫的8个球门。第一个返回起跑点并完全控球的运动员获胜。一开始运动员可以不运球训练，稍后可以有两名以上的运动员同时参加活动。

变化

- 替换球门，等待参加游戏的运动员可以倒地用自己的身体挡住通道。进攻者必须挑球跳起越过对手并通过通道。

- 将游戏设置为计时项目，运动员必须以最少的时间通过6个不同的球门。运动员只能使用技术较弱的脚或者在运球通过球门线之前完成转体。还可以要求运动员向后运球通过锥桶球门。

- 为了得分，运动员必须将球传进球门，同时绕过锥桶而非直接跑过球门（通道）在球门线外接球。

- 10秒内穿过球门最多的运动员获胜。

- 至少用3种不同颜色的锥桶设置8个球门。在传球的过程中，运动员必须寻找宣布或指定的球门位置。第一个完成8个球门进球且不会出现两次在同一个球门进球的运动员获胜。运动员在返回同一个球门之前必须至少从另一种颜色的球门穿过。

- 2名或3名运动员运球通过任意8个球门，而2名或3名其他的无球运动员进迷宫改变一些锥桶球门的位置。球门的大小不变但会改变位置，从而要求进攻者不断地观察并适应新的情况。

- 运球进入球门之前，进攻者必须完成侧身护球动作（肩膀指向球门）。接下来，运动员再半转身（向左或向右）并回到原始位置，然后运球带过球门线。运动员必须确保其身体置于球门线和球之间，以便在假想对手（锥桶球门线上的）面前保护好球。

- 3名运动员占据8个球门中的3个，这样，4名进攻者就只能在未被占据的5个球门中得分。防守者可以从一个球门跑动到另一个球门，但是不能抢球。队伍中第一个获得6个进球且不会在同一个球门出现两次进球的运动员获胜。

- 4名进攻者对抗两名可以抢球的防守者（不同于之前禁止抢球的变化）。
- 为了得分，进攻者必须在每个球门线之前用任意一只脚将球挑起绕过障碍物（或伸脚抢球的防守运动员）。

2. 迷宫传球

如右侧插图所示将比赛场地设置为迷宫。这里有的球门的宽度比迷宫运球游戏中的球门要宽。将青少年运动员组队（一个传球，另一个接球）并采用传球得分的方式。首先完成6个不同球门传球得分的运动员获胜。运动员将球传出并让自己能够执行下一个传球之后，要确保他们可

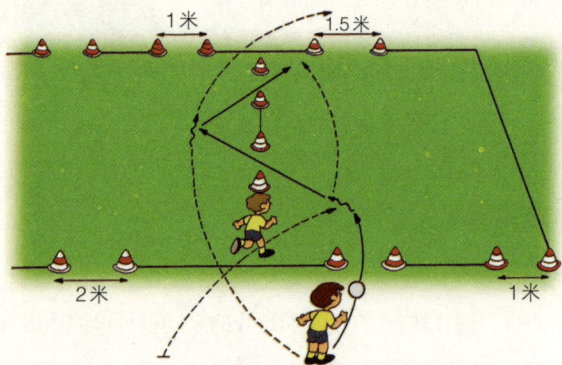

以快速地跑向另一个球门。在传球之前要提示运动员之间用眼神交流。

变化

- 使用至少3种不同颜色的锥桶设置8个球门。在比赛期间，必须告知或指定下一个球门的锥桶颜色。最先得到8分的队获胜。运动员在同一行的相同球门两次进球不算得分。
- 练习之前变化的游戏，但是时间缩短为10秒。能够在10秒内且总是通过不同的球门得到最多分的队获胜。
- 团队（组队）比赛和运球通过8个球门时，2名或者3名其他的运动员可以不带球进入迷宫改变锥桶球门的位置。这样可以确保进攻者不断地观察和适应新的情况。
- 为了得分，进攻者必须在每个球门线之前用任意一只脚稍微将球挑起，绕过障碍物或伸脚抢球的运动员。
- 3对青少年运动员可以同时练习。练习的目标是，一对运动员阻止其他两对进攻运动员传球通过球门得分。最先得到6分的运动员团队在比赛中获胜。
- 两对青少年运动员在没有防守限制的条件下要尽可能多得分。关注防守者抢断任意一对进攻者的球时所需要的时间。

传球、接球和射门游戏

良好的控球能力极其重要。控球能力指的是同伴之间传球或抢断的能力。它确保团队有机会继续控球或发起进攻。在2003~2004年的西班牙职业足球联赛中，糟糕的传递和控球导致全场控球率下降17.5%。导致如此高的失误率的原因不仅是技术问题，还有在控球之前突然发生的错误。以下是一些典型的错误。

➤ 传球队员和接球队员之间没有眼神交流。

➤ 时机选择不对，传球队员已经做好准备时，接球队员却还没有做好准备。

➤ 接球队员不是主动接球，而是原地等球。

➤ 运动员的传球技术很糟糕（传球的力度不够，高度过高，不够准确或者太迟传球）。

青少年运动员必须学习和应用针对各种不同技术的常识规则，在特定的比赛情景下控制球。以下是青少年运动员必须学习的内容。

（1）仔细观察球，直到它接触到你的脚或身体。同时，在控球之前和之后都要注意同伴及对手的位置与跑动。越有经验、越自信的运动员，在关注球的同时还能够获取到更多的相关信息。

（2）尽可能快地将自己的身体与球调节到合适的位置。例如，如果你是一名进攻者，你在适当的时机面对同伴接住球就相对容易一些，但这往往无法有效地制造得分机会，原因是效率太低，导致你无法快速地将球攻进对手的禁区内。因此，你还必须学会在侧身接球并控球，这样就可以在你和球之间形成一定的空间，并可以观察同伴和防守者的位置及行动。

（3）以自己的双脚或身体的其他部位作为球的缓冲。不要紧张，放松并让膝盖微屈或者身体稍微前倾，这有助于自我控制。在接球时保持平衡，良好的平衡感可以更成功地完成后续动作，同时接球队员可以通过身体的假动作骗过旁边的对手。

（4）控球的第一停球非常重要。如果你是接球队员，就必须在控球之前已经清楚下一步的行动。你必须根据下一个行动使用相应的控球方法：运球、射门或传球。这样就能够有计划或有目的地控球，以便继续进攻。学习这个控球规则有助于运动员更好地表现自己。

接球和控球阶段

本章的游戏主要针对提高运动员通过不同技术保持控球和精准传球的能力。运动员在接球和控球过程中要学习计算和预判球的方向与速度，包括解读对手传球的方向和速度的方法。运动员通过静止或移动的球并尽可能假设对手传球的方向来练习传球。他们也可以学习最好的接球方式，这有利于他们进行下一次传球。

阶段一：准备

➤ 用视线跟踪球并计算它的运行轨迹、与传球者的距离、球在空中的高度及速度。

➤ 这些因素决定了接球的方法以及控球的技术。

➤ 预判第一次发生接触球的位置。

➤ 选择处理来球的正确方法。

➤ 选择接球的最合适部位。

➤ 在分析比赛情景时，预判接球的正确身体位置（侧向、正面或者背身迎球，同时观察来球）。身体位置决定了下一个动作。

➤ 一旦掌握了来球的运行轨迹，注意力必须从球上转移开，评估当前的比赛情景可以确定接球的各种可行选择。

➤ 保持身体和心理稳定。

阶段二：执行

➤ 放松即将接触来球的身体部位。

➤ 利用手臂平衡帮助完成接球的技术、战术。

➤ 清楚是否需要结合佯攻或假动作来接球。

➤ 知道接住球的距离近一点还是远一些（根据距离最接近的对手）。

➤ 掌握接球的不同技术，不管球是在地面、空中还是跳动着。

➤ 知道最快接住空中传球的力法。

➤ 理解使用正确的接球方法的重要性。关系到是否成功地继续保持控球权？传球、运球还是直接射门？

➤ 懂得调整不精准传球的方法。

1. 踢墙练习

让青少年运动员站在墙壁附近，距离4~7米。对着墙壁传空中球，在球掉到地面之前可以完成多少传球？这个活动可以进行比赛，能够在不离开自己原先位置超过1米且对着墙壁完成5次传球的运动员获胜。还可以采取一些变化，使用左脚或者左右脚交替完成传球，要求青少年运动员在传球时使用脚的不同部位。反复练习这项活动。

2. 距离控制比赛

如下页插图所示，让青少年运动员站在中线上，每名运动员将自己的球踢向底线，哪名运动员的球传得最远？谁的触球次数最少并可以射门得分？青少年运动员是否使用了技术较弱的脚并体验了不同的射门技术？让他们自己描述一下感受吧！

3. 精准传球和控球

　　这个游戏可以单人玩，也可以3人一组进行比赛，如下面插图所示。每名运动员必须通过一个距离为6~9米、宽为2米的球门区域（用锥桶标识）。首先，传球员（A）跟着传球跑到对面，接着由接球队员（B）将球传给第3名运动员（C）才可以得分。采用所要求的传球技术并完成10次的运动员获胜。在一个团队中，获胜的3名运动员可以是最先拿到10分的运动员，也可以是在30秒内得到最多分的运动员。

　　通过有效地提问运动员，让其了解最有效的传球技术组合。

变化

- 第3名运动员（运动员C）作为守门员，防守4米宽的球门区域（用锥桶标识）。这个球门区域在其同伴之间中间的位置。无法得分的进攻者必须与守门员交换位置。教练可以要求进攻者练习射静止或移动的球，也可以要求运动员了解踢手抛球或不同距离的凌空射门技术。

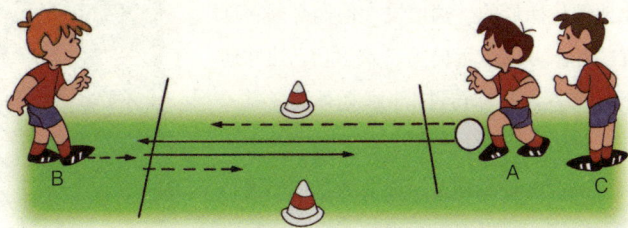

4. 点球之王

这个游戏将青少年运动员分成三组。每个组都在7v7的（例如5米×2米）球门区域内比赛。参赛的3名运动员一开始每个人有5分。最年长的运动员先防守球门，而另外两名运动员站在10米远的位置射门。每进一个球，防守者就丢1分。但是，如果进攻者没有得分，那么他要与守门员交换位置。当对手丢了他们所有的分，那么对应进攻的运动员就获胜。

变化

- 要求运动员必须使用的射门技术。

5. "鱼雷" 游戏

这个游戏需要10名运动员和5个足球。选出4名运动员，每人有一个球的排成一队，另外4名运动员在对面，其余两名运动员站在两队之间通道的两端传球。组成通道的运动员必须计算球从通道的这一端到另一端的方向和速度，然后要准确地用他们的球"击中"它。如果他们错过了机会，那么对面的运动员就可以接住运球。传球的运动员可以使用任意一只脚和脚法。

6. 快速得分

将青少年运动员组队，并分给每人一个球。设置一个长梯形（如右侧插图所示），用4个锥桶标识角部，梯形的末端作为球门区域且只有2米宽。向2名运动员发出可视信号，让他们从梯形的一端出发。他们必须将球带过4米线位置，接着朝12米远的另一端射门，让球通过锥桶。同步开始比赛，将球传过4米线之外的任意一点射门得分，在5个回合中得分最高的运动员获胜。

在限时条件下射门时，运动员一般会选择他们擅长的技术。但是要有变化，可以要求运动员使用一种特定的技术或者使用技术较弱的脚踢球。

7. 1v1 传接球比赛

将运动员组队并用锥桶标识比赛场地（如上图所示）。每2名运动员用一个球，场地的末端是球门区域（8米宽）。运动员分别站在自己防守的球门线上，运动员1沿着地面从自己的球门线朝对面的球门传球。为了阻止运动员1得分，防守者——运动员2必须判断对手传球的方向和速度，接球并回传。

不允许传空中球。如果犯规（使用手或者离开球门线），那么可以在半场位置罚点球。第一个获得4分的运动员赢得比赛。

变化

- 作为练习，只有沿着地面的传球才能计分。
- 要求青少年运动员在练习时使用技术较弱的脚传球。
- 要求接球队员在自己球门线后面2米的位置开始接球。这有助于让他们养成在接球前主动迎上去的好习惯。

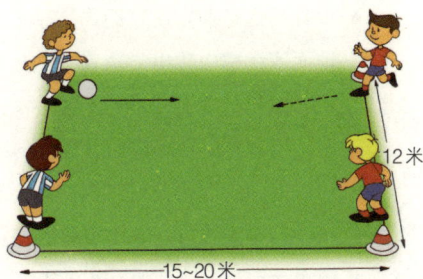

- 练习2v2的传球和接球，从控球的位置将球传过对手的球门线。根据4名运动员的爆发力，球门区域可以扩大到12米宽，球门与运动员的间距可以增加到15~20米。

8. 假动作传球

这个游戏可以由几名运动员一起参加。设置两对锥桶标识两个球门区域（每个区域2米宽；如下图所示）。球门与起跑线的距离是11~13米。接球者站在球门后面，防守的运动员（指定）站在球门前面，与传球运动员面对面站立。运动员有5次传球得分的机会（一开始是传定点球）。只有站在防守者身后的接球队员控好球才算有效。

随着运动员传球技术的提高，可以增加球门之间的距离（一开始是2米）。很多有经验的运动员也可以传移动（但不需要指示方向）的球。

9. 配对传平高球练习

练习这个比赛时，运动员站在墙壁一侧，每对运动员有一个球。目的是对着墙壁完成从地面踢起的直传球（一脚球）的次数。运动员一开始站在距离墙壁大约5米的位置，在有了经验和有所进步之后，可以站到距离墙壁10~15米的位置。

要求运动员只使用几次左脚或者双脚交替进行。也可以进行一些改变，要求运动员使用所要求的不同的传球或射门技术。观察运动员在限定的时间内（例如30秒或1分钟）能够完成的传球次数，这要求运动员集中精神练习。

变化

- 单打模式是假定站在距离墙壁6~8米的位置，以与墙壁平行的方式运球并将球沿着地面或在空中传出，接着跑动几米之后接住弹回的球。运动员用脚内侧或脚外侧模仿"二打一"传球。他们必须站在一个方向练习，可以先站在墙壁的左边方向练习，接着再站在墙壁的右边方向练习。
- 面对墙壁练习"足网球"。运动员单独或配对连续向墙壁标志线的上方传球。要求运动员系统练习技能比较差的脚。
- 要求运动员创造其他有利于提高自身球感和技术的练习。

10. 正方形传球

这个游戏要求5名运动员组成一组，在由4个锥桶标明的正方形场地上练习。除了练习准确传球的技巧，运动员还将学习有利于接下来的比赛（在下个传球中）的接球方式。同时，有目的地使用大力传球技术来加快传球速率。在这个游戏中，运动员轮流绕着正方形传球，可以在任意方向进行地滚球或传

空中球，可以设定每名运动员接触球的机会只有两次或者几次。运动员站在一个角落位置传球之后，该运动员接下来必须跟着球跑动到下一个角。每名运动员都必须跟着他所传的球跑动。使用秒表计算每名运动员从接到球到下一个角的用时，或者在几个队中进行计时比赛。

变化

- 增加第6名运动员来参加这个5人的传球比赛。在第一次传球时，多出来的1名运动员必须绕着正方形跑两圈。这名运动员应该绕着正方形尽可能跑得最快。6名运动员的每一位轮流与其他5名运动员赛跑，所有的运动员轮流作为跑步者。

11. 循环射门

这个游戏可以有6名运动员参与。4名运动员运球，两名运动员在目标区域守门。按照上图所示，使用锥桶绕着球门设置圆圈路线。在距离指定球门4米的位置放置一对锥桶，运动员运球（20米）到达前面的球门区，之后必须立刻射门。在射门得分之后，进攻者就成了守门员，之前的守门员可以接着向右边的球门区运球。

按照这种方式朝着同一方向运球，在5分钟内进球得分最高的运动员获胜。

变化

- 在距离最后一对锥桶3米之内射门。
- 进攻者从左侧按顺时针运球，然后在内左侧位置完成射门。
- 在到达对手球门区的过程中，进攻者必须做一个假动作绕过假设的防守队员（1个锥桶）再射门。

12. 变化射门路线

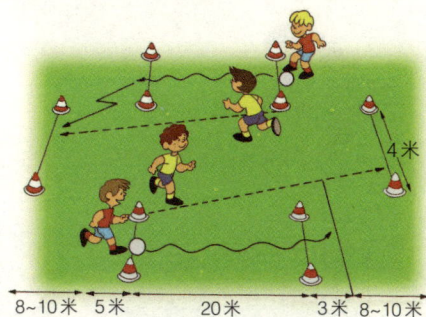

参看之前的项目。两对运动员（有时也可以3对）参加游戏，一名运动员运球，另一名运动员作为守门员站在他前面2米的位置。当进攻者触球时，防守者要尽可能快地在进攻者距离球门3米之内射门之前站到球门线的位置。在第一次进攻完成之后，2名运动员调换角色在另一侧进行练习。5分钟之内射门得分多的运动员获胜。

变化

- 运动员改变运球方向射门。

- 防守者站在进攻者右后边2米的位置。在几次练习之后，可以将距离增加到4米。一旦进攻者在第一对锥桶之内，那么防守者可以进行防守抢断。

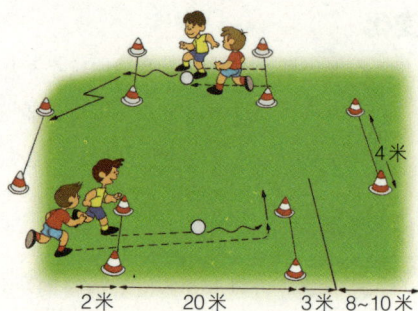

13. 两边精准传球

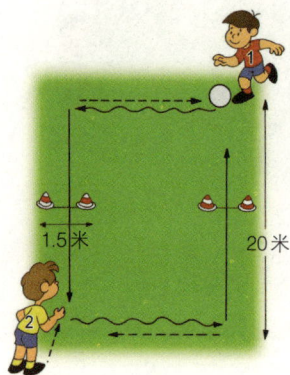

　　设置球场，用两对锥桶标明球门的位置（如中间的插图所示）。将运动员组队并分给一个球，说明运动员可以使用的传球技术。运动员1要保持与球门锥桶平行的位置并开始运球。接着，运动员1再向锥桶中间传球。同时，运动员2在球门后面等待接球。接到球之后（运动员2）同样沿着边线运球和传球。在完成了每个传球之后，运动员回到自己的起点（虚线箭头所示）。最先得到10分的运动员获胜。

变化

- 与3名运动员一起完成这个游戏。在每一次完成传球之后，传球队员要跟着球的方向（如下面插图的虚线和实线所示）跑到下一个接球队员的位置。运动员按照下图中标明的数字依次完成游戏。

- 3名运动员调换位置，变换方向再练习。

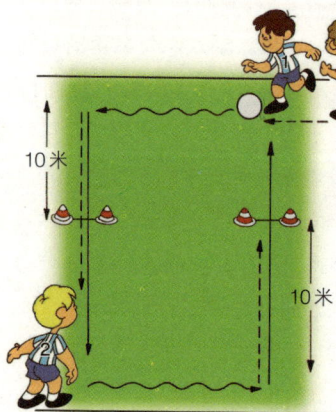

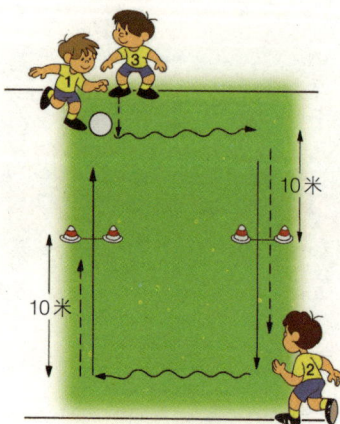

14. 使用不擅长的脚传球

用锥桶设置正方形的比赛场地，标识出球门和传球的起点（如右侧插图所示）。在这个游戏中，一对运动员使用一个球。在完成运球之后，运动员必须将球带过传球点后再传球。球门由锥桶标识，两个锥桶之间的间距是1~1.5米。如果是停住传球，那么传球无效。在完成了向球门区的传球之后，运动员要迅速跑回起点，等待接住第二名运动员的传球。第一个从距离球门5米的位置完成5个有效进球的运动员获胜。

可以根据参加游戏的运动员的表现，要求运动员使用不擅长的脚、擅长的脚或改变游戏的距离。

15. 大范围传球

将运动员分成组，每组3名运动员。在场地上设置两条线相距20米的平行线。两名运动员（运动员1，运动员2）站在一条起跑线上，其中运动员1带球，面向站在另一边线上的第3名运动员。运动员1将球传过中间区给运动员3，接着运动员3将球即刻传回给运动员2。任何运动员都不可以进入中间区传球。在完成传球之后，运动员必须跟着球跑。在不同的团队中，能够穿过中间区完成10个传球的团队获胜。

16. 在4名运动员之间传球

设置边长为20米的正方形比赛场地。将运动员分成4组。每个组有一个球，4名运动员在区域内连续跑动。控球运动员必须尽可能快地将球传给教练指定的运动员。在每次传球中，接球运动员必须在跑动的过程中成功接住球。不准确的传球以及过慢传球都要扣1分。

变化

- 这个练习中可以有一名防守者，他可以拦截球，但是绝不可以对控球队员铲球。
- 这个游戏里可以有5名进攻者和两个球。球必须同时传给不同的运动员。最先向所有同伴完成10个精准长传（超过10米）的运动员获胜。

17. 运球过底线3v3比赛

组成两个团队，每队有3名运动员。设置一个长方形的比赛场地，场地的中间标明一条线（如下一页插图所示）。运动员在各自的比赛区（像排球比赛一样）面对面站立。要求在不跑出比赛场地和减少运球的情况下，团队中的任意一名队员沿着地面运球穿过对方的底线得1分。而另一个团队在本方半场尽全力防守，不允许传空中球。当球出界时，必须在球出界的位置重新发球，用手触球会被罚掉1分。

变化

- 只有同伴之间传球（直接）过线时得分才有效。

18. 1v1 攻守射门

将运动员组队，同时在7v7足球比赛的任意一方的场地进行练习。在禁区（11米）线上用锥桶设置3米宽的球门。防守者从底线朝锥桶传球，进攻者控好球，面对防守者和守门员完成射门得分。教练不断地向运动员提问，以帮助他们理解最佳的接球方式（将球停到一个可以快速射门的位置）。防守者如何做到最有效的防守？（用缓慢的传球，将球传给进攻者的不擅长技术的脚，并选好位置分开双腿封堵射门。）

在每一次进攻之后，2名运动员交换角色。稍后可以让进攻者在球门锥桶后面2米的位置开始，鼓励他主动迎球进攻。

19. 2v1 比赛

再次使用7v7足球比赛场地，将运动员分成3组，在球门位置设1名防守者和1名接球队员，另一名运动员站在禁区线的位置（如下页插图所示）。在这个游戏中，当进攻者从禁区线朝他的同伴传球时，站在底线附近的防守者必须尝试抢断球。接球者接住且控好球，并可以回传给同伴。当球被进攻者或防守者踢到大禁区外、运动员越位或者突破射门得分时，2v1的比赛结束。所有的运动员都分别在这3个位置练习5次；每一次进球，进攻者都可以得1分。

变化

- 对于技术较好的运动员可以有4名运动员一起比赛（2v2，在禁区内比赛）。在这个变化中，进攻者将球传给同伴。一旦完成了快速传球，接球队员就可以接球并控制球——即使在他的后面站着防守员。然后，双方运动员（进攻者和防守者）可以在大禁区内进行2v2的比赛。进攻者的目标是进球得分，而防守者是将球破坏出大禁区。

20. 3v2 射门得分

同样采用7v7的足球比赛场地。指定3名运动员作为进攻者并要求他们站在距离球门20米的位置。假定他们站在边锋和中锋位置，指定两名运动员作为防守者并要求他们站在球门柱两边位置。球门由守门员防守，进攻者不能越位，并且进攻者要在10秒内完成射门。

变化

- 1名进攻者站在距球20米处的假想线上，将球传向接近底线的两名同伴中的一位。两名防守者开始防守，一旦完成传球，3名进攻者可以根据实际情况完成射门。同时，两名防守者在守门员的帮助下尽可能抢夺控球权然后将球回传给教练。因为，根据比赛发展情况，教练的位置接近第3名进攻者，以便给球连续进攻。

21. 1v1 射门

在篮球场或者Mini足球场（20~25米×35~40米）进行这个比赛（如右侧插图所示）。两个团队的两名运动员只使用一个球。团队里的1名运动员是守门员，1名可以根据比赛情况担任进攻者或者防守者。守门员每隔2分钟与场上的运动员交换位置。

变化

- 只需要一半的场地，每队有4名运动员参加。每个队有1名守门员、1名进攻者，其他两名同伴站在对手的门柱位置以二过一模式协助进攻者。他们只有一次触球的机

会，而且也不可以进入场地内。在任何一队得分之后，进攻者和守门员与门柱位置的2名队员交换位置。

- 在同样场地上，可以加上守门员以3v3形式比赛。

22. 1v1射正目标

采用Mini足球场地（长35~40米，宽20~25米），两端各有两个球门，同时参赛队由两名运动员组成。每名运动员只可以在本方半场内活动，目标是在进攻时向对方球门射门得分。以抛球开始比赛，每个团队的运动员每隔2分钟交换位置和角色。

23. 准确传球游戏

设置两个小的正方形（如下面插图所示）作为比赛场地。8名运动员分成两组，每组有4名运动员同时使用一个球。3名运动员站在其中一个正方形中，这3名运动员要面对1名防守者，他们必须一直保持控球权直到他们中的1名运动员传球穿过中间区（10~15米）到达第二个正方形。而正方形的防守者要努力拦截球，一旦进攻者连续两次接球并控制了球，才可以将球传给对面正方形的3名同伴。计算2分钟的比赛时间内成功传球的次数，比赛经验越少的运动员必须在越大的比赛场地上进行比赛。

24. 头球射门

　　练习区域是7v7球门区域。两名运动员面对面站在间距2米的位置。其中1名运动员是守门员，他以抛物线的方式将球抛向进攻者的前额，进攻者用头球射门。守门员必须站在球门线位置，若抛球不合适可以不顶。在完成了5次头球射门之后，运动员交换位置和角色。进球得分多的运动员获胜。

抢断游戏

　　聪明的运动员只有在非常确定能够成功的条件下才会尝试抢断。如果出现任何怀疑，他将取消抢断或者采用假抢，然后就后退等待更适合的时机再抢断。

　　防守者不仅要练习耐心并考虑在特定比赛情景中最成功的抢断球方法，同时还必须培养以下技巧。

　　（1）避免直接向控球的进攻者跑动。

　　（2）使用假抢争取优势。

　　（3）注意观察球的速度和运行轨迹。

　　（4）选择最佳的路线，以便比进攻者更靠近球门。

　　（5）不同的抢断球方法或类型。

　　（6）在防守抢断过程中避免抬脚过高。

　　（7）确保在需要的时候，可以进行第二次和第三次抢断。

　　（8）在进行抢断球之前必须保持重心降低。

　　（9）延缓控球者的运球速度。

　　（10）要在心理上准备成功抢断球之后的控球。

　　（11）突袭对手（一个缓慢的抢断无法实现突袭效果）。

　　（12）迫使进攻者失去时间和空间优势，从而让进攻者犯错。

　　（13）在防守时要保持身体位置的平衡，不要使用交叉步。

　　这个章节的抢断游戏可以让青少年运动员体验正确使用技术的方法。这些技术包括抢夺对手的球以及果断快速突袭对手。在面对进攻者时，运动员要学习正确地选择选位同时耐心等待精准的抢断时机。此外，运动员还将学习运用假动作成功地抢断球之后进行快速反击的方法。通过渐进式的练习，可以逐步培养自身的防守基础，从而更好地面对更加复杂的比赛情况。

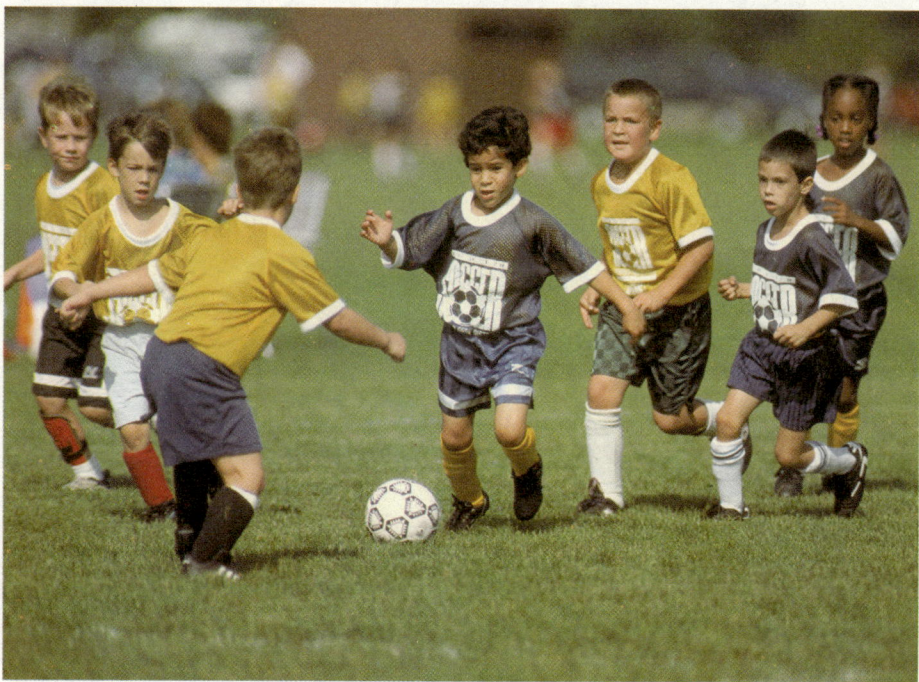

成功抢断球的时机非常重要

1. "踩绳" 游戏

　　在第一个游戏中，运动员不使用球，这样他们可以集中精力学习正确的连贯性动作。将运动员分成防守者和进攻者并组队。防守者要面对手中拿着绳子的进攻者，绳子的末端接触距离防守者前面1米的地面上。防守者的目的是突然向前一步，在进攻者将绳子移开之前接触到或踩住绳子。防守者有5次机会而且可以使用任意脚来实现该目的。接着运动员交换角色。防守者在开始踩住绳子之前可以快速假定一个最佳的位置。在这个位置处，防守者的双腿必须尽可能地保持重心下沉。除了学习到这个正确的连贯性动作，运动员还可以体会到速度和突袭在抢断球方面的重要性。

2. 抢断无人控制的球

　　将运动员组队（防守者和进攻者），同时在场地上标明两条直线。每名防守者使用任意脚快速抢断放置在距离进攻者面前1米位置的静止球。进攻者必须关注防守者的双脚而不是球，同时在防守者出脚之前将球移到旁边。可以在每次抢断之间间歇5秒。在完成了5次抢断之后，交换角色。

3. 连续防守抢断

　　用4个锥桶标识场地（两个宽为3米，间距6米的锥桶球门），同时将运动员组队。防守者站在距离球门5米远的中间点位置，进攻者在1米或者2米位置面向防守者控球。在防守者尝试快速突袭抢断时，进攻者将球拨到防守范围外的一侧，接着运球通过两个球门中的一个。当防守者在正面抢断失败时，他必须快速回位并尝试第二次抢断（这次是在侧面）——同时阻止进攻者控球穿过球门。每位运动员都有5次进攻机会。阻止进攻者得分最多的运动员获胜。在每次抢断之后，运动员都必须至少有10秒的休息时间。

4. 紧逼防守抢断

　　将运动员组队，每一队有一个足球。防守者面对一名直接向他运球的进攻者。当进攻者运球至防守者前大约3米的位置时，进攻者可以做左右晃动的假动作，接着再直接向前运球。

　　一旦离球很近，防守者就处于最佳的抢断位置，他可以使用正确快速的抢断技术进行抢断。防守者必须先关注球而不是进攻者的脚。在这个项目中，防守者可以获得学习预判动作的最佳经验。同时，运动员也可以学习如何抓住最佳的防守时机。

变化

- 当进攻者在3米之内时，防守者要做出一次假抢动作。然后恢复最佳的防守位置（但不能离进攻者太远），同时可以尝试在一侧突袭对手快速抢断。
- 防守者完全靠近进攻者。首先，要保持速度跟住对手，再寻找机会抢断，而这往往是在进攻者运球时，球远离脚的一瞬间。任何从背后进行的抢断必须避免犯规。最好一开始练习时不使用球，接着再使用球，然后再进行两侧的防守练习。通过这种方式可以提升位置感以及各种防守技巧。

5. 拦截传球

将运动员分成4人一组。两名运动员面对面站在相距15米的位置进行对传，两名防守者分别站在距离2米的位置进行抢断练习。可以交换位置（防守者始终面向进攻者抢断，进攻者可在防守者两侧传球）进行练习。

6. 五次抢断球

将运动员分成4人一组。3名运动员分别在小的正方形（8米×8米）中运球，而第4名运动员不运球但有5次抢断的机会。防守者的目的是在5次抢断中，尽可能地将球破坏出正方形。

进攻者在运球时要仔细观察防守者，防守者也必须耐心等待抢断的最佳时机。抢断假动作可以让防守者有更高的胜算。在5次抢断抢球中成功次数最多的运动员获胜。

变化

- 4名运动员都运球，他们都必须在控制自己的球的同时破坏其他3名对手的球。当运动员丢了球之后，他必须快速捡球继续参加游戏。在规定的时间里（例如，2分钟）成功破坏次数最多的运动员获胜。除了破坏球，参与者还要学会利用身体在球和防守者之间掩护球，以便在运球时抬头观察和做假动作。

8米

8米

7. 1v1 紧逼防守

将运动员组队，一名运动员运球而另一名不运球，同时标明一个边长为 15 米的正方形。所有的运动员都在正方形中使用紧逼防守进行比赛。防守者尽可能快速地将进攻者的球踢出正方形。最长时间控球的进攻者获胜。在 3 名进攻者完成了 5 次尝试之后，进攻者与防守者交换角色。

变化

- 这个游戏可以有 8 名运动员参加。一旦发出开始信号，4 名防守者将可以从正方形外面开始游戏。他们可以跟着任意一名进攻者或者他们只可以抢断指定的进攻者（个人）。最后一名将球破坏出正方形的防守者失败。

8. "笼子"游戏

将运动员分成 5 人一组，并设置边长为 10 米的正方形场地。4 名进攻者站在正方形外面，每个人带一个球。每名进攻者必须运球穿过正方形才可以得分。防守者在游戏过程中始终站在正方形里面。进攻者一个接一个地进攻直到所有人都完成两次进攻。当正方形里

的防守者完成 8 次防守之后，运动员交换角色，直到所有运动员都充当了防守者的角色。成功阻止运球成功次数最多的运动员获胜。教练必须告诉进攻者在正方形边线上耐心等待，同时观察防守者是否犯错。

9. 1v1 交替比赛

设置一个宽12米，长20米的比赛场地，并在场地两端用锥桶标识球门。2名运动员站在场地内，另外2名在场地底线的球门外面等待。比赛区域的2名运动员面对面对抗，直到其中1名运动员能够控球穿过对方球门（12米宽）线。在球穿过任意球门线得分之后，2名进攻者必须返回到各自的球门休息。同时，2名等待的运动员从各自球门区后面进入赛场继续比赛。当其中一队（或者1名运动员）获得6分时，训练结束。

除了保持可以抢断（双腿弯曲）的正确姿势，防守者必须学习选位。进行者要主动侧身面对进攻者，迫使进攻者带球通过防守者预先设置好的防守通道，以形成防守优势。教练必须鼓励防守者快速上前抢断，同时在完全取得控球权之后快速反击。根据进攻者的速度和技术能力，防守者可以学习使用不同的抢断技术。

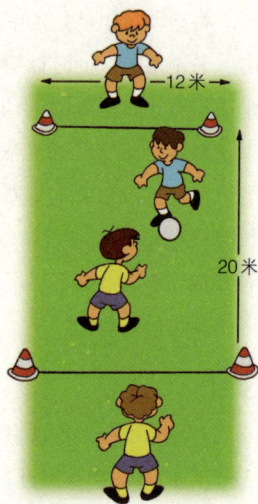

10. 4个球门的比赛

按照下面的插图设置比赛场地。每一次有两名运动员在各自的比赛区域参加比赛，每对运动员有一个球。进攻者运球从左（或者右）穿过中场线，然后进攻突破防守者一端底线。教练可以指定防守球门，防守者只在指定的球门区域防守。

当进攻者运球开始比赛时，在球门区域的防守者不管在哪个指定的球门位置都必须快速做出反应，即离开球门并防止对手进球得分。当球跑出比赛区域或者进攻者进球得分时，重新开始比赛，同时运动员交换角色。

如果出现犯规，那么进攻者可以在距离防守者1米之外自由运球。只有当进攻者重新开始比赛时，防守者才可以进行防守干预。在10次进攻中得分最多的运动员获胜。

游戏开始之前，可以让运动员在相同的场地上做无球体验的追逐游戏。他们可以练习规则、学习摆脱对手的方法、练习假动作、突然变向和变速等技术。

11. 1v1 Mini足球比赛

使用一个20~25米的Mini足球场地并在场地两个底线设置两对球门。6名运动员分成3队参加1v1比赛。比赛开始时，3名进攻者站在假想的中线位置，同时各自的防守者站在他们后面1米远的位置。比赛的目的是阻止对手运球穿过防守者，从而在两个底线的任一一个球门射门得分。一旦防守成功，丢球的进攻者立即反抢。为了鼓励防守者有目的地将进攻者引入场地左边或右边，教练也可以设定进攻者从右边进球比左边进球的得分要少一些。

第1级别的比赛

必须定期组织"十项全能"和2v2"三项全能"比赛并作为初学者的固定训练项目。在第1级别的比赛中，运动员还不具备与其他俱乐部或机构进行比赛的能力，勉强让这一水平的运动员参加比赛只会造成不必要的压力。

足球"十项全能"

足球"十项全能"是面向初学者的简单比赛，可以将它作为测试项目，以便了解运动员与同龄人之间的表现水平。在"十项全能"比赛中，要注意确保青少年运动员在面对真实比赛时已具备最重要的基本素质。了解如何使用技术的方法远远不如在何时以及何地使用技术更重要。

组织"十项全能"比赛

组织"十项全能"比赛会出现很多种可能性。最好的两种选择是组织两天或十天的"十项全能"比赛。

两天赛程的比赛：参赛人数不受限制，同时参赛者每天必须面对5项比赛。"十项全能"比赛可以设置为个人比赛或团队比赛。可以选择以下选项作为个人比赛项目。

- 在每个比赛中，运动员会遇到不同的对手。运动员抽签决定十次比赛的对手。赢得最多比赛的运动员就是"十项全能"挑战赛的获胜者。如果在两名或更多的运动员之间进行抽签决赛，则可以选择使用比赛项目10或比赛项目2作为决胜局。

- 在每个比赛中，运动员会面对不同的对手。教练或老师要核查组队的运动员，确保两名运动员在十次比赛中具备非常相似的技术、战术和体能水平。运动员战胜个人对手的比赛次数越多，就是"十项全能"挑战赛的获胜者。

在团队比赛中，两个俱乐部或者校队比赛的运动员人数是一样的。在每一场比赛中，来自一个团队的运动员在十次比赛中会面对来自另一个团队的不同对手。赢得最多比赛的团队获胜。

十天赛程的比赛： 在训练期才会组织十项比赛的中的一项进行比赛，并决出单项获胜者。如果少于7名参赛者，那么所有的参赛者将直接进行比赛直到决出最后的获胜者。如果是8~14名参赛者，那么可以分成两组，两组的获胜者将再进行比赛决出获胜者。如果是16名或者更多名参赛者，那么可以组织淘汰赛，获胜者与失败者都可以参加决赛。

> "获胜的主要条件是积极强化训练的过程。"
> ——劳伦斯·默尔豪斯（Laurence Morehouse）和伦纳德·格罗斯（Leonard Gross）

赛事介绍

在初学者进行每个比赛项目前，需要做到如下要求。

（1）首先准备好比赛场地，同时选定两名运动员来做示范。接着循序渐进地解释比赛规则，慢慢地演示比赛发展的方式直到运动员完全明白规则。向运动员提问问题以便确保每个人都了解规则以及比赛获胜的方法。最后，完整地演示比赛过程。

（2）所有运动员都有机会与所选择的同伴一起练习3~5分钟以便熟悉比赛。

（3）练习结束之后，初学者必须用简单的话语阐述他们第一个比赛获胜的体验。

（4）教练必须确定比赛的运动员以及进行第一次比赛的地点。

（5）进行第一次比赛。

（6）探讨运动员在第一场比赛中获胜以及失败的原因，并帮助运动员发现获胜和失败的原因。

（7）采用几个纠正练习来强调比赛的重要因素（例如，在1v1对抗的条件下，抢断球的技术和技巧、不同的控球技术等）。这些重要因素会对运动员的表现造成影响，接着帮助运动员练习这些方面。

（8）进行第二场比赛（获胜者与获胜者比赛，而失败者之间进行安慰赛）。

（9）与青少年运动员一起制定能够赢得比赛的必要技术和战术。目的是让所有运动员完全理解在比赛进行过程中每个时刻必须做的事情。必须进行一次或两次以上的纠正练习以便帮助初学者克服缺点。有时候后退一步可以更好地前进。

（10）进行第三场比赛以便在"十项全能"比赛中训练出技能最好的运动员。

下面是从本章中摘选了10个项目组成的"十项全能"比赛。

1. 通道比赛

查看控球游戏2，了解游戏内容。

训练目的

- 从设置的区域外面以正确的传球速度让球从对手分开的双腿之间穿过，同时尽可能快速地重新控球。
- 使用两只脚交替控球以便节省时间。
- 改善步法，同时保持较低的重心以便快速变向。

2. 迷宫运球

查看迷宫游戏1，了解游戏内容。

15米

1米

训练目的

- 根据球门的位置选择右脚或者左脚运球。
- 学习在运球时不断抬高视角（眼睛）以便收集场上的信息。
- 改变运球的方向。
- 寻找最近的路线，预判下一个动作。

3. 1v1传接球比赛

查看传球、接球和射门游戏7，了解游戏内容。

训练目的

- 使用不同的传地面球技术。
- 了解隐蔽传球方向的方法。
- 降低重心并用正确的部位接住球。
- 在跑动中用任意脚接球。
- 预判或理解对手传球的方向。
- 扩大防守者的移动范围。

4. 控球追逐比赛

查看控球游戏19，了解游戏内容。

训练目的

- 在控好球的情况下，快速运球，同时不断改变方向。
- 在直线运球和改变方向时使用正确的运球技术。
- 在改变方向时要使用正确的跑动技术。在降低了重心之后，身体的重量会集中在一条腿上。因此，立足脚必须随时调整好方向，同时使用另外一只脚控球。
- 在运球过程中，当有防守者靠近时可以用身体保护球。

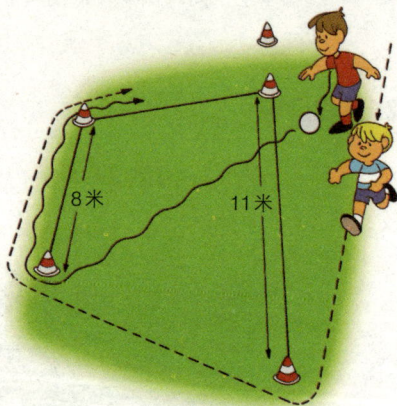

5. 连续防守抢断

查看抢断球游戏3，了解游戏内容。

训练目的

- 在抢断之前先选择最佳的防守位置。
- 知道速度和突袭对于抢断的重要性。
- 在抢断之前采用假动作。
- 预判对手的动作，即他运球的方向。
- 快速回位封堵路线以便进行第二次或第三次抢断。

- 进攻者必须用心观察对手为抢断做的准备，这样才可以将球带出防守者的防守范围。
- 学习掌握正确抢断的时机，特别是当球离进攻者双脚较远时。

6. 挑战

查看控球游戏25，了解游戏内容。

训练目的

- 快速跑向球并取得控球权。
- 背向防守者运球并守护好球。
- 靠近进攻者时从其侧边而不是后面防守。
- 即使面对对手也要得分。
- 快速从进攻转为防守，反之亦然。
- 当进攻者获得罚点球机会时，从25米外的位置开始精准射门。
- 避免运球进入防守者的防守范围。

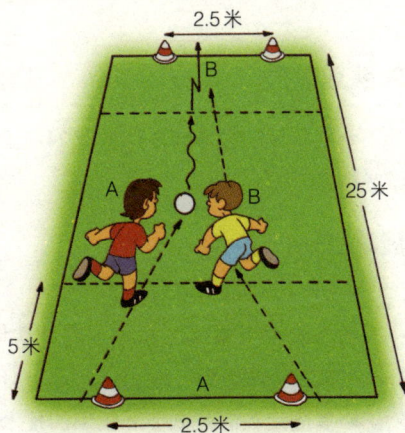

7. 快速得分

查看传球、接球和射门游戏6，了解内容。

训练目的

- 从静止位置开始加速运球。
- 组合两项基本技术动作，例如在身体前面运球以及快速传球或射门。
- 快速且准确地传球，同时要有爆发力以便一开始就可以射门得分。
- 将立足脚踏在正确的位置上，以确保射门的准确性。

8. 使用不擅长的脚传球

查看传球、接球和射门游戏14，了解游戏内容。

训练目的

- 在使用不擅长的脚传球时要确保准确性。
- 在准备传球时，要隐蔽传球动作和方向。

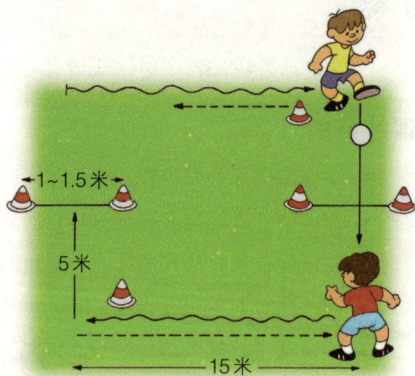

9. 头球射门

查看传球、接球和射门游戏24，了解游戏内容。

训练目的

- 第一次体验头球射门。
- 鼓励运动员练习几种渐进性动作，如坐姿和跪姿。
- 以固定点的站立姿和正确的技术完成头球射门。

10. 4 个球门的比赛

查看抢断球游戏 10，了解游戏内容。

训练目的

- 在运球时要抬头观察和分析对手的位置和打法。
- 避免运球进入防守者的防守范围。
- 将球运向一边，迫使防守者也移动到该方向，接着突然改变速度和方向进入到空当区。
- 提高改变速度和方向的运球技术。
- 防守者必须学习迫使进攻者运球到预定的位置的技术。
- 运动员必须学习在防守时使用假动作。

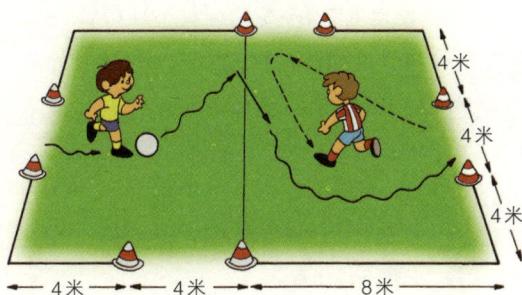

2v2 "三项全能"

"三项全能"比赛重点测试的是运动员的基础和整体状况。运动员不仅要练习传球、控球、接球和抢断等方法，同时还要了解何时、何地以及为何采用这种技术方法。运动员必须一直考虑其他同伴以及防守者的战术打法。通过以下 3 个简单比赛的练习，能够让运动员即使在复杂性逐渐提高的比赛中，也可以学会分析实战情形，并做出相应的反应。

第 81 页的表显示了组织"三项全能"比赛的方法。在这个例子中，代表欧洲的团队与代表非洲的团队进行比赛，直到最终决出获胜者。表格中每场比赛的空白区可供教练记录得分。

1. 2v1 反击

每场比赛时长为 2 分钟。两名运动员交替在 6～8 米宽的球门处防守对手。在成功防守之后，防守者将球传给对手球门区域的同伴。在丢球之后，进攻者必须在自己的半场反抢。运动员必须运球穿过对手的球门线才可得分。2 分钟之后，进攻者和防守者交换位置。必须在球门线 3 米以外执行任意球或自由运球。

比赛时间：每场 2 分钟，一共举行 4 场，共 8 分钟。

2. 4个交叉球门的2v2比赛

场地上有4个球门，每个球门宽7.5米。每个队指定两个进攻球门和两个防守球门。抛球开始比赛，必须在球门线3米以外执行任意球和自由运球。运球穿过对手其中一个球门得分。

比赛时间：每场3分钟，中场休息1分钟，一共3场比赛。

15米

7.5米

15米

3. 2个宽球门的2v2比赛

12米

15米

设置球场长度为15米，锥桶球门12米。抛球开始比赛，必须在球门线3米以外执行任意球或自由运球。运动员必须在球门区控球过线才可得分。

比赛时间：每场3分钟，中场休息1分钟，一共3场比赛。

第1级别的基本实战情形练习为运动员提供了坚实的基础训练。练习这些游戏可以有效地激发青少年运动员参加训练的积极性。教练可以通过让运动员接触第2级别中的简单游戏来巩固运动员的基础技术能力（第6章）。

欧洲 vs 非洲

球队	意大利	德国	西班牙	英格兰
运动员姓名				

球队	南非	加纳	尼日利亚	喀麦隆
运动员姓名				

第一场比赛得分： 2v1 反击 （4×2 分钟）		第二场比赛得分： 4 个交叉球门的 2v2 比赛 （3×3 分钟）		第三场比赛得分： 2 个宽球门的 2v2 比赛 （3×3 分钟）	
意大利—加纳		意大利—南非		意大利—喀麦隆	
德国—南非		德国—加纳		德国—尼日利亚	
西班牙—喀麦隆		西班牙—尼日利亚		西班牙—南非	
英格兰—尼日利亚		英格兰—喀麦隆		英格兰—加纳	

最后结果：欧洲_____非洲_____技术代表：_____ _____

注意：在三项全能比赛中，不允许改变团队组合。

第 5 章

培养足球比赛智商

"运动员在运动场上的智商比任何其他的能力都要强大。"

塞萨尔·路易斯·梅诺蒂（César Luis Menotti）

　　每个时代都有某种趋势或潮流特征，足球也一样。20世纪50和60年代的足球培训侧重于提高专业技能。而在接下来的十几年中，培训理念则更加侧重足球运动员的体能储备。在1990年意大利世界杯比赛结束之后，个人和球队技战术一直被认为是取得好成绩的基本条件，特别是在强队之间的对抗中尤其重要。现在，在21世纪，该如何发展足球呢？未来的足球发展将出现怎样的趋势呢？显然，每个人都会有不同的看法，但是猜测最终会出现哪种趋势还是挺有趣的。

　　显然，全面培养运动员是确保今天能够不断取得胜利的必要条件。运动员必须具备优秀的技术能力、身体素质和战术意识，同时还必须做好精神方面的准备。但是，他们在表现方面存在的问题是否仍然可以改善呢？足球运动员的全面培养还有哪些方面的问题没有考虑到，或者引入更高水平的训练时会有哪些方面的激励存在不足？

　　在学习和培训过程中，需要更多地关注影响运动员表现的一个重要条件：足球比赛智商的发展。比赛智商是运动员在足球比赛场上面对高压比赛气氛时快速认清和适应情形的能力。毫无疑问，比赛智商已经成为评估运动员在很多方面表现的重要标准。

　　青少年和成年人足球运动员的智商培养都是从幼年期开始的，而且主要受到专制型教学方法的影响。大多数教练都喜欢采用一些教学方法来塑造运动员。运动员在参加比赛之前以及在培养的过程中不断接受的局外人的指导和提示并不能让他们表现更高的比赛水平。

　　除了其他方面，提高中长期比赛水平的方法是从一开始就系统培养战术意识，同时在早期就要考虑逐步强化感知能力和智力。随着运动员的球技不断提高，他们也必须具备较好的知识结构和思维模式，这就意味着在青少年运动员培养过程中不仅要锻炼他们的肌肉，还要开发他们的大脑。

在比赛中引导运动员学会思考

　　众所周知，实践、实验和观察可以让孩子们获得各种不同的体验，更进一步地体验和理解这些经历可以让孩子们在面对不同情形时具有正确的行为模式。但是，如果没有专业的指导和帮助来让孩子们正确地理解这些经历，他们永远也无法发挥其全部的潜能。不管是在生活中还是在足球比赛中，孩子们所需要的是体会成年人所提出的建议，并质疑大多数建议以及用事实证明它们。这不仅适用于培养足球运动员，在诸如学校或者家庭的各种体验中，同样也有利于培养他们的整体表现。

　　不论运动员的技术水平如何，所有青少年运动员必须尽可能快地在训练中接触简单的比赛，以掌握养成正确战术习惯的第一手知识和经验。青少年运动员掌握的知识越多，个人的能力就会提升得越快。但是，仅掌握主观经验是不够的，知识获得的最好的方法是行之有效的教学。教练在教学中通过提问和演示来传授知识，从而让教学过程浅显易懂。教练的激励、鼓励、建议、解释和演示为青少年运动员的比赛智商的培养打下了坚实的基础。相同比赛情形的适当重复练习，以及在比赛发生类似情形时传授解决方法也可以夯实运动员的基础能力。

培养青少年运动员的比赛智商

智商主要是通过全面练习来提升，而不是仅仅分析就可以得来的。必须让运动员接触一系列诸如3v1、2v1或者3v2等简单的技战术比赛。通过简单的比赛，每名运动员必须面对和解决一系列问题，这些问题必须完全根据运动员的体能、技术水平和心理素质来制定。本书提供了大量的渐进式练习和比赛，这些练习和比赛有利于培养青少年运动员的战术思考能力和思维方式的发展。同时运动员通过教练的指导可逐步发现，在大多数足球比赛的情形中可以使用各种不同的解决方法。不管是通过在训练中不断重复相同的情形，还是通过想象、创造和自发地发现了这些解决方法，最重要的是运动员能够理解和阅读比赛并成功地解决问题。

只有当运动员在非常早的时期接触了针对其智商的系统培养，才有可能灵活使用之前所学的技能，实现最佳的表现。所有运动员都必须具备良好的洞察力、正确分析比赛情形和决策制定的能力，只有这样才能很好地在技术上和精神上做好准备，在通过数年的专业系统训练后才能成为高水平运动员。

> "不闻不若闻之，闻之不若见之，见之不若知之，知之不若行之，学至于行而止矣。"
>
> ——荀子

在足球中，球队的任何一个位置或角色都对球员有不同的要求。守门员的智商要求与中卫或前锋的智商要求完全不同，因为在防守、进攻或者球门前方所要解决的问题完全不同。运动员的智商被认为是他表现背后的核心驱动力。一名足球运动员与另一名足球运动员之间的不同往往体现在比赛中的智商水平上。一个球员的智商说明了他成功的原因。只有不断使用比赛智商才能在足球方面有超高的表现水平。即使具备了强健的体形和精湛的技术但是没有聪明的头脑，那么他也无法成为一名优秀的运动员。同样的，思想上能够解决问题但是无法将他的聪明想法转换成行动为球队效力，那么也不是一名好的运动员。

开启并系统性地培养足球运动员的比赛智商仍然超出了大多数教练和老师的知识范畴。可惜的是，在足球或者其他运动比赛书籍中，很少有关于这个重要方面的研究内容。很少有教练主动改变自身的培训风格，而这个改变是激励球员比赛智商发展的重要先决条件。大多数教练在比赛前、比赛中和比赛结束后所给出的一连串命令和指示都成了大多数运动员使用自身智商的障碍。运动员并不是在训练中自己解决所面对的各种不同的问题，而是他们已经从教练日复一日的教导中接收到了问题的解决方法。这种死板且专制的培训风格无法培养出具备认知能力和责任感的聪明运动员。

教练必须更多地激励运动员，并减少教学指令。同时，教练不应该成为足球赛场上的指挥者，而应该成为一名顾问、信息传递者、引导者或组织者。他们必须清楚通过学习积累专项技术和比赛知识，以便实现能力的提升！

培养足球运动员的比赛智商意味着要培养他们以下几方面的能力。

➤ 阅读比赛的能力（必须具备一定水平的洞察力、知识和经验）。

➤ 当遇到特定情形时，可以利用以前的经验来做出正确的决策。

➤ 快速执行决策的能力，同时正确使用技术的能力。

除了能够分析比赛情形，聪明的运动员还必须根据之前的信息预判比赛可能的发展趋势。一般情况下，预判能力是良好感知能力和决策制定能力的体现，同时也是聪明运动员所具备的重要能力。

运动员必须提高对即将到来的问题的关注程度，并快速地做出正确的反应。这将有助于提高运动员个人的预判和合理使用技术的能力，并达到更高的个人水平。在足球比赛中发挥智力从而取得更好的比赛结果是很有必要的！没有人与生俱来就具备高水平的足球比赛智商。培养运动员的潜能，必须让运动员每天渐进式地接触简单比赛项目。这些比赛项目不仅可以培养运动员的比赛智商，同时还可以磨炼运动员的专项技术和战术。

什么是比赛智商

➤ 一般能够以最短的时间做出最佳的选择。

➤ 不仅可以快速地评估赛场上所面对的各种不同问题并选择最佳的解决方法，同时还可以评估出风险因素。运动员会一直关注此问题直到问题被解决。

➤ 在任何时刻都清楚在比赛中以适当速度控球和保持球队节奏的方法。

➤ 在赛场上执行特定的动作时都从容不迫且很有把握。具备很好的观察能力，能够充分利用有限的空间。面对问题总是很从容，并且很清楚仓促和盲目地行动往往会导致错误。

➤ 始终能够很好地在冒险和安全之间维持平衡。过多的冒险意味着丢球或者失败，但也要适当冒险尝试改变结果，运动员必须敢于冒险！

➤ 有能力适应比赛中不断变化的情形，同时适应裁判、同伴、对手、赛场和天气条件等的变化。

➤ 清楚不是所有行动都能成功。这就是在连续出现错误（也可能是两个或者三个）时，高智商运动员的表现水平不会下降的原因。

➤ 具备良好的观察能力或者空间意识。这意味着运动员可以正确地判断同伴、对手和自身的距离，或者是球场线和球门位置。这种技能需要进行多年的简单比赛磨炼才能够获得。

> ➤ 清楚何时以及何地可以传球或者何时最好保持控球权。

> ➤ 大道至简。只有高手，杰出的运动员才会做到简单。

> ➤ 在接球和控球之前，运动员就清楚接下来应该做什么动作。

> ➤ 发挥自己的创造力让球队和同伴受益。

> ➤ 清楚在没有球的情况下踢足球的方法。同时不断地提示帮助同伴应对赛场中出现的情形，以及提供可行的解决方法。

> ➤ 愿意为球队的利益贡献他所有的才能。如果足球运动员没有尽力发挥自身的才能为球队效力，相反，他只会关注整场比赛的一部分从而着眼于完全孤立的个人打法，无法看到整个比赛的情形，那么他将永远无法取得比赛的胜利。

> ➤ 经常提出问题，同时快速地从自己的错误中学到一些经验，这样的运动员擅长模仿并记住各种不同的打法。

> ➤ 只完成自己能力范围内的动作。

> ➤ 清楚如何完成整场比赛。经验丰富的运动员可以做出恰当的决策，例如何时应该跑动或者何时应该停止不动等。

> ➤ 不会受到压力的影响，清楚高压会导致出现狭隘和片面的看法，同时还会对决策制定造成负面的影响。这就是有时候主力运动员无法在重大比赛中正常发挥的原因。压力让他们能力大打折扣。

有效提问

> "足球主要是一种认知博弈，因此建议重点学习如何构建一种有效的知识数据库，在运动员、教练和比赛情形之间实现平衡互动。"
>
> ——爱德华·德·拉·托雷·纳瓦罗（Eduardo de la Torre Navarro）

培训是一个教练和运动员互动的过程。因此，教与学是一种对话而非独白。要提高表现水平需要培养运动员的语言组织能力，并准确评价运动员的性格和表现。教练需要努力尝试有效的提问——大多数人都会自然地倾向于简单地被告知！而大多数的青少年运动员都生活在一种被告知主导的环境中，教练必须帮助他们利用仅有的知识和经验来完成简单的训练和比赛，尽可能多地参与到个人决策制定中去。

一旦巧妙地应用了有效地提问，就可以联想到不同的比赛场景及解决方法（之前内容所提到的）。以下是一些可以在训练中引入问题的建议。

教练为了确保运动员在成功的氛围中学习，需要在掌握目前的练习项目之后，让运动员接触更多新颖的练习或比赛

➤ 培养运动员自己理解简单比赛知识以及目的的能力。

➤ 尽可能不使用封闭式问题。开放式问题需要表达更多信息，而封闭性问题只是是或否的答案。

➤ 采用什么、何时、何地或者如何等方式提出一些问题。

➤ 根据运动员的兴趣提问。

➤ 在听取了各种不同的回答之后，提出跟进式问题。

这里是一些可以在第94页中找到的问题示例，2个宽球门的2v1比赛。

➤ 请解释何时是最佳的传球时机？

➤ 控球前进的队员何时不能传球？

➤ 太早传球存在哪些不足之处？为什么？

➤ 同伴在哪里接球最适合（相对于防守者）？

➤ 你怎么看待控球的队员与接球者之间的距离？请更详细解释理由。

➤ 请描述下你传球给同伴的目的。

➤ 如果直接将球传到同伴脚下会出现什么样的结果？

➤ 如果球到达目标同伴身后会出现什么情况？

➤ 当两名进攻者同时向前移动时，防守者会出现什么情况？

➤ 当防守者延缓上抢并后撤时会出现什么情况？

➤ 传球的速度对比赛的发展有怎样的影响？

➤ 是否传球必须比持球前进的球员接近防守者的速度更快？为什么？

➤ 控球前进的球员最基本的进攻手段是什么？

➤ 在传球之前，当防守者接近控球前进的球员时，应该如何变化传球技术？

➤ 防守者如何像进攻者一样比赛？

同样，可以针对防守提出大量的问题。要鼓励教练修订培训方法或者将这些示例问题应用到其他简单的比赛中。

激励培训课程

足球比赛是学习足球运动的最佳方式。教学过程必须循序渐进，每个步骤都代表了逐渐增加的难度级别，运动员的任务也会变得越来越复杂。技术、战术和心理适应等不同方面不再是各自独立的，必须采用全面整合的方式进行培训。但是，足球并不只是技术、战术和体能的总和。在足球比赛中，超过一半的失球是因为错误的观察或者决策，而非糟糕的技术。通过专业练习反复训练运动员技术的教练往往会忽视教导运动员在特定比赛情形中使用技术的原因、时机和位置，那么运动员只能在整个比赛过程中偶尔做到正确的阅读比赛。

教练需要在比赛和训练中做到以下几点。

➤ 在同等条件下激励运动员在技术、战术、体能和心理等方面的认知。

➤ 提高他们的对比赛的理解程度。

➤ 提高他们的观察和决策制定能力。

➤ 帮助他们在防守和进攻过程中快速和安全地适应不断变化的比赛情形。

实现现代足球培训模式的第一步是根据运动员的身心能力量身定制比赛，同时确保培训课程也如同街头足球一样充满刺激性。

在量身定制的比赛中，运动员能够学习如何享受、理解和掌握培训课程中每个培养阶段的要求。通过应用不同的简单比赛和单独的纠正练习，教学过程将循序渐进地发展。运动员要面对的任务和条件变得越来越复杂，而真正的足球比赛理念则仍然保持不变。系统地培养比赛智商，同时在每个培养阶段使用不同方法激励运动员，如调整场地大小和球门的数量、得分的方式、球的大小、运动员的人数以及规则等，但这些调整都必须与当前运动员的年龄和能力相适应。

第 6 章

Mini 足球比赛

足球的发展依靠理念创新
而非几场锦标赛或者联赛。

在足球比赛中，运动员会面对超过100个一连串必须尽快全力解决的问题。他们必须正确地观察和分析每个特定的比赛情景，以便对这些问题做出正确的决策。一旦做出决定，他们必须在避免浪费时间的情况下快速采用适当的行动。决策制定过程和技术执行的速度往往是区分普通或者有天赋的运动员的条件。

观众和记者往往将青少年运动员的糟糕表现归因于缺少经验。而且这种经验的缺失往往是因为运动员在学习的过程中没有足够的机会来体验比赛并及时对不同的比赛情景做出反应。此外，在开始学习足球的几年里，很多青少年运动员由于面对过于复杂的比赛，因此他们很难获得有价值的经验。教练也经常在训练课程中忘记了足球是一种对抗性项目，因为在很大的程度上，对手才是决定下一个动作的条件。

如果反复练习传球、接球或者射门的传统教学方法不涉及任何比赛内容，运动员也就不会重视比赛的环境和认知本质。他们主要倾向于学习如何踢球，忽略了何时以及为何这样踢球的重要意义。与其花费大量的时间练习控球、传球或者抢断，教练应该将一半的时间用于让运动员理解比赛上。这是一个非常重要的选择，特别是对于年龄大于10岁的青少年运动员，方法必须优先于技术！运动员不应该只是模仿和遵循教练的指挥，而是需要学习理解比赛，接着在简单的比赛环境中用自己的方法解决不同的问题。

遗憾的是，决策往往是由教练制定的。这些老套的练习方法不需要右脑的主动参与（Thorpe, Bunker & Almond, 1988）。

青少年教练必须尽可能早些让孩子们接触比赛，以便让他们理解和享受比赛，而不是继续关注于可预判的练习。这些可预判的练习不利于运动员应对无法预判的比赛。因此，必须培养运动员诸如观察力、创造力、想象力、决策制定和预判等重要能力。掌握这些能力以及其他重要的比赛能力并不只来自于单独的技术训练。参加简单的比赛也可以让运动员学会对比赛的感知和体能要求做出反应。教练必须不断地完善规则和比赛的条件，确保所有运动员了解所参加的比赛。简单的比赛不仅保持了完整比赛的本质，同时还不会对运动员揠苗助长。

第91页的表格对使用分解训练方法（重点在于技术）或者全面培训方法（重点在于比赛情景）的优缺点做了对比。要想赢得比赛，显然必须均衡地使用这两种方法。

分解训练方法 vs 全面培训方法		
	分解训练方法	全面培训方法
特点	显示比赛独立的某一方面，主要考虑技术的使用。	模仿真实比赛的情景，主要由对手、同伴和控球球员的战术打法决定。
优点	教练可以毫不费力地提高基本技术表现水平。采用这种训练方式可以快速地取得满意的结果。简单地不断重复相同的情景直到确保最后成功。	教练不仅关注运动员的技术，同时还关注运动员的战术、体能和心理。需要花费一定的时间才能够达到较好的表现水平。

分解训练方法 vs 全面培训方法		
	分解训练方法	全面培训方法
缺点	训练反复强调一种技术或比赛的某一重要方面，虽然可以提高但是无法确保整体的发展。	经常忽略掌握基本技术。
动机	相对于全面培训方法，运动员的积极性较低。	因为青少年运动员可以全员参与这个活动，因此，可以观察到较高的积极性。
影响比赛的能力	洞察力。训练的情景没有太多改变，因此不需要运动员投入很大精力。 决策制定能力。因为任务已经固定下来且提前告知，运动员不需要进行决策制定。 技术执行能力。只集中于一个单独的技术，运动员可以快速地学会执行的方法，但是不清楚使用方法的时机、地点以及原因。	洞察力。同伴和对手经常要面对无法预判的情景。因此，这个方法对于感知能力的要求远高于分解训练方法。 决策制定能力。根据所观察到的大量不同的刺激或者问题，运动员首先必须进行分析，接着尽可能快速且高效地解决这些方面。 技术执行能力。比赛很少强调提高技术细节。

总结：这两种方法都可以在训练中使用，同时这两种方法只要应用得当都是很有效的。

简单比赛简介

了解复杂足球比赛的最佳方式是通过逐渐增加球队参赛人数来合理发展的简单比赛。随着青少年运动员的身心不断成长，简单比赛的难度和复杂性也会逐步提高。

本章阐述简单的比赛，因为它们具备以下特点。

➤ 参赛者人数减少了。

➤ 比赛场地的面积缩小了。

➤ 简单规则与现有条件灵活适用。

➤ 数目有限的比赛情景。

➤ 问题简单化。

➤ 比较简单的环境，教练可以观察、分析、评估和纠正所有运动员在比赛中的表现。

本章中所体现的简单比赛会给教练和运动员都带来积极的影响，原因如下。

➤ 运动员可以接触到只有 2 名、3 名或者 4 名运动员组成的球队。因此，相对于稍后所参加的比较复杂的比赛（如 7v7 或 8v8 足球比赛），他们出现技战术方面的错误会比较少。

➤ 经常练习相同的项目可以很好地掌握和完善技术，因为受到其他同伴和对手的干扰比较少。此外，参加的运动员比较少，因此可以有更多可用的时间和空间完成技术。

➤ 想成为一名优秀的足球运动员，必须具备敏锐且广阔的视野，以观察当前的比赛情景：球的位置、同伴和对手移动的方向、球门的位置以及场地线。简单的比赛不仅有利于洞察力的渐进式发展，同时还可以让青少年运动员根据他们所掌握的足球知识在比赛练习中分析比赛情景并做出正确的决策。

➤ 不断出现的简单基础比赛情景可以让运动员体验到不同的解决方法，直到他们可以自己解决在简单比赛中出现的问题。稍后，当在比较复杂的比赛中重复出现相同或者相似的比赛情景时，运动员很可能识别出这个情景，同时立刻回想起好的解决方法。

➤ 减少运动员人数可以让技术较弱的青少年运动员更多地参与比赛。

➤ 因为每个队只有2~4名运动员，因此简单的比赛可以逐渐地培养运动员之间的沟通和协作能力。这是一个在过去一直被忽视的高水平足球表现的重要因素。

➤ 不会出现在比赛位置上过早的专业化。简单比赛让所有的运动员既可以担任防守者也可以作为进攻者，同时运动员可以在场地中央的左侧和右侧任意活动。简单比赛有利于培养全面且高智商的足球运动员。

青少年运动员不需要较高的能力或者专业足球知识就可以参加训练和进行简单比赛。比赛本身的简单化可以立刻吸引青少年运动员，同时鼓励他们自己找到解决问题的办法。完成一定数量的练习之后，如果教练观察到某个技术或者战术缺陷限制了运动员的比赛发挥，那么他可以中断比赛并指出问题，接着让运动员再进行训练加以纠正。目的是解决在标准大场地比赛时所发现的不足之处。

对于青少年运动员而言，训练只是一种完全不同方式的实践。简单的比赛可以让运动员发现他们自身的技术缺陷，同时激励运动员学习专项技术，而不是简单地执行教练的决定。因此，掌握一个技术并不是能够参与比赛的首要条件而是补充条件，训练的目的就是要提高运动员在比赛中的表现水平，从而获胜。这种训练不会扼杀青少年运动员的激情，运动员的主要愿望往往是玩和赢得比赛而非掌握一个特定的技术。简单比赛为学习新技术和复杂比赛情景应用之间架起了桥梁。

以下是在训练课程中引入简单比赛的流程。

（1）决定要解决的问题或主题，例如在接球时是保持控球还是主动迎球。

（2）依据训练主题设置恰当的简单比赛形式。

（3）在逐步讲解规则时需要向运动员做比赛的演示。

（4）为所有运动员提供几分钟练习的时间，同时检查是否每个人都理解了规则。

（5）设置适合所有球队的比赛项目。

（6）观察和分析运动员的打法。

（7）通过不断地向运动员提出问题，研究技战术问题和解决方法（查看标题为"有效提问"的章节）。

（8）让所有球队在比赛场地进行2~3个纠正训练，以克服在比赛中发现的不足，同时将这些不足转换为好的习惯。这方面的内容大部分可以在本章的2v2简单比赛和纠正比赛章节中找到。

（9）比赛重新开始时，可以再次观察比赛的效果。

（10）进行干预，进一步培养理解能力（这里往往需要演示），同时呈现更多的问题或者纠正训练或比赛。

（11）再次细致观察比赛发展以及评估最后的表现。

> "训练对于技术的提高是非常重要的，但是在没有任何真实比赛情景参照之下的训练是枯燥和不切实际的。如果运动员想从训练中获得动力和好处，那么他们必须不断关注真实的比赛情景。"
>
> ——布伦达·里德（Brenda Read）

简单比赛

- 清楚简单比赛的进阶发展，参赛球队可以有2名、3名或4名运动员。
- 了解每个简单比赛的培训目标，以及相对于课程中之前及之后比赛的复杂程度。这样就可以将比赛练习项目与运动员所学到的技战术经验进行有效衔接。通过这种渐进的方式，运动员可以自己解决比赛中出现的大部分问题。
- 根据运动员的能力以及实际的心理和体能状态设置相适应的比赛场地以及适合运动员发展的目标和规则。
- 客观地对比运动员的实际水平，以确保他们在其年龄组中最终获取成功。
- 提供简单比赛的反馈，最好是可以让每名运动员在付出努力之后即刻了解到技术执行的结果以及清楚了解他失败或者成功的原因。
- 认清限制运动员水平发挥的各个方面，犯错的原因及必要的补救措施（纠正训练或者比赛），帮助青少年运动员养成良好的习惯。
- 考虑每名运动员的积极性，同时在训练课程中创造出积极的气氛，这对于学习是至关重要的。为每一名运动员提供充足的机会体验成功的动作，引入稍作修改的情景，以巩固运动员获取新经验。
- 在训练课程中必须一直将青少年看作主动学习者。心理学家认为，即使没有教练或者老师的帮助，运动员依然可以有机会很好地解决自己的问题。

2v2简单比赛

本章的简单比赛情景是青少年训练的一部分，这个部分有利于激励运动员，同时帮助培养运动员的决策制定能力。

第1个

2个宽球门的2v1比赛

这个比赛的2个球门的宽度有12米，有4名运动员参加。2名运动员站在比赛场地的中间，运球轮流进攻只有1名对手防守的球门，进攻者的目的是运球穿过对手防守的球门线。

出现以下情况时进攻方任务结束。

- 防守者完成3次触球。
- 其中1名进攻者运球通过球门线。
- 1名进攻者犯规。
- 球出界。

如果防守者犯规，那么进攻方可以获得任意球。可以在距离防守者5米远的位置开始传球或者运球，没有交换和越位。

在完成10次进攻（每个球门5次）或90秒进攻之后，两个队交换角色和位置。得分多的一对运动员获胜。如果出现平局，在决胜局中每队只有两次进攻机会。

12米

15米

变化

除了运动员人数增加到6名，可以采用相同的规则。同时可以将球门的宽度稍微设置小些。两名运动员进攻一个由对手防守的球门，同时对方的同伴不能参与防守只可以在球门后等待。当进球得分（必须运球穿过球门线）、球出界或者防守者防守成功（连续3次触球）之后，两名进攻者和防守者交换位置和角色。第三对运动员的位置可以不变，一名运动员在球门前面，而另一名运动员在对方球门后面。在4分钟的比赛中获得最多进球的球队获胜。

可以采用其他方法确定获胜者。

- 运球得分的球队可以继续进攻另一端的宽球门。
- 在5分钟之内连续进球最多的球队获胜。

　　简单比赛一开始就区分了进攻和防守的角色，以便青少年运动员理解和学习。根据运动员的能力水平，球门的宽度可以稍微宽些或者窄些。一旦进攻者在 10 次进攻中获胜 7 次或者更高的得分，那么他们就可以参加难度更高和更复杂的比赛（如下列简单比赛）。引入比赛之后，最好组织 5 分钟以内的比赛，让运动员在没有比赛压力下发现一些比赛的潜在问题。

　　运动员充分练习了简单比赛之后，可以将这个项目作为以下训练课程中的内部比赛项目，这有点类似于网球锦标赛的淘汰制规则。比赛中的获胜者可以晋级，而失败的球队可以在安慰赛中决出他们的名次。

训练目标

- 在运球时要抬头，分析比赛情景。
- 使用不同的技术运球。
- 清楚传球和运球的时机。
- 在完成一个向左或者向右的假传之后运球突破防守者。
- 向右或向左跑动传球。
- 在没有进到防守区域的情况下等待最佳传球时机（不宜太早和太晚）。
- 在传球之前与同伴沟通。
- 具备快速和准确传球的能力。
- 适应同伴的反应。
- 在跑动中接住任意一侧传过来的球。
- 在接球之前寻找正确的位置。
- 采用抢断。
- 选择最佳的抢断时机，同时清楚延缓抢断的方法。
- 改变身体重心的假抢断。
- 从侧面位置抢断，同时留心 1v1 的情景。

- 根据无球运动员的位置以及运球前进者的技术，预判进攻者的战术。

纠正训练

青少年运动员参加了简单比赛之后，最好可以选择和应用一个或者两个纠正训练或者比赛。通过全方位比赛背景之外的训练，以及借助于各种不同的特定纠正练习，可以最好地实现简单比赛中某些技战术或体能方面的学习、巩固和完善。仅通过教练诊断运动员所出现的错误是不够的，教练必须找到运动员问题的根源，同时尽可能快地应用恰当的补救措施。通过系统和反复地应用纠正练习（一般是在简单比赛之后），教练可以将运动员的下意识或自然反应（往往不正确的或非常有效的）转换为更好（一般常在成年人比赛中看到的）的行为。

这里提供的所有纠正训练或者比赛都可用于改善比赛的一个或者两个元素。这些元素会对之前参加比赛的4名运动员造成不利的影响。将每个简单比赛的特别纠正训练或者比赛课程作为教学的一部分。将两名运动员球队的简单比赛作为整个课程，同时只在每个训练单元的课程中添加一点变化。

1. 跑动中传接球

在标识的场地两端设置球门（如下面插图所示），同时将运动员组队。两名运动员相距超过10米的位置，两人可以同时进攻对面的球门。作为组队队员，他们要在跑动中传球和接球。当完成在空球门控球之后，他们必须毫不迟疑地转身进攻对面的球门。目的是在10次进攻中完成10个有效进球得分。教练可以稍作改变，要求运动员使用他们技术不擅长的脚，也可以要求两对运动员在同时从对面的球门开始，争取第一个完成10个有效进球得分。出现以下情况时进球无效。

- 两名进攻者之间的距离小于10米。
- 不运球的运动员跑到球的前面。

2. 朝左看同时向右传

如本页第一个插图所示，用锥桶标识出4个球门，来自不同队的两名运动员向场地中间运球。每一名运动员都必须在跑动中将球传给在球门右侧等待的同伴。在10次较量中，每名运动员都必须成功8次。在传球之前，运动员必须对左侧的另一名运动员使用假传动作。

3. 三角跑动的接应

设置4个锥桶，标识出比赛场地的转角（如下面插图所示）。4名运动员站在彼此之间正好相反的两个锥桶区域中，控球的运动员1在接到运动员2（接球者）的视觉交流之后沿着球门线朝与他相距12米的锥桶传球。运动员2站在比赛场地的上角位置，他必须在跑动中控制传球和接球的时机，接着沿着球门线将球传回运动员1刚才传球的位置。运动员3站在该转角位置等待传球，同时以运动员1相同的过程将球传给运动员4，而运动员4从运动员2的相同转角开始跑动，4名运动员必须保持一定距离和速度。

4. 交叉练习

如本页第一个插图所示，用4个锥桶设置场地并将运动员组队。运动员1以地滚球的方式传给运动员2之后，运动员2朝对角方向运球。为了避免位置重叠，传球者需要在运球前进的球员身后沿交叉方向跑动，当运动员跑到几乎平行时，接住横传过来的球。在完成每一次的交叉或者佯装交换之后，运球穿过球门线，接着向反方向开始同样的练习。

5. 突破防守者

使用6个锥桶设置场地，两个外侧锥桶组成一个宽球门区。同时在可能的情况下，将第3个不同颜色锥桶放置在球门区内表示防守者。4名青少年运动员各带一球参加比赛，4名运动员都朝放在球门区中间的第一个锥桶（表示防守者）运球，他们必须用拖拉假动作将运球拨到右边（或左边）2米处并再次控球，接着控球穿过球门线。

修改规则

在组织简单比赛时，有时候稍微改变一个甚至两个指定的规则是很好的——一旦运动员在原来的训练和比赛中已经获得了经验之后，修改任何规则显然会要求运动员在技术、战术或体能方面做出各种不同的反应。教练必须根据接下来的目的修改活动的规则。

可将以下的 10 个规则修改应用到第一个简单比赛中。

（1）每个球队拥有 10 次不受时间限制的进攻机会。

训练目的：了解攻守平衡的重要性。

（2）2 名进攻者有 90 秒交替进攻两个球门的时间。

训练目的：在疲惫的情况下巩固经验。

（3）右侧的进攻者在完成朝左边假传球之后可以运球突破防守者。

训练目的：使用一个假动作突破防守者（假传或者通过假传球躲闪）。

（4）左边的进攻者可以在向右传球或者躲闪之间进行选择。

训练目的：了解最有效的 2v1 情景解决方法。

（5）只有在跑动中完成最后的控球，进球才是有效的。

训练目的：在跑动中接球和控球。

（6）在 2 分钟后开始新的尝试之前，要尽可能经常地让每个球队进行 15 秒进攻两个球门的练习。每个球队有 4 次机会来获得最多的进球次数。

训练目的：在时间压力之下，快速进攻并减少犯错。

（7）双方进攻者都必须使用技术不擅长的脚。

训练目的：鼓励使用技术不擅长的脚进行比赛。

（8）在进攻过程中，两名前锋必须交换位置。

训练目的：有目的地使用交叉练习。

（9）双方防守者可以在比赛场地的任何位置抢断球。进攻者可以从中场开始，同时在任意球门区域得分。进攻者和防守者在 10 次进攻之后交换角色。

训练目的：有目的地制造出 2v1 的情景。

（10）每个球队进攻和防守两个 1 米宽的锥桶球门。运动员必须在对手的两个球门里面控球才可以得分，两个球门之间为 12 米间距。

训练目的：判断进攻的距离。

运动员学会了在较宽的球门区中控球的方式之后，通过要求进攻者在常规球门射门得分，可以让他们从对进攻的总结中获得额外的经验。

第2个　简单比赛 2v1 反击

在每一个场地上，设置宽球门（宽度是6~8米，球门之间相距大约15米）。将运动员组队，每支球队有两名运动员。每场比赛时长3分钟，一个球队的两名运动员轮流进攻对面的球门。每个球门只有1名防守队员，两名进攻者的中的一位运球（控球）穿过球门线即可得分。在以下条件中进攻结束。

- 进球得分。
- 防守者（获得控球权）将球传给在对面球门的同伴（在接球之后，防守者必须运球到他的球门）。
- 进攻者犯规，这样将球给防守者获得任意球。

当防守者犯规时，进攻者可以选择将球传给同伴或者运球突破（当他的同伴相距很近时），也可以通过2v1直接进攻对方的宽球门。比赛共分4个回合——每个球队有2次进攻和2次防守的机会——每个攻防时长3分钟。

训练目标

- 运球时要抬头观察，以分析比赛情景并同时做出正确的决策。
- 可以使用任意脚向左右两侧传球，同时要具备一定的速度。
- 选择最佳的传球时机。
- 理解在很小的防守区域内传球还是运球更有效果。
- 采用假动作，突然加速并运球突破防守者。
- 跑动中完成接球和控球，避免在原地不动的状态下接球和控球。
- 始终考虑传球，以及合理的运球或控球。
- 正确且快速地从侧面位置抢断的能力。
- 哪个防守技术最适合比赛的情景且最有效果（正面抢断、滑步、退守中的侧身抢断）。
- 防守者必须分析和预判对手的意图。
- 与运球前进球员保持正确的距离，重要的是迫使该运动员做出你想要的战术打法。
- 防守者可以使用假动作干扰对手。

- 确保快速地由防守向进攻转换，反之亦然；必须尽可能快地发出任意球但不要暴露传球的轨迹。

纠正训练

前3个纠正活动主要是为了提高防守能力，而后面的3个纠正活动可用于进攻。

1. 1v1抢球

设置两个6~8米宽的球门。每个球队的1名运动员在比赛场地上，而另外两名站在球门后面等候（1名作为裁判）。当1名运动员运球穿过对方球门或者球出界时，另外的两名运动员可以替换同伴。抽签决定谁先获得控球权，同时防守者站在3米外的位置。在得分之后，进行轮换并继续比赛。

6~8米

15米

2. 6次抢断

设置一个8米×15米的比赛场地，3名运动员同时控球进攻，1名球员防守。3名进攻者必须尽可能地保持控球权，防守者只有6次抢断的机会。在每名运动员都完成了6次抢断之后，成功抢断次数最多的运动员获胜。

3. 1v3比赛

使用之前相同的比赛场地，同时还是3名进攻者和1名防守者。首先，是不运球的追逐游戏，进攻者需从一边的底线跑到另一边底线而不被抓到。然后，所有的进攻者都运球穿过底线，目标是运球穿过底线并不丢失控球权。但是，防守者可以在比赛场地的任何位置开始抢断。计算防守者在5次抢断中将球破坏出场地的次数。

4. 3分钟射门

采用前面两个比赛中相同的比赛场地。球队由两名运动员组成，同时每组运动员都有一个球，3分钟内从底线进球得分最多的球队获胜。为了练习接球和控制高且不准确的传球，只有低于肩膀高度的传球才有效。这个训练也可以稍作改变，即在训练中使用两个球。

5. 跑动中接球和控球

设置一个8米×15米的比赛场地。在给出视觉信号之后，球队的一名运动员从球门线传球给同伴，同伴跑到赛场2米处（到达场地标识的线条位置）接球。然后转身控球带过底线，传球运动员防守。接着，运动员交换角色。

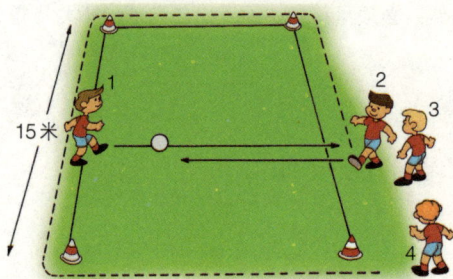

6. 接力赛

每支球队有4名运动员，教练必须明确使用哪只脚或哪种技术传球。首先，队长在始终不离开球门位置的情况下，将球传向位于对面球门的同伴。这时同伴（运动员2）从他的球门线位置接球并将球回传。接着运动员2绕比赛场地跑动一周至运动员4的位置，然后重新回到起点（如上面插图所示）。任何运动员都不可以进入场地。当运动员3第二次将球回传给队长时，比赛结束。

第3个 简单比赛
4个球门的2v2比赛

如右侧插图所示，设置4个7.5米宽的球门。每个球队有两名运动员防守两个相对的球门并进攻其他两个球门。在边长为15米的正方形场地中间抛球开始比赛。当球出界或球员犯规时，另一队获得任意球或自由运球的机会——对手可以站在离球门最近3米的位置。运球穿过两个相对的球门线中的一个就可以得分。比赛共分4个回合，每个回合时长为3分钟。

变化

- 组成球门的锥桶按照以上方式摆放，但是每队进攻和防守两个相邻的球门（而不是相对的球门）。
- 采用相同的场地设置，但球门由正方形场地中两条边线上相邻的锥桶构成（如下页插图所示）。运动员防守相邻的球门。

训练目标

- 了解比赛任何时刻的发展情景（分析比赛），在进攻和防守中做出正确的决定。
- 经常改变方向和速度，有目的地创造进攻的人数优势。
- 注意比赛场地中较少受到控制的区域，有目的地发挥自身优势。
- 防守者必须迫使进攻者将球传给同伴。
- 巩固运动员在前面两个简单比赛中所体验到的进攻和防守的技术及战术技能。

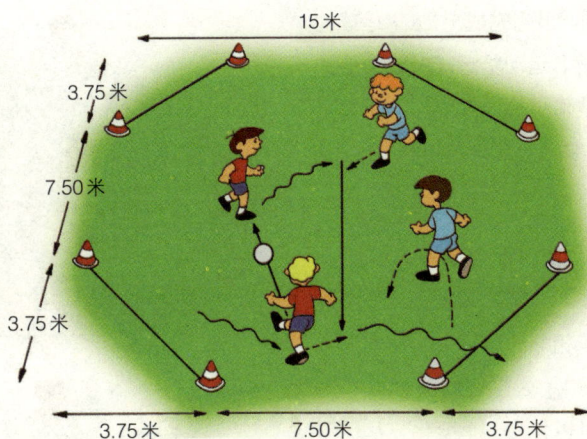

纠正训练

在需要的时候选择和应用以下纠正训练有利于运动员实现以上的目标。

1. 变向运球

一个球队的一名运动员在球门的两个标杆或者锥桶之间运球。同时，对手大声地计算跑动完成的次数，以告知其他两名在另外的球门区进行相同训练的运动员。首先完成6次运球的球队获胜。

当运动员绕桶技术达到一定熟练程度时，教练必须提示运动员运用各种技术（特殊步法技术和降低重心）变向运球以及变速。同时还可以安排4名运动员之间的比赛。

2. 1v1

抛球开始比赛。球门的设置与有4个球门的2v2比赛相同，但是最好是指定每名运动员防守2个并排的球门。当出现犯规时，防守者需站在进攻者1米以外开始防守。完成进球之后，两名运动员由另外的两名运动员代替，这样他们就可以休息以恢复体能。

3. 之字形运球

在圆圈中设置4个7.5米宽的锥桶球门。双方球队有两名运动员从他们各自球门左边的标杆向右边（第二个）锥桶运球，接着返回第一个锥桶，然后再跑到第三个锥桶，接着返回第二个锥桶，然后再跑到第四个锥桶，最后跑到第五个锥桶（对手的起点）。最先到达（第五个锥桶）的球队获胜。制定出改变方向的最快方法。在运动员练习运球时，其他的运动员可以休息和观看比赛。

4. 8字回转

可以使用与之字形活动相同的场地设置。2名运动员同时比赛，每名运动员在球门区中按8字形路线运球。最先完成5次8字运球的运动员获胜。当两名运动员运球时，其他的两名可以休息。技术更加娴熟的运动员只可以用技术不擅长的脚进行运球练习。

5. 传球跑位

在菱形场地上使用锥桶设置4个球门，4名运动员分成两队一起参加比赛。每个队的两名运动员站在相邻的球门处（如本页右侧第2个插图所示）。这样他们就可以逆时针方向（顺时针可以作为一个变化）从球门向同伴传球。在完成传球之后，运动员跑到相对的球门。这样运动员和他的同伴之间就建立了一个视觉联系，接着可以在球门线后接球然后再传球。首先完成一个或者两个回合的队获胜。也可以让运动员尝试空中传球或者使用技术不擅长的脚传球。

6. 快速运球

再次使用锥桶设置4个球门，同时指定4名运动员并各自运球。4名运动员同时在正方形场地中间开始运球，首先完成控球穿过4个球门的运动员获胜。运动员从场地里面运球穿过球门（如本页右侧第3个插图所示）才是有效进球。

7. 左侧和右侧传球

这个练习需要4个球门、两个球和4名运动员，每名运动员占据一个球门。两名运动员控球分别站在相对的球门，然后运球穿过比赛场地中间的锥桶右侧，他们必须把球传给左侧同伴。青少年运动员通过这个练习可以体会左脚外侧和右脚内侧传球。在完成传球之后，运动员可以跑向相对球门等待接球者的下一个传球。

稍作改变，运动员可以从正方形场地的中间将球射进右边由对手防守的球门（3米宽）得分。在得分或控球之后，对手也可以采用这样的打法；同时第一个运动员在射门之后直接跑到相对的球门区。每个球门区的位置必须放置备用球，而替补运动员在4个球门后面等待轮流时可以捡球，跟踪比赛，并计算谁进球最多。

8. 3v1

使用相同的比赛场地和4个3米宽的球门。指定一名防守者和3名进攻者。仅使用一个球进行比赛。一名防守者在比赛场地中间防守3名进攻者，在不将球踢出4个球门的情况下，进攻者可以完成多少次连续传球呢？

第4个　简单比赛
比赛中的两次 2v1

如右侧插图所示，在这个比赛中用6个锥桶设置场地（在可能的条件下用两种颜色锥桶表示不同的球门，同时每个球门宽10米），指定两名运动员分别站在各自的球门前面防守，两名进攻者成功控球穿过球门线才算得分。进攻者在连续进攻中能够实现多少次进球呢？

抛硬币决定哪个球队进攻。防守者不可以在他防守球门线后面抢球，但是当进攻者已经摆脱他前面的防守同伴时，另一名防守者可以迎前防守。当出现以下情况时，进攻结束。

- 两次进球得分。
- 其中一名防守者成功抢断。
- 球出界。
- 一名进攻者越位犯规。

当防守者犯规时，同样也可以应用前面比赛的相同规则。

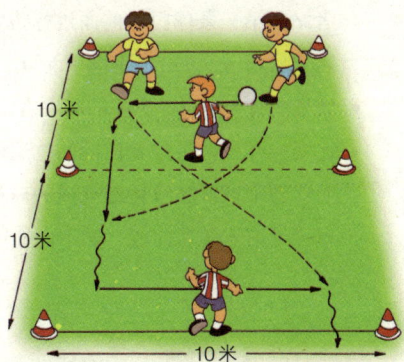

变化

- 设定进攻的时间限制。

- 可以在第二个防守区域设置一名守门员，但他必须在球门线防守（如 7v7 足球比赛一样，设置锥桶相距 6 米）。一旦进攻者成功摆脱第一名（或最后一名）防守者，那么守门员就可以选择出击，以避免进攻者摆脱防守队员后在任意距离射门。选择恰当的时机出击对于守门员而言非常关键。

- 针对技术能力较高的运动员：青少年运动员在罚球区前面进行三次 2v1 的对抗练习，同时，第三条球门线是 7v7 足球场地的 11 米线。当 3 名防守者都彻底被摆脱之后，两名进攻者必须毫不犹豫地向被防守的固定球门射门以便得分。

- 有 3 名防守者，但是每次只有一名防守者可以防守。第一名防守者在第一条球门线前进行防守抢断，如抢断失败，他将退到第二条球门线防守。同时，当进攻者穿过第二个球门线时，第二名防守者站在第三条球门线前面进行防守。第二名防守者和第三名防守者（守门员）一起防守后场区（如上面插图所示）。

- 比赛中有 4 名或者更多的防守者。

- 比赛一开始，进攻者前后站位运球可以通过传球或运球突破第一名防守者。第二名防守者不可以超过运球前进的球员的同伴的位置，同时他必须站在球门前防守直到球穿过第一条球门线（如下面插图所示）。

训练目标

这里的目标与面向2v2的第一个和第二个简单比赛相同。

纠正训练

在第4个简单比赛中应用以下纠正训练。

传球或者突破防守者

阶段一：两名运动员、一名进攻者和一名防守者都站在球门线位置。第二名进攻者在距防守者10米的位置运球前进，他的目的是单独突破防守者或者将球传给左边的同伴。通过2v1的三角形传球（直接或者少于两次触球），进攻者将球快速传给跑动的同伴，在不离开球门线的情况下，防守者必须拦截传球或回传的球。

阶段二：完成第一次进攻之后，第二名控球的运动员朝之前传球者的位置运球。在不采用假动作或采用假动作的情况下单独突破他，或者将球传给右边的同伴。同伴在最多两次触球的情况下直接将球回传给进攻者，接着进攻者在跑动中接住球。2名进攻者在球门的左右两侧交替完成10次进攻之后，4名运动员交换位置和角色。

阶段一　　　　阶段二

第5个 简单比赛
直传球给前锋

两个球队在Mini足球场上进行比赛，每队各4名运动员（设置如下所示的场地）。每队的两名运动员必须一直在相对的射门区（宽约6米）等待中场两名同伴的传球。在射门区内接球和控球之后，他们必须尝试进球得分。一旦球进入射门区域，所有的中场运动员（防守者和进攻者）就必须加入到两名前锋的阵型中。当射门出界或球出界时，防守者从6米线的

25米

位置重新开始比赛，可以在距离防守者至少3米远的位置向同伴传球。比赛共分4个回合，每个回合时长3分钟，中间有2分钟休息的时间可供运动员找出比赛的不足之处。在每个回合结束之后，中场运动员和前锋交换位置和角色。

变化

- 进攻者可以通过空中传球练习提高空中传球和控球的能力。
- 只有使用技术不擅长脚传球才是有效的。
- 只有中场运动员进球得分才是有效的，这个规则有利于中场运动员学会在成功地传球之后支援前锋同伴。

训练目标

- 运动员必须懂得，要想完成直接传球，传球者和接球者之间必须有视觉交流。
- 运动员必须了解，在接球和运球过程中，运球的球员必须一直注意场地远处的两名同伴的位置以及中场其他运动员的支援。
- 运动员必须了解，在对方球队未能有效组织防守之前，必须快速发出任意球，他们要清楚，传地滚球是最好选择。
- 运动员必须学习进行快速的攻防转换，同时要时刻注意在接到球之后的传球。
- 运动员学习隐蔽传球。

纠正训练

查看第4个简单比赛的最后变化以及第9个简单比赛。传球、接球和射门游戏有其他不错的练习，这些练习有利于提高传球的准确性和速度。

第6个 简单比赛
有替补的1v1比赛

如下面插图所示，设置一个方格，同时将运动员分成两队，每队各两名运动员。两名球员各自面对面站在场地中间，他们的目的是运球穿过对手的球门。较年轻的运动员先开始进攻，在进球得分或者球出界之后，两名运动员离开比赛场地，同时站到各自球门的后面。另外两名运动员代替他们进入场地与之前一样开始新的1v1比赛，最先完成6次运球穿过对方球门的球队获胜。

8米

20米

训练目标

进攻者有3个目标。

（1）在防守范围之外控球同时用身体保护球。

（2）变化战术打法，使用速度突破防守者（实际是变速）。

（3）关注进攻中的基本位置、个人战术和对手防守意图。

防守者有3个目标。

（1）始终把进攻者放在身前，通常是侧身对着进攻者，同时防守者的脚前后站位，这个姿势可以迫使进攻者只能从一侧运球突破。

（2）快速抢断同时突袭进攻者。

（3）使用假动作迫使进攻者暴露他的意图（同时回顾抢断的建议或规则）。

纠正训练

可以选择很多项目作为纠正训练——有些例子可参考第4章的控球游戏和抢断游戏。

第7个　简单比赛
控球同时突破对手

如右侧插图所示设置场地，并用锥桶标识12米宽的球门区。在20米长（或者青少年使用12米长）的场地两端设置两个球门进行比赛。在球门线后面相距2米的位置画出第二条平行的线。当进攻者A将球传给B时，进攻者B跟着防守者D快速迎球跑动，在锥桶球门前面2米的区域接球并控球。防守者在锥桶球门前面不可以抢球，但可以防止进攻者运球进入2米区域和穿过后防线。当进攻者成功时，进攻者还可以在相反的方向继续进攻，但是如果防守者连续三次获得控球权，或者球被破坏出界，那么防守者和进攻者交换位置和角色。完成10个进球的队获胜。如果有4名以上的运动员参加活动，那么就可以组织淘汰赛来选出在简单比赛条件下传球和接球以及面对对手运球最佳的球队。

变化

● 要求传空中球，以提高接球和控球的技术。运动员在接球的过程中尝试带有目的和计划性进行控球，以及预判对手下一个行动。

- 防守者可以在球门线外进行干扰从而减少进攻者控球和赢得比分的时间和空间。

训练目标

- 完善传球者和接球者之间的沟通技巧。
- 学会迎球而不是原地等待来球从而避免防守者预判到战术打法。
- 在接球和控球之前，将自己的身体置于防守者和来球之间。
- 在突破防守者时，尝试迫使他移向一侧，然后改变速度和方向从另一侧突破。
- 尽可能多地控球以有利于实施下一次进攻。
- 当进攻者完全控球时，防守者不要急于抢断球。最好的方法是后退并延缓抢球，直到对方控球出错且抢球更可行时才采取行动。
- 预判对手的战术打法。
- 在抢断之前先假定最佳的防守位置，始终将自己放在合理的位置。

纠正训练

选择抢断游戏或者使用第1个简单比赛中提供的第5个纠正训练。

第8个 简单比赛
封堵进攻者的传球

4名运动员参加比赛：两名运动员在10米的正方形中，而其他两名运动员在外面。抛硬币决定哪个队进攻和哪个队防守。正方形外面的进攻者向他在正方形中间的同伴任意传球，即使对手会进行防守，同伴也要试着接住球。出于训练的目的，防守者必须在进攻者侧边或后面。在传球时，进攻者必须迎球跑动从而避免防守者预判到自己的打法或干扰传球。接着，进攻者可以试着接球、控球、用身体保护球，同时尽可能快地将球传向宽球门，让正方形后面的第3名运动员接球。向之前的防守者传球，这名防守者也像之前进攻者一样控球。当进攻者获胜（进球得1分）、球出界或者进攻者犯规时，进攻结束。如果防守者犯规，那么进攻者也可以得到1分，最先向正方形外面的运动员连续正确传球10次的队获胜。完成第一场比赛之后，两个球队的运动员都变换位置和角色。

变化

- 接球者可以将球回传给传球者，接着传球者从正方形里面的任何位置重新开始比赛。
- 如果接球者可以一次触球就直接将来球传向跑动的第3名运动员，那么传球者和接球者可以得2分。
- 只有3名运动员参加训练时，在完成三次传球之后，运动员交换位置。当防守者重新控球时，他必须将球回传给传球者。

训练目标

- 学会在传球者和接球者之间建立默契。
- 能够识别出防守者防守意图。防守者在后面抢断时，可以将球直接传到进攻者的脚下；当防守者从任意一侧防守时，必须将球传到没有威胁的另一侧。
- 提高选择接球和传球的时机的能力。
- 学会更好地控球。接球者通过身体挡在防守者和球之间来获得最佳的位置，通过护球不让防守者预判到进攻打法。
- 根据连续打法，学会选择最佳的接球技术。面对任何方向（90度、60度或120度）的来球，接球都需要带有一定目的性。
- 学会将来球直接转传给同伴。
- 在接球之后的延迟传球是非常危险的。

纠正训练

查看第7个简单比赛控球同时突破对手。

第9个　简单比赛　在2v1比赛中保持控球权

这个比赛事实上有4名运动员参加，在正方形里的两名运动员要尽可能长时间地控球或者控球15秒。正方形中间的防守者要尽一切可能阻止他们实现目标。防守者的任务是将球踢出正方形，而正方形外的同伴（第4名运动员）计算时间直到他作为替补参加比赛。在球被踢出正方形或者进攻者犯规的情况下，正方形里面的防守者与第4名运动员（同伴）交换位置和角色直到两者在这个2v1情景的比赛中都完成了5次防守。在一共完成10次防守之后，记录进攻者的控球时间。

接下来两队交换角色，之前的防守者现在有机会提高之前进攻者的控球时间。只要防守者犯规了就必须终止时间直到进攻者传球或运球重新开始比赛。如果有两个以上的球队，那么可以组织淘汰赛来决定哪一对运动员是最佳控球组合。年纪小于10岁的运动员必须在边长 15 米的正方形中比赛。运动员的技术越熟练，比赛场地就可以越小。

如果只有 3 名运动员参加比赛，那么三次丢掉控球权的进攻者换做防守者。

训练目标

- 清楚传球和控球的时机。
- 在无球的情况下，学会做好连续传接球的准备——跑出防守者的防守范围。
- 在控球的同时，密切关注同伴及防守者。
- 在可能的情况下，尽可能保持球离脚近一些以便快速传球。
- 留意和利用防守者防备不到的空当区域。清楚传球者和接球者之间的距离越远，那么防守者的防守就越困难。
- 学会隐藏意图（传球的时机和方向），经常使用佯攻或假动作。
- 避免进入防守者的防守范围，学会在不可能传球和防守者靠近的情况下，将身体挡在球和防守者之间。
- 防守者要学会减少进攻者可利用的空间和时间，要体现出能够坚持到底的意志力。
- 预判进攻者的战术打法。
- 根据进攻者的打法情况采用假动作。

纠正训练

- 进行追逐游戏，2 名进攻者可以在比赛场地朝任意方向跑动，同时避免被场地中间的一名防守者抓住。
- 回顾第一个简单比赛，参赛的球队由 2 名运动员组成。
- 回顾控球比赛的警察和小偷、保持控球权、猫和老鼠以及逃跑游戏。

第10个 简单比赛
2个宽球门的2v2比赛

在比赛场地中间抛球开始比赛（设置如右侧插图所示的宽球门，宽为 12~15 米）。将运动员分成两队，每队有两名运动员。为了进球进攻者必须在对手的球门位置控制。根据运动员的年龄，设置两个相对的锥桶球门间距（15~25 米）。这里一般没有边线，犯规要受到任意球

或自由运球的处罚。处罚至少在距离对手和球门3米以外的位置执行。比赛共分4个回合，每个回合时长3分钟。

变化

- 这个比赛有4个球门，球门只有6米宽（如下面第1个插图所示）。必须运球穿过对手的两个球门才算得分。
- 青少年运动员在由锥桶设置的6米宽球门区域进行比赛。防守球队的两名运动员中的一名作为守门员，但不可以离开球门线。如果这个球队抢断球，那么守门员就可以离开球门线。在防守者之间完成传球之后，他们便获得了可以进攻之前的进攻者防守的任意球门的机会，可以从任意距离射门得分。

训练目标

- 在进攻中，要学会在运球突破过程中主动寻找2v1机会。当防守者的注意力转移到运球前进的队员时，运球队员可以将球迅速传给第二名进攻同伴。进攻者需要在跑动中控球并保持一定距离以减少防守者反应的时间。
- 学会转换。在运球前进队员完成斜线运球之后，他的同伴要站到稍微靠后的位置，接着突然从运球前进队员后面的位置插上接球（插图显示的是第10个简单比赛的第一个变化）。
- 回顾同时继续完成之前简单比赛的训练目标。

Mini足球比赛的准备

以下比赛的编排有利于运动员专注于重要技术的训练，以取得Mini足球比赛的胜利。运动员自身必须熟悉赛场，同时学会准确和快速的传球方法、跑动中控球的方法以及在射门区里面准确射门的方法。在训练的过程中，教练可以逐步讲解Mini足球比赛的规则。

3v0 比赛

1. 在没有防守的情况下，进行3v0进攻比赛

由3名运动员组成的球队排队站在底线，其中两名运动员在两个球门前，第3名运动员站在中锋位置。接着3名运动员可以以任意组合的方式（但是每个人都必须至少触球一次）朝对方球门前进直到他们能够在没有人防守的射门区里射门得分。进球得分或者球穿过任意边线或底线时进攻结束。在5次或10次进攻中，得分最多的球队获胜。

2. 相反方向的 3v0 比赛

两个球队同时从球场两端开始比赛，每个球队有3名运动员。完成进攻之后不能停顿，他们必须变向返回继续比赛，直到其中一个球队完成了5次进球得分。

3. 三角阵型的3v0比赛

球队的3名运动员在进攻的过程中必须一直保持三角阵型。如果在进攻过程中，运动员站成了直线，那么进球无效。

有效提问

为什么必须以三角阵型打比赛？

- 可以有更多的传球选择。
- 减少对方球队成功进攻的机会。
- 在没有防守者干扰的情况下，即使是不准确的传球也可以实现目的。
- 接球的运动员可以更加容易地直接将球传给同伴。
- 可以较为容易地在跑动中控球。

4. 交换位置的 3v0 比赛

3 名进攻者必须在传球中交换位置，以进球得分，同时在进球得分之后，3 名运动员的位置会不同于他们之前开始的位置。

有效提问

向前传球需要传哪个位置？ 传向同伴的跑动路线上。

为什么必须占据所有进攻空当？ 因为可以让对方离开防守区域。

交换位置的作用是什么？ 交换位置可以迷惑对方，同时让防守者更难发现进攻者的意图。运动员必须学会上迎或跑动中接球而不是站在原地等待，这样还可以为其他的运动员制造空当。

5. 3v0 中的跑动接球

在没有中断的情况下，只有在跑动中传接球进球才是有效得分。

有效提问

同伴前面没有防守者时，为什么必须将球传到同伴的跑动路线上？ 因为同伴可以接球之后更快地朝前运球跑动，并且防守者没有足够的时间抢球。

6. 3v0 的一脚传球

运动员只有一脚传球才是有效得分，同时运动员也必须一脚射门。

? **有效提问**

何时以及为什么必须一脚传球而不是控球？当球传过来的同时对手也在靠近时，或者进攻者提速，而你不给防守者更多时间抢球时。

何时传球有利于同伴在传球路线上接球？只有在准确传球以及速度合适的情况下，同伴才能很轻松地接住传球。

何时控球比一脚传球会更好？传过来的球不准确或球速过快，或者没有同伴接应的情况下。

7. 3v0 比赛中使用技术不擅长的脚

只有运动员使用能力技术不擅长的脚完成一次或两次传球才是有效得分。

8. 3v0 快攻

球队由 3 名运动员组成，所有球队都可以参加这个比赛。球队必须在尽可能最短的时间内完成射门得分。哪一个球队是最快到达射门区域并完成向两个球门中的任意一个射门的？每名运动员都必须至少有一次触球。如果没有秒表，那么比赛可以同时相对进行。（这种情况会有冲突，但却可以提升运动员的观察能力。）

教练的专业问题可以引导运动员实现最佳的进攻组合。他会特别专注于引导参加比赛的运动员以及传球的方向和次数。在几次尝试之后，运动员会学会一直在右边锋位置开始进攻，然后将球传向中锋，而当中锋接球的同时，左边锋立即进入射门区域准备射门。

3v1 比赛

1. 3v1

一个球队里的 3 名运动员在他们的底线上开始比赛，同时向对方的两个球门开始进攻。对方球门只有 1 名防守运动员，这名运动员可以一直防守，也可以与在边线等待的 2 名运动员中的一位交替进行防守。当防守者成功抢断，在 3 名进攻者重新获得控球权之前，尽快完成射门。完成 6 次进攻之后，另一个球队的 3 名防守者采用交换方式继续比赛。

变化

- 每个球队有 3 名运动员。如果 4 个球队可以参加比赛，那么教练可以组织淘汰赛。
- 一名守门员而不是一名防守者，防守两个球门。

? 有效提问

哪个进攻者可以在防守者抢球时控球？ 中锋。

边锋控球时，中锋应该在哪个位置？ 如果防守者在一侧抢球，中锋可以回撤或者占据防守者身后的位置，这样他就可以接直传球（三角阵型），在另一侧的边锋则必须考虑如何接应无球跑动的中锋。

何时必须传球？ 不能太早也不能太迟。当防守者打算抢球时传球。如果传球时机合适，那么防守者就无法归位，同时也无法抢断接到球的运动员（这是基本的2v1情景模式）。当防守者刚好无法接触到球时传球（之前提到防守者的滑铲）。当防守者面对运球跑向他的进攻者时，就需要后退延缓防守，此时这个距离可能发生变化。

为什么中锋控球是最佳的选择？ 因为他是唯一可以在两个方向接球，同时可以获得破门得分机会的进攻者。当防守者被孤立时，其防守的任务是最困难的。

比赛中控球运动员的同伴必须注意哪些方面？ 他们必须跟防守者保持足够的距离，同时在防守者的防守范围之外跑动接应，与同伴共同完成控球。

如果得分区域没有防守或突然出现射门机会应该怎么做呢？ 运球跑动同时尝试射门进球。

在无球的情况下应该怎样做？ 在防守者的防守范围之外，选择球门前面较有威胁的位置。

怎样做才可以确保有更多的接球机会呢？ 注意防守者与运球运动员之间的位置，球队第3名运动员的位置以及球门的位置，永远都不要让防守者预判到自己接球的线路。

在3v1情景中应该避免哪种传球？ 避免在空间狭小的区域内传球，以保持人数优势的同时，其他防守者也无法通过抢断来干扰。

单独的防守者应该怎样做？ 需要让中锋尽可能快地将球传给边锋，因为在边路上的进攻者选择较少，单独防守者可以更好地盯防。防守者只有在进攻者让球离他脚下较远位置的情况下才可以抢球。

在传球时还应该注意哪些方面？ 在进入防守范围之前，通过使用脚或身体假动作来隐蔽传球的方向。现在沿着斜对角将球传到同伴的路线上，同伴在接球之后与防守者保持一样的平行位置。在完成传球之后，必须继续参加到比赛中（跟踪球、重回到侧翼或者占据另一个接住传球的位置）。

2. 3v1 连续进攻两端

球队由3名运动员组成，球队运动员在场地中间朝场地两端轮流进攻并尝试进球得分。只有一名运动员防守各个底线上的两个球门。完成10次进攻之后，两个球队交换各自位置和角色。当防守者触球或防守者获得控球并将球传给另一边同伴时，进攻结束。防守球队的第3名替补运动员将代替丢分的防守同伴。

变化

- 在射门区域中只可以一脚传球和射门。
- 重新从防守者手中夺回控球权之后也可以继续进球得分。

3. 三角阵型 3v1 比赛

3名运动员在进攻过程中（他们不可以在一条线上比赛）需要保持三角阵型，进球才有效。

变化

- 进攻者只有使用技术不擅长的脚完成两次触球，进球才有效。
- 进攻者只有在跑动中传球，进球才有效。

查看三角阵型的3v0比赛中的有效提问。

4. 3v1 快攻

查看3v0快攻和3v1中的比赛规则。球队由3名运动员组成，在最短时间内完成有效进球的球队获胜。

有效提问

开始进攻时，球应该在哪个位置？最好是中锋控球。

在3v1的比赛中，最成功的进攻方式是什么？中锋运球突破防守者，或者在恰当的时机，中锋在射门区域将球传给边锋，边锋第一时间完成射门得分。

5. 3v1 加上 1 名支持后方的临时防守者

3名进攻者对抗1名防守者。第2名防守者在进攻者后面6（或4）米的位置模仿一个重新回位的运动员，当进攻者第一次碰球时加入比赛。防守球队中的第3名运动员在下一次进攻开始时可以代替他的一个同伴。他可以在赛场底线的角落等待第二次进攻。

有效提问

这个比赛中最佳的得分方式是什么？在第二名防守者参与抢断之前，在合适的时机跑动中完成传控球，避免不必要的传球和传空中球。

　　在进攻开始时，哪个运动员控球最好呢？ 为了尽可能减少时间的浪费，中锋控球最好。

　　中锋可以怎样的方式开始进攻？向边锋传球还是运球向前突破？ 中锋首先运球突破防守者，同时只有在防守者犯错时才传球。防守者可能仅有时间干扰第一次传球。

　　中锋传球的最佳时机是什么时候？ 如果防守者抢球，那么中锋最好在防守者防守范围之外的位置传球才不会被拦截。

　　在传球时，哪些要素起作用？ 这些要素包括防守者防守意图、第二名防守者跑动的方向、其他两名进攻者的位置以及与两个Mini球门相关的防守者的位置。

　　边锋在射门区域应该先控球还是应该第一时间射门？ 为了尽可能减少防守者的抢球时间，边锋应该第一时间射门。

6. 3v1 加两名支持后方的临时防守者

　　在进攻者后面增加两名临时回防的防守者会迫使他们更快地行动。两名临时的防守者站在进攻者后面8米的位置，他们会跑回去帮助同伴。进攻者的目的是在恰当的时机以适当的速度准确传球，以及让自己可以快速完成传球和射门。

❓ 有效提问

　　两名临时的防守者对进攻者的战术打法有何影响？ 如果运球的进攻者观察到后面的两名防守者，他要清楚他们的哪名同伴离防守者最远。当第一名防守者抢球时，进攻者必须将球传进射门区域，这样受防守威胁最小的同伴可以跑向球并在第一时间射门。

　　防守者必须从后面上前抢夺控球运动员的球还是尝试封堵他的传球路线？ 当第一名防守者尝试拦截中锋时，其他两名防守者必须尝试封堵传球路线。3名防守者必须学会提前沟通计划。

　　最后一名防守者对进攻者有怎样的影响？ 如果他能够采取措施减缓进攻和封堵传球路线，那么中锋就不会传球。同时，如果防守者没有将自己放置在场地中间的位置而是倾向于一侧，那么球会被传到距离防守者最远的进攻者的路线上。

7. 3v1 加两名临时防守者

　　两名临时的防守者（一名在侧翼，另一名在后面）会给进攻者造成压力，加速他们的战术打法。当第一名防守者站在两个球门前面时，第二名防守者在进攻者后面8米的位置，第三名防守者从任意位置协助两位防守者——例如，在距边线10米的位置。当一名进攻者触球时，防守者便动身开始防守进攻者射门得分。

有效提问

哪名进攻者有最佳的射门机会？ 在传球时，距离 3 名防守者最远的进攻者。

中锋在何时向何人传球？ 最后一名防守者开始抢球时，中锋必须向距离边路防守者和他后面的防守者最远的同伴传球。

3v2 比赛

1. 3v2

每个球队由 3 名运动员组成，不同的球队轮流进攻两个底线上的两个球门。两端的球门首先由射门区域的 2 名防守者和 1 名中场队员共同防守，随后取消协防者的限制。进攻者始终在面对两对防守者时能够连续进几个球呢（在不丢失控球权或者球可以出界的情况下）？当进球得分，或者当防守者抢到球并将球传给其他防守者或配对的防守者时，进攻结束。

有效提问

进攻者在哪些位置可以应用 2v1 情景？ 当协防者在支援他的同伴有困难时，创造 2v1 情景或者创造人数优势是很重要的。因此，运球的运动员需要通过有方向性的控球来吸引第一名防守者。

在边路进行 2v1 是最有效的。因为左翼的进攻者（假设他们是惯用右脚的）可以更容易地伪装传球的方向（使用右脚外侧传球，或者假传球之后跑向中场）。

哪名进攻者有最佳的进球机会？ 一般情况下，边路的进攻者具备最佳的机会。因为防守者首先重点防守中锋从中间突破，因此中锋可以在中场接球之后传球给边路，这样防守者就会被球调动得手忙脚乱。

如果中锋运球跑向两名后卫中的一名，那么在同一侧的同伴必须赶快跑向侧翼，从而创造出 2v1 的情景，在第二名防守者将要干扰之前，同伴接住中锋传过来的球。

哪些要素影响 3 名进攻者之间的相互作用？ 这些要素包括两名无运球运动员的跑动，彼此相关联的两名防守者的位置，与 Mini 球门相关的防守者的位置以及防守者第一次上抢的时机。

2. 有守门员的 3v2 比赛

由 3 名运动员组成的球队进攻 Mini 场地两底线上的两个球门，球门由 1 名防守者和 1 名守门员防守，守门员不可以离开罚球区。

有效提问

运球运动员在他传球之前必须注意哪些方面？ 运动员必须留意防守者和守门员的位置。

3. 3v2 快攻

球队由3名运动员组成。面对两名防守者，最快进球得分的球队获胜。

有效提问

分别查看3v0（第116页）和3v1（第118页）的快攻比赛。

4. 3v2 与 3v1

两名防守者防守一对Mini球门，1名防守者防守另外一对球门。3名进攻者首先进攻由1名防守者防守的球门，接着进攻由两名防守者防守的球门。当3名防守者的其中一名抢到球并将球传给另一名防守者，或者当球出界，或者进球得分时，进攻结束。在球队的3名运动员完成了10次进攻之后交换位置和任务，在10次进攻中得分最高的球队获胜。

5. 在两个半场中的3v2比赛

在每次完成对两名防守者的进攻之后，两名防守者中的一名加入在另一个半场的同伴中，这样两名防守者始终面对3名进攻者。

测试个人的比赛能力

在足球课程中，一般都会让青少年运动员接触各种不同的项目。足球发展模式的第1级别和第2级别都提供了这些项目。但是，为了对比和激励挑战以及自我提高，可以在赛季里选出三个时间通过组织Mini足球比赛来测试运动员的能力。在进行以下三个测试之前，将青少年运动员分组，每组6名运动员。

1. 1v1

6名运动员以1v1方式组队同时在相对的边线等候。1名运动员从一侧的边线朝另外一侧运球，目的是运球进入射门区域里向其中一个Mini球门射门得分。从另一边线出发的1名防守者可以尝试抢断同时射门得分。

在进球得分或球跑出边线之后，两名运动员分别跑到各自边线后面，而另一对运动员则开始比赛，在所有组队的运动员都完成了比赛之后，第一队的2名运动员双方交换角色再次开始比赛。

第一位获得3个有效进球的运动员获胜，同时他的测试成绩将加上一分。

❓ 有效提问

在1v1情景中，进攻者的最佳得分方式有哪些？ 运动员渗透到没有防守的空间，向斜对角运球吸引防守者，同时用身体保护球。接着当防守者靠近他时，进攻者突然改变步法节奏和方向摆脱防守者。同时，在运球过程中采用身体假动作或佯攻（如，跨球假动作）可以让进攻者处于优势。

进攻者最常犯的有哪些错误？

- 向防守者跑去，同时在防守范围内毫无目的地运球。
- 从不改变步法节奏或将球带得太远。
- 忽视合理地护球，同时给防守者抢断的机会。

防守者应该怎样做？

- 不要正面面对进攻者而应该迫使进攻者向右或向左运球。
- 跟随进攻者，同时等待最佳的抢断机会。

2. 2v2

每个球队有两名运动员在场地上以及1名运动员作为替补。当一个球队得分时，两个球队将有1名运动员替换上场。除了比赛场地上运动员人数的明显调整之外，Mini足球比赛的正规规则中没有要求设置守门员（查看第123页中没有守门员的3v3 Mini足球比赛规则）。每个球队在3分钟的比赛时间内要尽可能地尝试获得更多的进球机会。获胜球队的每一名运动员的测试成绩都可以得到2分。

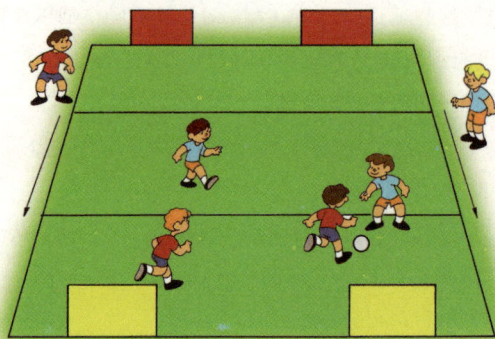

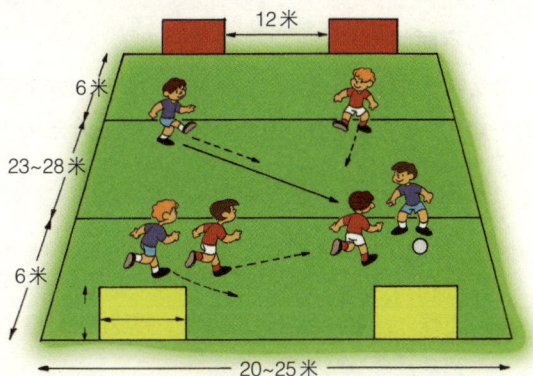

有效提问

什么是最成功的进攻战术？斜对角运球跑向其中一名防守者，接着跟向前跑动过来支援的同伴一起创造2v1情景。

3. 3v3

Mini足球比赛的正规规则中没有设置守门员（查看没有守门员的3v3 Mini足球比赛规则）。在每个回合时长为3分钟的3个回合的比赛中，进球得分最多的球队获胜。获胜球队的每名运动员的测试成绩都可以获得3分。

获胜者

➤ 在Mini足球比赛能力测试中总分最高的运动员将获胜。

➤ 如果两名或更多的运动员之间打成平局，那么他们可以通过最后的决赛分出胜负。可以通过空中抛球的方式开始最后的决赛。

➤ 如果有12名运动员，那么可以组成两个测试组，每组有6名运动员。每个球队中最强的3名运动员参加A组比赛决出冠军，而后3名运动员参加第二轮的比赛。

➤ 如果有18名运动员，那么可以分成3个测试组，每个组的前两名运动员参加下一训练课程的A组比赛，每个组的第3名和第4名运动员参加B组比赛，第5名和第6名运动员参加C组比赛。

第2级别的比赛

8~9岁的运动员接触了主要的2v2的简单比赛后，他们已经做好了探索3v3 Mini足球比赛的准备。3v3 Mini足球比赛是开启足球运动生涯的理想比赛。

没有守门员的3v3 Mini足球比赛规则

场地

Mini足球比赛场地的大小为22米×32米，也可以使用14米×26米的篮球场。在两端的底线上有两个2米×1米的球门。球门之间相距12米（或者篮球场上的8米线），罚球区或射门区域由与底线相距6米的平行线标识。只有在射门区域内的进球才是有效进球。

球队

球队由4名运动员组成，其中3名运动员在比赛场地上。只剩下两名运动员参赛的球队将输掉比赛。在每次进球之后，两个球队可以按照固定的次序替换一名运动员上场，在中线位置进行球员替换。如果球队犯规会被判罚点球。

比赛时间

比赛一般分3个回合，每个回合10分钟。如果在同一天安排了多场比赛来作为淘汰赛的一部分，那么比赛就只有两个回合，每个回合10分钟。

技术规则

- 没有边线球、角球或点球。
- 只在中场或防守球队自己的罚球区才可以使用任意球。通过传球或跑动运球来踢任意球。任意球必须在距离对手罚球区至少3米远的位置进行，同时对方运动员必须离球至少3米远。
- 球出界时，可以通过传球或跑动运球的方式重新开球，对方运动员必须站在距离球至少3米远的位置。
- 当防守者在自己的罚球区犯规时，进攻者获得罚点球的机会。当6名运动员都到位之后，裁判员给出罚球信号，进攻者从中场运球向对方球队的任意一个球门进攻，防守球队的两个球门由1名防守者防守。同时，其他两名进攻者和两名防守者从5米线外跑动过来支援同伴。这时防守者必须迎向进攻者，同时迫使进攻者将球传给他的同伴，如果有多次罚球的机会，运动员须轮换主罚。
- 如果运动员违反了体育道德，那么裁判可以要求教练拒绝接受该名运动员参加比赛。

设备

足球：必须使用4号球。

球服：球队里的所有运动员穿相同颜色的球衣。

保护装置：所有运动员都必须带护腿板。

裁判

裁判负责整场比赛，没有助理裁判。在Mini足球比赛中，在可能的情况下教练须在18岁以下，这样可以确保较年轻裁判的发展。

3v3 Mini足球5项全能比赛

7~12岁是运动员学习的最佳时间。在这个年龄阶段所设计的培训课程不仅要培养他们的协调性，同时还要提高他们的足球专业技术，这样他们就可以接下来快速掌握新的、更复杂的技术和战术并将这些知识转换成良好的成绩。如果说服教练采用全面性的教学方法来提高训练效果，那么这将改变传统的足球比赛。Mini足球5项全能比赛就是其中的一个例子。

完成Mini足球5项全能的5个比赛内容需要大约1小时的时间。由3名运动员组成的球队（有替补或没有替补运动员）必须至少赢得5场比赛中的3场比赛才能在5项全能比赛中获胜。

1. 3v3 只有1名运动员留在射门区域里的比赛

查看第123页中没有守门员的3v3 Mini足球比赛规则。在这个变化中，每个球队只有1名运动员必须留在射门区域且不能进入中场干扰。在每次进球之后，中场运动员交替防守，每一名运动员都在半场时间内至少完成了一次防守者的角色。传球进入对方球队的其中一个锥桶球门就算进球得分。

变化

- 运动员从射门区域里面向两个球门中的一个射门，而不是运球穿过球门线。

有效提问

3名运动员的其中一位为何必须留在射门区域？　3名运动员必须一直保持三角阵型，这样才可以保持防守和进攻之间的平衡。通过这种方式，可以有更多的传球选择并且还可以弥补同伴出现的错误。

在他的身后支援的同伴的任务是什么？
- 负责支援中场运动员。当球队获得控球权时，同伴可以总是把球回传给他。
- 可以传球发动进攻或者突然运球向前（与同伴交换位置），这种方式可以制造出进攻过程中的人数优势。

2. 接力比赛

　　每个球队由3名或4名运动员组成。每个球队运动员列队站在Mini场地同一底线上的两个锥桶球门后面。当教练发出信号后，每个球队的运动员做如下动作。

　　（1）跑向6米线处并用脚触线后折返。

　　（2）返回到他的球门位置并用脚触碰锥桶。

　　（3）绕场地中间的锥桶折返跑回（这个比赛允许适当冲撞）。

　　（4）在返回球门的途中要跳过2.5米宽的障碍（由两个足球、锥桶或小跳栏组成）。

　　（5）返回球门并再次用脚触碰另一个锥桶，然后下一名同伴开始比赛。

　　每名运动员必须跑两次，先完成的球队获胜。

3. 通过直传球给前锋进行3v3比赛

　　参照没有守门员的3v3 Mini足球比赛规则（查看第123页）。每个球队有一名前锋，他必须始终在对方球队的射门区域里面，不可以进入中场。

　　教练抛球开始比赛。每个球队的两名中场球员将球直接传给他们的前锋，让他们能够运球得分。只有当球传进射门区域里面时，他们才可以离开中场。完成两次进球之后，前锋与其中一名中场球员交换位置。

　　在比赛的下半场，前锋不可以进球得分。当他接到传球时，必须将球传给上前接应的位置更好的中场球员，接着中场球员便可以射门得分。

 **有效提问**

何时是最佳的直传球时机？ 在抢到球之后同时对方球队还未重新组织防守之前立刻传球。

在成功直传球之前，必须满足哪些条件？ 传球者和接球者必须进行眼神交流，这样才可以在他们之间形成一种默契。

4. 追踪2名强盗

警察球队站在球门旁边，而强盗球队则占据射门区域的位置，这样他们就不会在第一个警察追踪他们时就轻易地被跟上。当第一名警察追上两名强盗时，他或者她便可以返回球门然后与接下来的运动员击掌，以此作为轮换信号。当强盗跑出射门区域，那么他就被认为被追踪上了。可以用秒表计算所有警察追踪两名强盗所需要的时间，接着两个球队交换位置和任务。每个球队有两次机会扮演警察。如果一个球队在第一回合获胜但是在第二回合落败，那么完成时间最少的球队获胜。比赛内容可以根据训练的目的有所变化。追踪游戏有利于激发运动员学习的兴趣以及提高观察、决策制定和协调能力。

5. 3v3

参照没有设置守门员的Mini足球比赛规则（查看第123页）。比赛共分三个回合，每个回合时长3分钟。如果每个球队有一名替补，那么每个回合的时长可以延长到5分钟。

采用四个球门的Mini足球比赛的优点

比较8~9岁的运动员的两种比赛

有四个球门的Mini足球比赛	7v7足球比赛
因为两个球门都在侧翼，所以运动员可以使用更多的进攻性打法。同时有目的地利用空间及宽度。采用两个球门的方法可以提高运动员分析比赛的能力。 在实施行动之前，可以先培养运动员的感知能力和决策制定技巧。 相对于传统的足球比赛，这种比赛可以更好地提高运动员的洞察力、想象力和创造力。	因为球门的位置在比赛场地的中间，所以经常会在球的周围一次又一次地发生运动员的混战。这种比赛无法提高运动员分析比赛的能力。 因为球的周围有太多的运动员，所以很难培养运动员的洞察力、理解和决策制定能力。 很难激发和培养运动员的比赛智商、想象力和创造力。
充分的时间和空间可以让孩子们分析和构建Mini比赛，同时学习基本的沟通技能。 充分的时间和空间可以减少犯错，因为这种比赛情景的分析、决策制定和技能执行会更容易。 因为相同的基本比赛情景不断地重复出现（例如2v1），所以，青少年运动员可以非常快速地学习。	较少时间可以用来观察、决策制定和技术执行。 较少的时间和空间会导致更多犯错。 因为有12名运动员参加，所以比赛的情景比Mini足球比赛更加复杂而且相同的情景不会经常重复出现。
在Mini足球比赛中，8~9岁的运动员会把球当作他们最好的朋友，他们会带着爱心去触碰球，在比赛中不会看到运动员采用破坏性或者危险的踢法。	经常可以看到运动员破坏性地将球踢到远离危险区域的位置，而且他们还经常这样做。
运动员学会在三角阵型中进攻和防守，这样可以更好地培养他们的沟通和协作能力，在场地上可以更容易地选位。	运动员在场地上的位置往往是自发的而不是经过逻辑思考后的结果。
可以让所有参赛者都得到全面发展。因为在球队中没有固定的位置，所以不会出现早期专业化的情况。每个人都必须在场地的左右两侧进行进攻和防守。	运动员更加坚守他们在场地上被分配到的位置，而不同于Mini足球比赛中运动员会有多种角色。一般情况下，在7v7足球比赛中，孩子们就已经被指定了在球队中的具体位置。
每场比赛每名运动员可以获得一个以上的进球。所有运动员都是这场比赛的主要参与者并且需要不断地参加到比赛中。	很少运动员能够进球得分。
每名运动员，即使是技术较弱的运动员也是球队中的一员。	技术较弱的运动员要比较有天赋的运动员在比赛中的参与度低很多。
要求参赛的3名运动员都具备持久的观察能力、识别能力及体能。	触球次数很少。在比赛中，运动员的参与度无论在身体上还是在心理上都要比在Mini足球比赛少很多。
8~9岁的孩子在这种场地比赛中的发展，比7v7足球比赛更加接近于11v11足球比赛的培养。	对于8~9岁的孩子，7v7足球比赛过于复杂，难度大，很难理解而且不会像Mini足球比赛那样值得推荐，Mini足球比赛更有助于孩子们的个性和自信的培养。

通过比赛的变化提高足球智商

下面组织的训练增加了难度级别，同时还包含了可以帮助青少年运动员为参加11v11足球比赛做准备的几个方面。

1. 3v3 比赛中只有一名运动员在射门区域里面

每个球队的一名运动员留在罚球区同时不可以进入中场。在每次进球之后，防守者与中场运动员交换位置。

变化

- 在球队组织进攻时，防守者可以向中场推进，同时一个队友返回来替代他。

有效提问

为什么3名运动员中的一名必须留在射门区域呢？这样可以保持防守和进攻之间的平衡，同时可以有更多的传球选择。

在他的同伴后面协防的运动员的任务是什么？

- 如果他的同伴出现失误，那么协防的运动员可以补位，协助中场运动员摆脱困境。
- 他可以占据有利位置接住回传的球，同时运球发动进攻。

2. 运球穿过两个球门线

查看第123页没有守门员的3v3 Mini足球比赛规则。进攻者运球穿过其中一个6米宽的锥桶球门，而不是在射门区域里面向两个球门射门。

变化

- 运球穿过球门线的运动员必须展现出一种控球技巧，如齐达内旋转，这种变化可以促使运动员更好地利用空间，同时制造进球机会。
- 球队获得控球权时，只有当3名运动员都至少完成了一次触球才算进球有效。
- 球队获得控球权时，只有运动员采用地面传球时才算进球有效，这样可以更快速且更有效地进攻。
- 球队获得控球权与射门之间，必须至少完成一次空中传球（凌空射门），这样有利于运动员提高控球能力。

- 运动员射门时，只有当进攻球队的3名运动员都在防守球队的半场时进球才算有效，这样有利于3名运动员整体进攻。
- 为了在进攻和防守之间保持平衡，3名进攻者中的一名必须在进球时站在他自己的半场。当他的球队丢失控球权时，才能够拖延对方的反攻。

3. 创造机会，得分

进球得分之后，进攻者立刻向场地另一端的两个球门发起进攻。防守球队不可以在射门区域里向刚刚进球的他们施压，这意味着防守者只可以在中场防守。连续进球最多的球队获胜。这种变化特别有利于提高运动员的注意力。

有效提问

射门得分之后必须立刻进攻对面底线的球门这可以让我们学到什么？
- 你可以快速适应新情景，将球传出狭小区域为球队提供更多的时间和空间从而创造出更多射门进球的机会。
- 你可以学习到控制比赛节奏的方法（你可以加速或者放缓比赛）。

哪种方式可以让进攻球队连续多次射门得分？
在进球得分之后，得分球员不可以马上运球跑动而应该将球传给跑到中场空当接应的同伴，在对方半场活动的同伴应积极跑动，与球保持一定距离创造得分机会。

4. 设置阻碍的Mini足球比赛

在每次进球得分之后，得分球队会减少一名运动员。并在人数少于另一队（2v3）的情况下继续比赛直到再次进球得分。如果3名运动员的球队进球得分，比赛再次回到初始情景直到进球得分再次减少一名运动员形成3v2比赛情景。如果2名运动员球队中有进球得分，那么球队会再减少一名运动员进行1v3的比赛。

没有守门员的Mini足球比赛共分3个回合，每个回合2分钟以及两次1分钟的暂停。在暂停期间，教练可以与运动员一起讨论运动员所犯的错误。

有效提问

为什么要设置阻碍的Mini足球比赛？这样可以学习适应不同比赛情景以及不断分析比赛，包括了进行的3v3比赛，接着是2v3或3v2，甚至是1v3或3v1比赛。

5. 三支球队参加的Mini足球比赛

球队的3名运动员占据中场位置并向两端底线的Mini球门轮流发动进攻，每一组的两个球门都由球队的3名运动员防守。其中一名防守者是守门员，他站在靠近两个球门的位置，而另外一名防守者只可以在6米线的位置防守，第3名防守者可以自由地在他自己的半场位置跑动和防守。

变化

- 3名防守者都可以自由地在自己的半场里跑动和防守，完成10次进攻（每个底线5次）之后，进攻者与其中的一支防守球队交换位置，不断地重复这种方式直到所有的球队都充当了一次进攻者。
- 进攻者射门失败或者丢失控球权时，进攻者就失去了进攻的权利，防守者抢到球时，他们必须至少将球传出去一次才可以获得下次进攻的机会。

有效提问

守门员在两个球门前的位置面对3名进攻者的战术打法会产生怎样的影响呢？举例说明守门员在两个球门前面的不同位置，运动员必须在距离守门员较远的位置发动进攻（最好是使用远距离直传球），当球位于对手的半场位置时，守门员可以在两个球门的中间位置观察进攻者的战术打法，这样他就可以快速地防守受到进攻的球门。

6. 直传球给前锋

每个球队在对方的射门区域安排一名前锋（中锋）。前锋必须接住不可以离开中场位置的两名同伴的精准直传。前锋可以控球（最好是侧身站位）并朝其中一个球门射门。当运动员的技术越来越熟练时，教练不仅要求前锋侧身站位，同时还可以要求运动员通过右脚或左脚来使用不同的传球技巧，否则进球无效。

有效提问

何时是直传球的最佳时机？ 在进球得分的同时，对方球队还没有重新组织好防守之前。

必须满足哪些条件才可以实现成功的直传球？ 传球者和接球者之间必须建立了视觉沟通（目光交流），这样他们之间才可以互相理解。接球者必须总是站在侧向球门的位置接球和控球，这样他才可以看到身后发生的情况。

沿着地面传球还是空中传球，哪个比较好？为什么？ 沿着地面传球更好些，因为传空中球会使打法更复杂的同时减慢球的速度，并且传空中球还可能会出现更多的失误。

变化

- 为了提高接球和控球能力，必须以传空中球的方式将球传给前锋。
- 球传到射门区域时，中锋才可以进入射门区域，这样可以迫使前锋在对手防守不到的空间接球、控球以及定向传球。
- 前锋不可以射门。这意味着两名中场队员中的一名必须快速向前跑进射门区域，以接住前锋的球，然后射门得分。

? 有效提问

想要进球得分必须怎样做？ 两名中场球员中的一名必须向前跑动进入射门区域，同时接住球。

两名中场球员的哪一位必须向前跑动？ 一般是靠近前锋的中场球员，在一些比赛情景中，替换成翼侧会更好，因为距离较远的中场球员可以自由跑动。

为什么两名中场球员不可以同时向前跑动？ 如果后卫抢到球，那么他们就可以进行反击，因为中场没有人防守。

7. 在 3v2 情景中保持控球权

每个球队必须在自己的射门区域留下一名运动员，其他两名运动员在中场。每个球队都必须在面对两名对手的压力下坚持控球 6 秒。一旦完成在指定的时间内保持控球，就可以进入到前场射门区域，形成两名中场球员一起对抗一名防守者的情景，即形成 2v1 的模式。一旦进攻球队丢失了控球权，那么 3 名进攻者中的一名必须返回射门区域，同时，另外 2 名获得控球权的运动员开始进攻。

变化

- 除了下面的规则，也可以参考没有守门员的 3v3 Mini 足球比赛规则（第 123 页）。球队必须在进攻对方的球门之前完成连续 4 次传球。当他的球队完成连续 4 次传球时，后面的防守同伴可以向前跑入中场。
- 为了提高专项技术，只能使用不擅长脚成功传球，或 10 米以外传球或一脚传球才可以计入得分。

? 有效提问

在抢球和射门之间运动员应该怎样做？
- 确保控球权。

- 在射门区域的创造射门机会。
- 在可能的情况下将球传到同伴的跑动路线上。
- 射门。

保持控球权的最佳方法是什么？

- 避免不必要的1v1情景。
- 在可能的情况下将球传到同伴脚下。
- 跑向空当，寻找对方防守不到的空间并利用它。

8. 斜对角进攻对方球门

　　每个球队可以进攻两个斜对角的对方球门，同时防守其他的两个球门。在射门区域向两个球门中的一个射门或者运球穿过两个球门线中的一个，可以得分。

变化

- 教练和他的助理（或者运动员）都站在两底线后面，可以突然改变锥桶球门的颜色及相应的动作，这样每个球队必须一直进攻4个球门中的两个。在比赛过程中，只有运球穿过锥桶标识的球门线才可以得分，改变球门的颜色有利于提高运动员的感知能力，因为他们需要进行360度的观察。

有效提问

　　两个球门中，哪一个更容易进攻？运动员必须进攻只有一名后卫防守的球门，这样他们就可以创造2v1情景，同时成功地利用这种情景射门得分。

　　如何进攻（运球跑动还是传球）？

- 传球可以加速比赛，同时也可以更有效地利用空当。

- 在运球跑动中经常改变方向可以制造出更多的空当，同时也会导致防守者做出错误的决定或者错误的选位。

进攻者如何制造出人数优势的情景？ 通过运球跑动时改变方向接着变换战术打法。

9. 选择任意四个球门

3名进攻者一直进攻他们认为有较少防守的球门。教练可以指定一个进球是必须在射门区域里射门得分，还是运球穿过任意球门线（6米宽）得分。

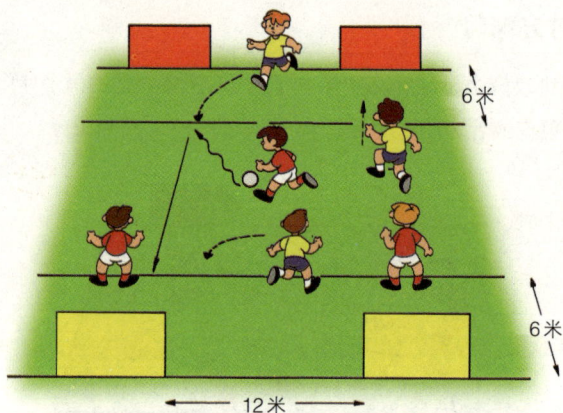

变化

- 运球穿过球门线时，最近的后卫必须在5米以外才是有效进球。
- 由3名运动员组成的球队有10次控球权而另一支球队必须防守4个球门，当进球得分、球出界或者防守者触球时，进攻结束。每次进攻都在中场开始，防守者必须聪明地选位，以免进攻者射门得分。比赛的目的是引导进攻者有效地使用空当同时确保他们能够在10次控球中完成10次射门得分。
- 可以在两端底线或边线设置4个球门。

❓ 有效提问

如何掩饰进攻的方向？ 首先，跑向另一个方向来迷惑对手，接着加速并改变方向将对手甩到后面或者运球过人。

运球的进攻者必须注意哪些方面？ 他必须将视线从球上转移（抬头，观察周边），这样他就可以看到在球门前面的后卫正在做的事情以及他的两名同伴正在做的事情，他就可以采用正确的战术。

10. 在进攻时创造宽度

　　Mini足球比赛的变化在于鼓励运动员在两翼拉开宽度组织进攻。在中场的边线附近放置锥桶设置两个6米宽的球门。进攻者不可以在中间开始比赛（如果丢失控球权，会出现反击危险），必须使用左右两翼的进攻，只有运球或者传球穿过场地中间的两个锥桶球门中的一个，进球才是有效的。

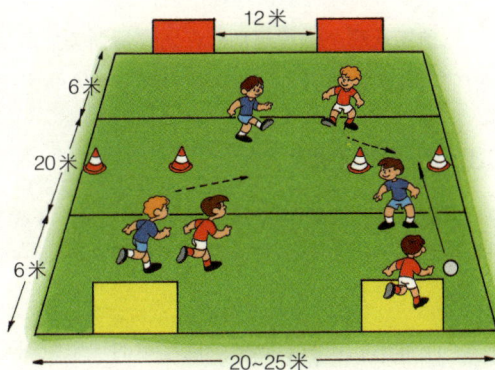

变化

- 中间的两个球门都设置为与边线平行而不是与底线平行。进攻者只有在球穿过两个球门的其中一个时才可以进入对方球队的半场。

11. 在两条边线上有一名接应队员的Mini足球比赛

　　现在由5名运动员组成一个Mini足球队。3名运动员在场地里面而一名替补运动员在一侧边线上移动传球，一旦他们在边线上接到球（最好是在对方的场地），那么传球运动员可以跑出来与接球者替换。

12. 引导进攻

　　参考没有守门员的3v3 Mini足球比赛规则（查看第123页）。如果一个球队向右边球门射门得分，那么球队可以得3分，而如果球队向左边球门射门得分，那么球队只可以得1分，通过这种方式，后卫学会封锁可利用空间，同时将进攻引入到他们准备得更充分的场地一侧。

13. 在Mini球门后面控制好直传球

　　12岁以上的有经验运动员可以从中场直传球穿过放置在6米线处的两个球门中的一个，将球传给在两个球门后面的同伴。同伴在射门区域里面不可以控球超过5秒。一旦运动员在射门区域中控制好直传球后迅速向底线的两个球门中的一个射门。

? 有效提问

　　球队得分的最简单方式是什么？当球队抢到控球权之后，立即将球传给在两个球门后面的前锋。

前锋在何时跑动接球呢？当他看到中场同伴有机会传出直传球而且向他做出视觉暗示时，接下来前锋可以快速跑进射门区域。

前锋从哪个位置起动？在防守后面突然向斜对角冲刺是有希望得分的，决定是否可以射门得分的重要因素是跑动的时机、准确的传球以及足球智商。

3v3 三项全能

就像第1级别中的2v2三项全能一样，3v3三项全能必须作为定期训练课程的一部分。三项全能有利于运动员学会分析比赛情景并对其他两名同伴以及最多3名防守者的行动做出反应。

下面的表说明了三项全能比赛的理想组织形式，在这个例子中，代表亚洲的球队对抗代表北美洲的球队，直到最终决出胜负。每场比赛旁边的空白可供教练记录得分。

亚洲vs北美洲

球队	韩国	中国	日本	巴基斯坦
运动员姓名				

球队	萨尔瓦多	墨西哥	美国	波多黎各
运动员姓名				

第一场比赛得分：4个交叉球门的3v3比赛（4×3分钟）		第二场比赛得分：3v2反击（4×3分钟）		第三场比赛得分：2个宽球门的3v3比赛（4×3分钟）	
韩国—萨尔瓦多		韩国—墨西哥		巴基斯坦—墨西哥	
中国—墨西哥		中国—美国		日本—萨尔瓦多	
日本—美国		日本—波多黎各		中国—波多黎各	
巴基斯坦—波多黎各		巴基斯坦—萨尔瓦多		韩国—美国	

最后结果：亚洲_____北美洲_____技术代表：_____

注意：在三项全能比赛中，不能改变球队的组成。

1. 4个交叉球门的3v3比赛

- 每个球队进攻指定的两个宽球门，同时防守其他两个球门。
- 抛球开始比赛。
- 没有掷界外球。
- 必须在球门线3米外踢任意球或运球。
- 运动员必须在场地里运球穿过两个相对球门中的一个。
- 比赛持续时间：共分4个回合，每个回合时长3分钟，休息1分钟。

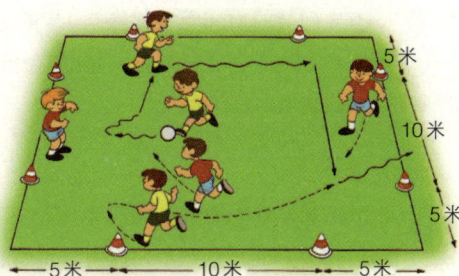

2. 3v2反击

- 在每个回合中，每个队轮流向两个20米宽的球门发动进攻。
- 2名对手防守球门，而第3名运动员需站在对方的球门区等待同伴传球。
- 在每次进攻完成之后，必须替换后卫，两名中场球员中的一名站到对方球门区，这样才可以始终保持2v3的比赛。
- 一旦进攻者丢了控球权，那么必须立刻反抢——但是不能越过中线。
- 运球穿过球门线可以得分。
- 两个球队都可以进球得分。
- 每一个回合都通过交换进攻者和防守者来改变位置。
- 必须在球门线3米以外踢任意球或者运球。
- 比赛持续时间：共分4个回合，每个回合时长3分钟。

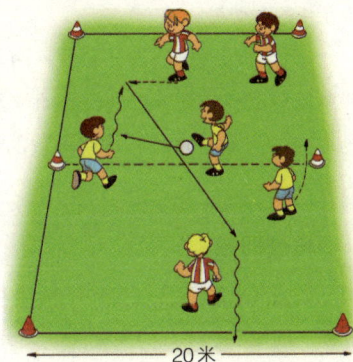

3. 2个宽球门的3v3比赛

- 按照右侧插图所示设置比赛场地的规格（20米×20米，球门宽20米）。
- 抛球开始比赛。
- 必须在球门线3米以外踢任意球或运球。
- 运球穿过对方球门线才可以得分。
- 比赛持续时间：共分4个回合，每个回合时长3分钟。

有守门员的3v3 Mini足球比赛规则

有守门员的Mini足球比赛是9岁的运动员最理想的比赛。运动员可以用整个赛季为下一年即将参加的更高要求的7v7比赛做准备。在Mini足球比赛中，男孩和女孩仍然可以在同一个球队中一起比赛。

场地

Mini足球场地的规格是22米×23米，在两端底线处有两个2米×1米的球门，两个球门相距12米。罚球区或射门区可以用与底线相距6米的平行线标识，只有在射门区域里射门才是有效进球。

球队

Mini足球队只有5名运动员，其中1名是替补，另外4名运动员（其中有一名是守门员）可以同时上场比赛。守门员不可以离开射门区域，参加比赛的每个球队的人数不可以少于4名运动员。

在任意球队射门得分之后，两个球队必须替换一名运动员上场，这些运动员必须在同伴离场后从中线进入相同的赛场位置。如果犯规，那么另外一支球队可以获得从Mini足球场地的中间开始向对方球门进攻的机会。查看下面规则章节中的"处罚"，了解更多详细内容。

持续时间

如果9岁运动员只参加一场比赛，那么比赛会持续3个回合，每个回合比赛时长为10分钟，间歇5分钟。如果在同一天有几场比赛同时进行（例如淘汰赛或纪念活动），那么建议比赛的持续时间为2个回合，每个回合10分钟。

技术规则

运动员不可以用手触球、越位或者使用暴力。

任意球——在场地的任意位置犯规（除了后卫在自己的防守区域中），另外一个球队可以获得任意球的机会。运动员可以选择传球给同伴或者运球突破。所有的任意球必须在距离射门区域3米以上的位置，同时防守者也必须与球之间有3米以上的距离。

罚点球——在球队自己5.8米区域以内的故意犯规会被罚点球，获得点球机会的球队可以在场地中间开始罚球。在点球过程中，所有的运动员（除了守门员）必须在罚球员后面5米的位置，在裁判允许进攻时，他们可以进行防守干扰或助攻。守门员在底线进行防守，如果后卫犯规，那么可以重罚。

角球——Mini足球比赛没有角球。

出界和重新开球——从边线或5.8米线的位置以任意球形式重新开始。

开始和重新开始比赛——一般在场地中间抛球开始和重新开始比赛。

设备

球：必须使用4号球。

队服：同一球队的所有运动员都穿相同颜色的比赛服。

保护措施：所有运动员都必须戴护腿板。

裁判

裁判负责比赛，没有助理裁判。在Mini足球比赛中，在可能的情况下裁判最好是18岁以下的青少年裁判，这样可以确保年轻裁判的发展。

构建 Mini 足球比赛国内联盟

国际足球联合会的大多数成员国十多年来都采用完整11v11比赛作为唯一的青少年比赛。该比赛不限制青少年运动员的年龄，而全球仅有不到15个国家采用在较小比赛场地上进行7v7比赛替代11v11比赛。但是，在20世纪末，结果证明8~9岁的运动员的培养效果并不是通过全场比赛或者7v7比赛实现的。相反，仅在大型俱乐部之间才有针对青少年运动员组织的Mini足球比赛联盟。

为了确保激发比赛智商，8~9岁的足球运动员每个月可以通过参加修改规则的比赛，从而接触到不同难度和复杂程度的Mini比赛。

3月

Mini足球比赛：一名后卫不得离开射门区域位置。

4月

正规的Mini足球比赛。

第2个周末：在重新获得控球权之后，每名运动员都触球之后进球才是有效的。

第3个周末：只有当所有传球都是地滚球时进球才是有效的。

第4个周末：只有当所有的队员都在对方半场里面时进球才是有效的。

5月

运球进入两个球门中的一个。

第2个周末：必须通过特技运球穿过球门线。

第3个周末：只有当一名同伴留在他自己的防守半场时进球才是有效的。

6月

斜对角球门的 Mini 足球比赛。

第1个和第2个周末：在射门区域里面射门得分。

第3个周末：运球穿过两个球门线（6米宽）中的一个得分。

第4个周末：在比赛过程中，可以改变四个球门的位置。

7月

Mini 足球比赛：进攻时必须保持6秒的控球权，同时一名同伴在后方保护。

9月

任意四个球门的 Mini 足球比赛。

第1个周末：在射门区域里面射门得分。

第2个周末：运球穿过任意一个球门得分。

第3个周末：当对手在5米以外的距离时，运球进入任意球门得分。

第4个周末：在比赛发展过程中改变四个球门的位置。

10月

从中场向前锋传球的 Mini 足球比赛。

第2个周末：当球进入射门区域时，所有的运动员都可以上前支援。

第3个周末：只可以传空中球给前锋。

第4个周末：只有前锋不可以射门得分。

11月

从中场向两个球门的任意一个长传的 Mini 足球比赛。

第1个和第2个周末：第4名运动员可以在两个球门的后方，以接住长传的球。

第3个和第4个周末：第4名运动员在两个球门前面防守。

12月

Mini 足球比赛：配备一名守门员和一名替补。

从 Mini 足球比赛向 7v7 足球比赛发展

从 Mini 足球比赛向 7v7 足球比赛过渡往往需要通过一系列循序渐进的比赛才可以实现。为了帮助运动员培养大场地比赛的感觉，教练首先必须在 7v7 足球比赛场地的中间设置 Mini 足球比赛场地。运动员的人数和场地的大小可以逐渐增加，直到运动员完全掌握了7个位置的所有功能。

Mini 足球场地的比赛

有守门员和没有守门员的 3v3 比赛

比赛在 7v7 比赛场地上进行，中间明确标明 Mini 足球比赛的比赛场地。每个球队由 3 名运动员组成，同时每个球队必须在射门区域留下一名运动员。获得控球权的运动员只有在射门区域里才可以射门得分。

有守门员的变化

- 每个球门有一名守门员，只有在射门区域里面的射门才是有效进球。
- 每个球门有一名守门员，只有在射门区域外面的射门才是有效进球。

没有守门员的变化

- 第 3 名运动员的活动半径不再局限于射门区域。
- 只有运球穿过两个球门线（锥桶球门）中的一个才是进球得分。
- 每个球队的一名运动员必须占据射门区域的位置，以接住中场传过来的球。

7v7 足球场地的比赛

1. 3v3 运球进入锥桶球门

一旦运球穿过 Mini 足球场地的两条球门线（锥桶球门）中的一条，那么就可以在 7v7 足球场地中射门进球。

变化

- 在运球穿过两条球门线时，所有的运动员都可以跑出 Mini 足球场地直到射门得分或者球出界。

2. 增加一名前锋的3v3比赛

每个球队有一名前锋（中锋），他的位置在Mini足球场地外面中的一个锥桶球门后面。运动员必须接住和控制好在侧边位置准确传过来的球。接着在面对守门员的情况下在3秒以内向7v7足球比赛的球门（6米×2米）射门。

一开始，每个球队的3名运动员在中场争夺控球权，因此他们不可以离开中场。当一个球队获得控球权之后，必须快速将球准确传给前锋。一开始可以先进行没有守门员的练习，接着再进行有守门员防守的练习。

3. 增加两名前锋和一名后卫的3v3比赛

这个比赛非常类似于之前的比赛，只是在两个锥桶球门后面增加一名前锋和一名后卫。

后卫要在锥桶球门前面拦截从中场传过来的球。如果拦截成功，那么后卫可以将球传给中场的3名同伴。如果失败，那么前锋会控球，这时后卫必须帮助守门员做好防守。

变化

- 后卫在两个锥桶球门后面而不是前面。因此，在Mini比赛场地的球门后面会出现2v1情景。
- 比赛一开始不设置越位规定，接着再设置越位规定。每隔5分钟，运动员交换角色和位置直到每名运动员都在各个位置参加了比赛。

4. 7v7 比赛的限制

清除4个锥桶球门，这样前锋可以在Mini场地以外的地方任意跑动。

变化

- 将球传给在Mini足球场地外面的前锋时，1名或2名中场球员必须跑上来支援（或者唯一的后卫），同时朝场地前面（后场）跑动，以找到传球的机会或者支援唯一的后卫。

- 现在的比赛场地上有1名守门员、1名自由人、3名中场球员和2名前锋。7v7比赛一开始不设置越位规则，但是后来设置越位规则。每隔5分钟，运动员交换角色和位置，直到每名运动员都熟悉了每个位置，同时获得了重要的经验。

第1级别和第2级别中所有活动的设计都以实现10岁以下运动员学会享受比赛和成功参加Mini足球比赛为宗旨。本章中的所有练习（面向具备基本技能以及简单比赛能力的运动员）以及量身定制的比赛都可以看作组成完整Mini足球比赛的一部分。青少年运动员参加Mini足球比赛时，回顾第1级别的基本技能和第2级别中难度较高且复杂的比赛（所有这些都被认为是针对Mini足球比赛的纠正训练）有利于他们提高和巩固大部分足球基本技能。此外，让运动员练习不同变化的Mini足球比赛（Mini足球比赛五项全能），通过对两个球门的进攻和防守可以进一步巩固他们的基本技能。在洞察力、预判和决策制定等方面的能力的积累对于准备7v7足球比赛是非常重要的，这些内容将在下一章中进一步阐述。

7v7 足球比赛

在足球比赛中，大脑可以发挥巨大的作用。所有的运动员都有
两条腿、两只手、两个耳朵，但是只有一个大脑。

了解足球包括理解比赛的发展形式。教练不仅要教运动员关于个人和整体方面的技战术，同时还要思考这些技战术。如果不理解在比赛中发生的大多数常见情景，那么就很难做出正确的决策。另一方面，如果没有掌握比赛的技术，那么也就无法执行这些决策。培养分析和运用技术的最常见方法是让青少年运动员接触大量不同的简单比赛。这些简单的比赛可以教运动员在正确的时机出现在比赛场地的正确位置上，这就是第3级别中简单比赛的作用所在。

分析比赛意味着观察和分析同伴、对手、球的位置及其速度和方向。运动员通过这种锻炼可以对下一个打法做出正确的反应和预判。

三种基本的比赛情景

足球场上所发生的事情分为以下三种情景。

（1）双方争夺控球权，转换。

（2）进攻。

（3）防守。

这三种情况经常会改变运动员的位置，但是在这三种情景中，运动员必须不断地进行分析并做反应。运动员的反应方式往往由运动员与球的位置以及自己球队球门的位置相关。任何比赛情景解释的先决条件或者指导原则是运动员必须面对比赛并认清情景。只有这样他才能做出正确反应。背对比赛（例如，很多前锋在接到球跑动时经常这样做）就是最常见的错误。

双方轮流争夺控球权

球队是进攻还是防守取决于失去球权后离球最近的运动员。运动员必须完全明白比赛的情景，同时第一个想法应该是马上防守。一般情况下，在球权争夺当中运动员的反应是成为控球的球员，那么其他运动员（可能成为进攻者的同伴和也可能成为防守者的对手）必须加入这个比赛中，协助同伴抢球、控球，完成好比赛进程中他们所扮演的角色。在双方对抗中，运动员是否可以正确意识到他正在靠近球？他是否可以根据运动员和对手的速度知道如何计算行动距离（与最近对手之间）？情况复杂时，运动员是否能够根据他与球门之间的距离而做出进攻或者防守的决策？数据显示，一般经常抢到未受控制球的球队也会经常赢得比赛，因此，为了提高赢球率，运动员必须全力以赴抢到这些未受控制的球！

进攻

控球的运动员在选择突破对手或者传球时，他必须思考距离球较远的同伴的位置。

所有同伴都必须支援控球球员并共同参与进攻。控球球员得到的支援越多，那么他的选择就越多。控球球员应至少有三个将球安全传给同伴的机会。接应同伴在进攻中必须注意宽度和深度，帮助拉开对方的防守阵型。进攻的宽度是由在最外围运动员的进攻位置所决定的，而这也需要中场运动员简单快速传球进行调度。进攻的深度是由最接近球和距离球最远处的运动员之间的纵深距离所决定的。在可能的情况下，进攻区域可以分成低位、中位到高位三个区域。

从防守到进攻（或者是从进攻到防守）的快速转换是非常重要的。现代足球是一种快速转换的比赛。成功拦截抢断球之后，新的进攻瞬间开始时，可以制造出最具威胁的进攻。一般情况下，防守一方需要较多的时间认清比赛情景从而调整自身的角色。能够善于利用攻防转换的一方一般都会抓住未组织好防守球队的漏洞，而较慢的转换可能会贻误战机。

第一名运动员往往是最重要的运动员。这名运动员可以突破他的对手，也可传给最近支援的同伴共同反击。如果没有合适传球机会，控球球员需要转换得更快，通过快速运球为自己制造出空间和时间的优势。

> 清楚何时不动与清楚如何跑动一样重要。

防守

在争夺控球权中没有获得球权的一方也就成了防守者。而这名运动员的关键性在于他采取行动的速度和动作决定了其他同伴的防守方式。如果这名运动员能力较强，那么他的同伴就可以采用1v1紧逼盯人防守的方式，如果这名队员比较被动，那么他的同伴只能进行区域协防。

防守球员必须快速向控球球员施压，同时获得最近的同伴的快速支援。可以根据防守球员与球的距离是第2个、第3个、第4个还是第5个最接近的控球运动员的情况来决定防守角色。在面对球和对手的同时，防守者始终要转动头部观察他们以做出正确的选位。最靠近的防守球员可以给控球球员更大的空间距离吗？他获得防守同伴的及时支援了吗？对手明显可能获得控球权的情况下，整个防守球队仍然会给予防守球员及时的支援吗？经常被最靠近的防守者抢断的控球球员并不是最危险的运动员——最有可能接住传球的运动员才是最危险的运动员。

教练的职责是观察他的防守球员在以下4种情景中的表现。

（1）当面对运球突破的对手时。

（2）当一名队员防守拦截控球的运动员时。

（3）当控球球员的得到同样支援时。

（4）当协防队员远离控球的区域时。

青少年足球运动员对比赛越了解，他就越能看清和分析所有的比赛情景，同时对此做出正确的反应。

训练课程的组织

以下是针对组织10~12岁运动员训练课程的一些建议。

（1）这些课程应该用一些简单的游戏来代替热身开始训练（这对于12岁以上的孩子并不是强制性的），可以经常采用一些简单的游戏来开始课程，教练可以在简单游戏中向每个球队的运动员展示与比赛相关的具体问题。

（2）在10分钟的比赛过程中，观察和分析运动员比赛表现出的技术和战术。比赛结束之后，指定并进行一系列的纠正训练，来改善所发现的问题（例如恰当的抢断时机）。

（3）完成单纯的技术纠正训练（是简单比赛提升表现）之后，可以重新开始比赛。观察之前发现的问题是否在通过纠正训练改正了，或者比赛的其他方面是否仍需要改善。教练通过有针对性的提问，运动员会注意到专业足球知识的重要性，同时教练还可以要求运动员找出正确的模式。

其他训练技巧如下。

➤ 为了便于青少年运动员的观察、分析、决策制定和动作反应，在正规的比赛中，参赛球队的运动员人数不得多于7名。

➤ 举行简单比赛场地的宽和长，应满足运动员有足够的时间来决策他们的行动，以及有足够的空间让运动员完成技术动作。教练只有在运动员技术水平足够高的情况下，才可以通过减少时间和空间来让运动员更多地关注足球比赛中更重要的元素，而这些元素会与正规比赛十分接近。

➤ 学习和完善基本技术和能力是每个训练课程中重要的内容。在训练的过程中向运动员展示类似比赛的情景越多，运动员就越能将经验应用到比赛中。

➤ 在高强度和低强度的训练和比赛之间必须有明显的变化。

➤ 随着比赛能力的提高，在训练课程中引入多边比赛，以此可以增加训练强度、多样性和乐趣之外，还可以确保运动员基本技能的培养。

➤ 协调性和体能的训练（例如各种不同的对抗、速度和力量训练）是训练课程中不可分割的一部分。

➤ 在这个阶段（第3级别）中，运动员提高了感知和想象能力，因此教练只需提供一系列的演示，而不需要详细地解释一个确定的技术或战术动作。这些能力往往已经能够让运动员很轻松地重复相同的模式了。

➤ 特别重要的一点是，教练必须一视同仁，同时不可以表现出偏袒。一般情况下，青春期前的足球运动员会喜欢公平对待所有运动员的教练。

3v3的简单比赛

简单比赛仍然是发现、理解和解决与比赛相关具体问题的理想框架。

第1个 简单比赛
在3v1比赛中保持控球权

标识出两个相邻的边长为8~10米的正方形。在一个正方形中，3名控球的进攻者对抗一名防守者，在相邻的正方形中，两名防守者等待同伴在3v1对抗中成功之后的传球。一旦他们控球，之前的防守者就可以加入到两名同伴中，在另一个3v1情景中争取保持控球权。

进攻者犯规或者将球踢出限制的区域时，在这两种情景中，防守者从边线向相邻区域的同伴传球，而对手站在至少相距3米的位置，在成功完成了传球之后，加入相邻区域的同伴中，转换比赛区域继续比赛，在新的3v1比赛中，轮到他们持有控球权，如果防守者已经筋疲力尽，那么他可

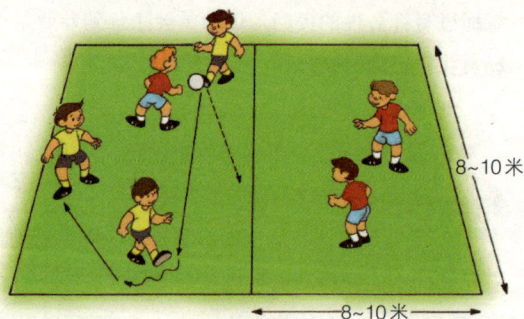

8~10米

8~10米

以与相邻区域的同伴交换位置。在完成了5分钟的训练之后，组织相邻区域运动员进行比赛，同时计算控球的时间。

比赛持续时间：比赛共分3个回合，每个回合3分钟，在完成了9分钟的训练之后，控球时间最多的球队获胜，在每次转换区域（正方形）之后，要轮换防守球队。

变化

- 传球给同伴之后，进攻者必须至少跑到距离之前站位5米远的位置，这种方式有利于培养运动员的方位感和感知能力。
- 为了更好地控球，进攻者必须采用传空中球的方式进行传球，不可以沿着地面传球。
- 计算只使用技术不擅长脚连续传球的次数。
- 计算在一次控球过程中一脚传球的次数。

- 在两个比赛区域中，同时进行3v1比赛，持球时间长的球队获胜。

训练目标

- 学会避免将球传进对手防守范围内。
- 学会把握传球时机，不过早也不太迟。
- 学会何时传球与何时运球。
- 学会在未暴露传球线路的情况下，准确且快速地传球。
- 在完成传球之后，要做好重新接球的准备，学会支援控球同伴，同时思考同伴所能给予的支援。
- 防守者必须学会给控球球员施压，同时预判对手的打法。

纠正训练

补救措施可以充分利用到大多数的传球、接球和射门游戏以及所有的2v2简单比赛等内容中。

? 有效提问

防守者的两名同伴在区域的哪个位置接应最理想？请解释原因。两名同伴最好是在对面区域且尽可能远离中线的位置接住传球，这样他们就会有足够的时间接球和控球（在远离防守者的情况下），同时组织下一个行动。

3名进攻者怎样做才能长久地保持控球权？一般情况下，只有在控球球员受到压力的情况下才会传球，当同伴都支援控球球员时，必须将球传给远离唯一的防守者且位置更好的同伴，但是，如果没有合适的传球机会，那么控球球员可以运球进入空当区域，为传球获得时间或者找到更好的传球选择。

在运球时，进攻者应该用身体掩护球，同时把自己的身体放在防守者和球之间吗？每一次传球都必须具备足够的速度，同时不可以通过眼睛或者身体任何动作表明传球方向，在成功传球之后，传球员必须立刻跑向其他的空当，给自己争取再次接球的机会。

进攻者何时不必传球并且更加谨慎地控球？当进攻者没有找到任何传球机会时，他必须继续保持控球权，同时运球进入未被占据的空当，寻找新的传球角度。

在压力之下，进攻者在1v1情景中如何应对？控球球员必须将他的身体放在防守者和球之间，用身体掩护球直到他获得同伴的支援。

好的传球的特点是什么？

- 好的传球是将球传给同伴不会立刻就被防守者施压。
- 好的传球不会过早或太迟，同时可以让同伴在更多有利条件处理球。

- 好的传球具备足够的速度而且没有暴露传球意图。
- 好的传球一般是沿着地面而不是传空中球，这样可以更有利于同伴控球。

目标是保持控球权时，为什么必须避免传空中球？ 沿着地面传球比传空中球更快且更有利于控球。

在比赛特殊阶段，如何提高传球次数？ 当处于巨大压力之下时，进攻者最好是传球，这意味着传球也是必需的。

在成功传球之后，运动员应该进入怎样的角色？ 在成功传球之后，运动员应该立即跑离当前位置，同时在对手没有控制的区域再次为自己找到接球的机会。

当球队的目的是保持控球权时，是直接将球传到同伴跑动的线路上还是直接传到他的脚下？ 为了帮助同伴接球，必须将球直接传到他的脚下。

何时必须直接（一脚）传球以及何时决策控球？ 当对手向接球的运动员施压时，运动员可以选择一脚传球。在这个情景中，他不能选择多次触球的方式来控球，因为多次触球可能会导致失去控球权。

进攻者丢失控球权时，他接下来该怎样做？ 进攻者（以及他的同伴）必须立刻转换为防守角色并且在转换之间不可以出现任何犹豫。

一名聪明的防守者想从3名进攻者脚下重新抢到控球权，他应该怎样做呢？ 运动员可以用一侧接近控球球员的方式迫使他们做出防守者预期的动作：将球传给防守者故意不盯防的对手。

第2个 简单比赛
快攻

设置7v7足球比赛场地，将青少年运动员分成3名进攻者和3名防守者以及1名临时的守门员。3名进攻者带球在场地的中线开始比赛，同时尝试突破在禁区域里面的1名防守者（"自由中卫"）。进攻者只可以在禁区里面射门得分，当进攻者在中线位置第一次触球时，站在他们后面8~12米远的两名防守者开始进行追击。他们的任务是帮助自由中卫并尽可能地延缓进攻。

出现以下情况时进攻结束。

- 进球得分时。

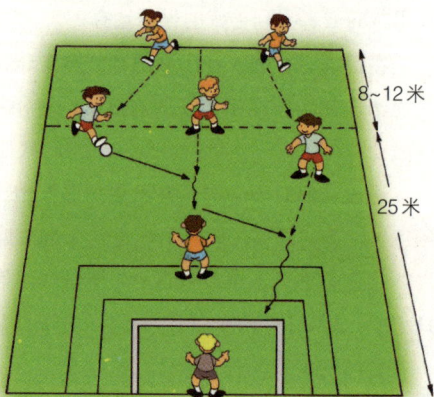

- 进攻者犯规时。
- 球被踢到Mini足球场地外面时。
- 防守者可以连续三次触球或者在他们之间完成一次传球。

防守者在禁区中犯规时，在距球门9米远的位置罚点球。在完成了5次快速进攻之后，两个球队交换位置和角色直到每个球队完成了10次进攻和防守。在每次进攻之后，轮换"自由中卫"，在第二轮进攻中，进攻以及防守的运动员必须选取不同的位置，支持"自由中卫"的防守者也必须在两边交换位置开始比赛。

比赛结束之后，通过探讨开放性问题与运动员一起讨论什么是最有效的快速进攻方式，需要涉及运球、传球、控球和射门的各个方面。

变化

- 成功抢球或拦截之后，防守者必须传球穿过中线或者两个球门中的一个。两个球门必须设置在中线的两侧位置。
- 进攻者传球不可以超过三次（或者可以指定为两次）。
- 3名进攻者对抗2名防守者，其中1名防守者在后面拦截抢球（这种变化适用于技术更加熟练的运动员）。

训练目标

- 巩固运球、传球、接球和快速射门的基本技术。
- 养成正确的反击习惯。例如首先在比赛场地深处直传球到同伴跑动的路线上。跑动中接球，使用较远距离的直传球代替多次短传，同时在传球之前先控好球。
- 学会分析比赛。总是思考3名防守者的行动以及自己的进攻打法，清楚何时传球或者不传球。
- 学会设法找到有效的进攻方法，越简单实用越好。在将球带向第3名防守者之后，将球沿对角线方向传给一侧支援的同伴。如果接球运动员在安全距离射门，那么他很可能会成功地完成一次快攻。
- 学会协防，当支援的同伴太少时要有目的性的延缓进攻。

? 有效提问

哪名进攻者在快攻开始时控球？ 这是由3名在进攻者前面和后面的防守者的位置而决定的。一般情况下，中锋必须控球，因为他射门的距离最短而且具备最佳的传球选择。

中锋应该以怎样的方式发动快攻，是传给边锋还是快速运球？ 将球传给其中一名边锋可能会减慢进攻的速度，同时给后面的两名防守者提供防守的机会。但是，当中锋快速运球到达中间防守者的左边或者右边位置时，他可以强迫防守者离开中间的位置。接着，可以反向传球给其他边锋，接球边锋位置更接近球门。因此，边锋就获得了最佳的射门角度。

何时是最佳的传球时机？ 当中卫准备拦截抢球时，将球传给正在跑动的支援同伴。最佳的传球时机（不能太迟或太早）和方向可以让防守者无法阻止进攻者在2v1情景中运球射门。

在传球之前，中锋必须思考哪些要素？ 传球不仅由中卫的位置决定（防守者是在前面还是在侧边的位置呢？），同时还与在后面拦截的两名防守者的行为和距离有关，也与两名支援边锋的位置有关（哪一名边锋的射门角度更好呢？哪一名边锋在越位位置呢？）。

其中一名边锋控球时，中锋的理想位置应该在哪？ 如果中卫拦截控球的边锋，那么中锋必须后撤或者插入防守者后面的空当（注意越位规则），为自己创造接直传球的机会，第3名进攻者始终与其他两名同伴的打法相配合。

2名未控球的进攻者的任务是什么？ 他们必须一直在球后面（不越位）支援控球球员。同时，他们还必须站在不会被防守者施压且距离防守者足够远的位置，并设法找到距离球门前面最近的理想射门位置。

在传球时，还要注意哪些呢？ 当进攻者传球时，运动员必须注意以下几点。

- 不要暴露传球方向同时采用假动作和佯攻诱导防守者。
- 直接将球传向与防守者平行的同伴的跑动路线上。
- 无论是在球前面还是后面接到球，接下来立刻采取进攻。
- 反向传球。当进攻者与防守他的对手一起接球时，通过反向传球可以创造更多的时间思考和反应。

如果在进攻者前面出现空当，他应该怎样控球呢？ 他必须运球突破，同时寻找射门进球的机会。

第3名进攻者寻找射门机会时，请阐述一下其他两名进攻者的任务。 首先，他们必须让自己能够在非越位位置做好接球准备。当第3名进攻者射门时，他们必须注意在球门前面占据最佳的位置，准备补射。同时，他们之间不可以互相干扰，同时不可以距离守门员太近。

在3v1比赛情景中，如何利用人数优势？

- 在唯一的防守者重新获得其他2名防守者的支援之前，应该不失时机地果断进攻，这就是为什么必须采用尽可能少的传球来突破防守者。
- 采用尽可能简单的打法，避免不必要的冒险和失误。这种情况会出现在控球球员在正确的时机传球时（当防守者拦截他），也就意味着当接球的边锋做好射门准备时，防守者没有任何时间再次对他进行拦截抢球。

单独1名防守者面对3名进攻者时，他应该怎样做？ 防守者可以采取以下两种做法。

- 通过缓慢地向球门后撤延缓进攻，同时为支援同伴争取时间，这样做，对手1v3的人数优势可能会转换为人数一样的（3v3）情景。
- 他必须迫使控球球员在中场尽可能早地传球或在距离球门尽可能远的位置将球传给边锋。一般情况下，边锋的传球选择比中锋要少很多，因此，防守者可以更容易防守。迫使3名进攻者执行两次或三次传球可以减慢进攻，同时让中场同伴重新加入防守。在比赛场地上延缓进攻和后撤的过程中，如果防守者注意到控球球员失去了对球控制，那么他可以改变防守策略。

在3名进攻者后面出现的两名防守前卫会如何影响他们的打法？ 在控球球员开始快速进攻之前，他必须分析比赛情景，特别是对手的位置。当中卫展示出拦截抢球的意图时，必须总是把球传给距离对手拦截抢球最近的跑动的同伴。

2名协防的队员是必须抢断控球的运动员还是尝试封堵他们传球呢？ 当中卫尝试延缓中锋的进攻时，其他两名协防同伴就可以在比赛场地上获得一些时间来占据位置从而拦截向任意一侧的传球。不管是哪一种方式，3名防守者都必须制定好阻止3名进攻者射门得分的计划。

纠正训练

如有需要，应在训练课程中加入以下纠正训练。

1. 运球和追击游戏

回顾第40页开始的控球游戏——特别是第50页的追击游戏。

2. 从后面抢断球

在Mini足球场上或利用正式比赛场地的一部分，由两名运动员完成这个训练。1名进攻者在中线带球开始比赛，1名防守者跟在这名进攻者后面3米的位置，尝试在进攻者进入禁区控球之前成功抢断球。

要成功实现进攻，向前跑动的运动员必须做到以下几点。

- 快速跑动。
- 向防守者的跑动路线上运球（防守者必须减缓跑动速度，避免碰撞和犯规）。
- 伴装停球，当防守者对新的情景做出反应并准备拦截抢球时，进攻者可以突然改变速度并摆脱盯防。

完成三次进攻之后，防守者和进攻者交换角色，确保两名运动员的跑动速度相似。

3. 延缓对手进攻

这个训练有6名运动员参加。在教练给出可视信号之后，Mini足球比赛场地中间的进攻者朝两个相对球门中的一个开始运球跑动。球门由从底线开始比赛的一名对手防守，这名防守者可以限制进攻者。

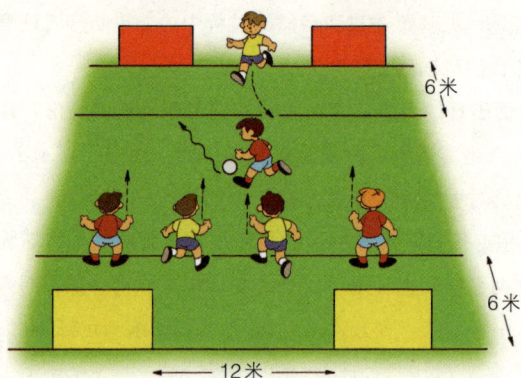

同时，在开始进攻之后，4名运动员（2名进攻者和2名防守者）从相对的射门区域跑向比赛场地支援运球前进的进攻者或者防守抢断传球。

只能在射门区域里面射门进球，出现以下情况时3名运动员（1+2）结束进攻。

- 一名进攻者进球得分。
- 防守者抢到进攻者的控球权。
- 一名进攻者犯规。
- 球出界。

运动员轮流占据第2个和第3个进攻的位置，同时在每名运动员完成了所有轮换之后，球队之间交换角色，在6次进攻中获得最多进球次数的球队获胜。如果一名防守者犯规，那么可以重新开始进攻。作为改变，两名支援的防守者和两名支援的进攻者必须在射门区域线上开始比赛，这样可以给进攻者增加更多的压力。

第3个 简单比赛
加上一名协防队员的3v1比赛

在7v7足球场地上，6名运动员在中线和禁区线之间参加这个比赛。在禁区和中线上用锥体设置两个15米宽的球门（如下页插图所示）。3名运动员都有控球权而且在中线开始进攻，目的是轮流在禁区边缘设置的两个球门里面控球。每个球门由一名单独的防守者防守，防守者必须一直站在球门线上，并且不可以进入比赛场地。一名额外的中场运动员必须总是第一个拦截抢球。在完成了第一次进攻之后，不管成功与否，3名进攻者都必须反转进攻相对的宽球门，同一名中场运动员再次进行防守。

出现以下情况时进攻结束。

- 运球穿过两个球门中的一个时。
- 球出界时。
- 两名防守者中的一名抢到球，同时可以将球传给同伴时。

比赛持续时间：共分为3个回合，每个回合2分钟。比赛直到每名防守者都在各个位置上完成防守时结束，每隔2分钟，前锋之间必须交换位置。

15~20 米

15 米

有效提问

在他传球之前，控球球员必须完成哪些任务？首先，控球球员必须分析最近的防守者的位置，相关的距离以及两名同伴的位置。但是，在控球球员做出下一个动作的决策之前，必须观察在他后面协防对手的位置和态度，只有对所有这些有价值的信息进行处理之后，运动员才能够选择的最可行的进攻行动。理想的解决方案是沿斜线朝防守者运球，迫使他慢慢移出中间位置，接着，控球球员可以将球传给另一侧跑动的同伴。

3名进攻者经常会犯哪些错误呢？

- 他们经常都在同一平行线上而不是采用可以实现更多传球选择的三角形打法。
- 边锋过于靠近控球球员，而不是创造足够的空间进行进攻。
- 在球门线控球之前的"最后"传球不是直接传给跑动的边锋。
- 控球球员没有隐藏他的意图，同时还让协防运动员可以预判他接下来打法。

变化

- 中场运动员抢到球时，其他两名防守者可以离开底线的位置，同时跑动接住传球。如果他们能够完成两次传球，那么他们现在就可以开始进攻，而之前的3名进攻者必须接替防守的位置和角色。
- 运球穿过球门线之后，进攻者必须在11米以外的位置处向由中立守门员防守的球门射门。

训练目标

查看第148页具备相同训练目标的第1个简单比赛。

纠正训练

选择之前针对在2v1或者3v1情景中保持控球权的简单比赛。

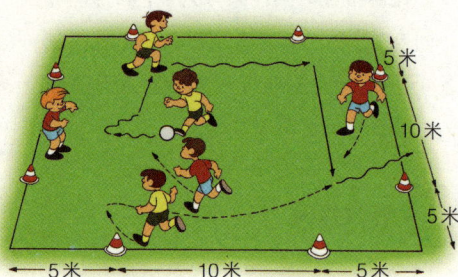

第4个 简单比赛 4个交叉球门的3v3比赛

由3名运动员组成的球队，同时防守两个相对的球门区（10米宽）并进攻其他两个球门区。

在正方形的中间抛球开始比赛，当球跑出任意侧边时，可以在球离开比赛场地的位置发边线球。在罚任意球或者边线球时，对手必须至少离球的位置5米以上。运动员必须运球穿过两个相对球门中的一个才可以得分。

比赛持续时间：共分4个回合，每个回合3分钟。

变化

- 使用与第80页中针对4个交叉球门的2v2比赛的相同变化。

训练目标

- 练习和巩固第80页简单比赛中有4个交叉球门的2v2比赛的技术和战术目标。
- 学会延缓拦截抢球，来争取时间获得同伴的支持。
- 学会总是进攻防守较弱的球门。
- 学会将对手的打法引向预期的方向（例如引到同伴的拦截抢球区域中或者远离球门的位置）。
- 确保宽度和深度。
- 学会在防守时向控球球员施压使他犯错。
- 学会在1v2防守中延缓拦截抢球从而避免在协防同伴到达之前被突破。
- 学会总是以三角形站位进攻，而防守必须确保（防守的）宽度和深度，同时向控球球员施压迫使他犯错。
- 学会在进攻时制造2v1情景——同时尽可能避免1v1情景。

● 运球时不要距离防守者太近，同时能够突然改变进攻的方向和节奏。

纠正训练

查看第102页4个球门的2v2比赛。

有效提问

应该进攻哪个球门呢？ 3名进攻者在控球的情况下必须观察两个锥桶球门中哪个的防守较为薄弱，这个主要根据中卫的位置以及他与两个球门的距离。

进攻者应该如何有目的地创造人数优势（2v1）情景的呢？ 控球球员将进攻指向一个球门时，他会迫使中卫支援受击球门。如果控球球员突然改变方向和速度，同时运球朝相对的球门，那么他就可以创造出2v1的情景。

第5个　简单比赛　3v2反击

在足球比赛场地的中线和禁区线上设置两个20米宽的球门。在每个半场上，球队的3名运动员轮流进攻两个球门，两名防守队员要一直防守受到攻击的球门，阻止进攻者运球穿过他们的球门线。同时，他们的第3名同伴要留在对面的球门里做好其他同伴成功抢断的接应。在接住传球之后，在不被进攻者拦截抢球的情况下第3名防守者运球穿过他自己的球门线射门得分。

出现以下情况时进攻结束。

● 进攻者射门得分时。

● 球出界（穿过其中一条底线）。

● 在抢断之后，传球穿过中线给第3名防守者且防守者得分时。

完成每一次进攻之后，两名防守者中的一名必须快速跑向相对的球门防守（与第3名防守者）。如果进攻者犯规，那么防守者获得任意球——进攻者只可以在比赛场地的半场而且不可以越过中线进行防守。在罚任意球时（必须距离球门线3米以上的距离），防守者也必须留在距离球3米以上的位置。

20米

比赛持续时间：每个球队有10次进攻的机会，对于技术熟练的球员，每个球队4次进攻机会，每次进攻3分钟。

有效提问

在3v2情景中，3名进攻者中的哪一名必须成为控球球员？

可以参考第151页快速进攻的有效提问章节。

控球球员必须在中间传球还是运球？

可以参考第151页快速进攻的有效提问章节。

在3v2情景中，何时传球以及何时运球呢？

可以参考第151页快速进攻的有效提问章节。

按照哪个标准来判定将球往左边或右边传？ 传球的方向不仅与防守者和支援的进攻者的位置与距离相关，而且还与两名防守者防守方式相关（他们可以在平行站位防守、后撤或者一前一后站位防守）。

在2v1情景中，可以往哪个方向传球？ 以斜线传给跑动的同伴，向接球的运动员平行的位置或者稍微前面的位置传球（可能在越位位置）但是必须一直远离防守范围。

解决3v2情景的最有效方法是什么？ 在接近两名防守者时，控球球员必须突然向主动拦截球的防守者运球。同时，在同一侧的同伴必须快速摆脱防守者从而制造出2v1情景。

两名防守者应该怎样做才可以避免3名进攻者实现成功进攻？ 首先，他们必须尽可能暗示进攻者将球传给其中一名边锋。当出现这种情况时，边锋会被施压，同时被回防的第二名防守者抢断。

中锋控球时，两名防守者必须在赛场上延缓他们的进攻并后撤，以获得更多的时间。在后撤时，必须采用身体假动作诱导进攻者犯错或者进行两次以上的传球从而减缓他们的进攻。

在2v3情景中，防守者经常犯哪些错误呢？ 除了跑向控球的进攻者之外，两名防守者平行站位是另一个严重的错误，因为这样没有人能够回防拦截抢球的运动员。在后撤的过程中，需要耐心等待最佳的拦截抢球时机。

变化

- 3名防守者不需要交换位置。因此，进攻者可以在一个球门线练习3v1进攻，同时在另一个球门练习3v2进攻。
- 比赛中使用6米宽的球门（作为Mini足球比赛的类型）而不是20米宽的球门。
- 在每条底线后面距离11米的位置处设置足球球门，在底线控球之后，控球球员可以立刻练习向守门员防守的球门射门。

训练目标

- 练习和巩固之前简单比赛中的技术和战术目标。
- 学会有目的地在进攻中创造 2v1 情景从而实现更高的成功率。
- 学会在丢失控球权之后立刻反抢。
- 防守者必须学会耐心等待最佳的拦截或抢球机会。
- 防守者必须学会迫使进攻者将球传向预期的方向。
- 防守者必须学会快速反击。
- 防守者必须不断思考接下来的动作，同时不要忘记在完成进攻之后交换位置。

纠正训练

使用 2v2 简单比赛中的前 4 个比赛进行训练（在第 94 页开始部分）。

第6个　简单比赛
3 支球队进攻 2 个宽球门

　　使用比赛场地两条越位线之间的场地进行比赛。由 3 名运动员组成的其中一个球队在比赛场地的中间，3 名运动员轮流进攻在越位线设置的两个宽球门。这个球门以及相对的另一个球门分别由两支球队防守，其中两名防守者在中场防守，第 3 名防守者在越位线上协防避免被突破。

　　进攻者有 10 次进攻的机会（每个球门 5 次）。在进攻过程中，他们要尽可能快地运球穿过这条线（得 1 分）并在球门区射门，在没有（稍后有）守门员 6 米 ×2 米的球门区射门成功得 2 分，完成了三次进攻之后，3 名防守者之间交换位置。

30~40 米

出现以下情况时进攻结束。

- 进球得分。
- 球跑出越位线或球门线。

- 防守者获得控球权并将球传给同伴。
- 进攻者犯规。

在 10 次进攻中得分最高的球队获胜。

? 有效提问

可以参考之前简单比赛的问题和答案。

变化

- 每支 3v3 球队有 2 分钟的时间争取最多的进球得分。他们的进攻越快，得分的机会就越多。
- 根据进攻的结果轮换球队，当防守者抢到球，同时在自己的球队完成了至少两次传球之后，他们就可以进攻对方的球门。而之前的进攻者失败球队马上防守他们进攻失败的球门；如果进攻者运球射门得分，那么他们还可以继续进攻。
- 进攻者只可以最多进行 4 次传球，同时要找出最有效的进攻方式。
- 为了简化进攻和射门，可以有 3 名运动员防守。

有 1 名防守者在越位线前面，1 名防守者在越位线上负责协防 1 名守门员；两名防守者只可以在越位线上协防 1 名守门员；或者 2 名防守者只能在越位线前面协防 1 名守门员。

训练目标

- 进攻者必须在传球之前清楚这一点：他们不仅必须思考防守者的位置和行动，同时还要思考越位线上协防者的动作。
- 清楚在中间位置的进攻者的重要性：这名进攻者必须控球——不管防守者距离他多近的距离还是防守者正准备对他进行抢断。
- 巩固之前比赛中学到的技术，特别是确保进攻的宽度和深度的原则。

纠正训练

使用 2v2 简单比赛中前 5 个比赛进行训练（在第 94 页开始）。

第7个　简单比赛
在 3v2 比赛中保持控球权

参考第 111 页开始部分的第 9 个简单比赛，参赛球队由 2 名运动员组成，主要的不同之处在于，这里每个球队的运动员人数从 2 名增加到 3 名，同时比赛场地的大小也增加了（正方形的边长从 12 米增加到 15 米）。3 名进攻的运动员的目的是尽可能地保持控球权，同时他们有6次控球的机会。当球出界或者防守者将球踢出比赛场地时，第3名一直在场地等待的进攻者替换下两名进攻者中的一名。计算3名进攻者控球的时间，如果有三个以上的球队参赛，那么可以组织淘汰赛来建立最好的球队。

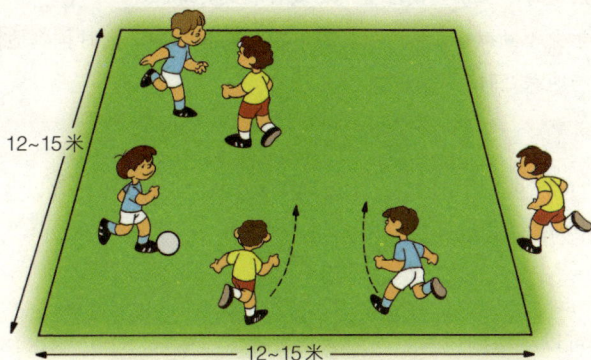

有效提问

运动员在控球时的主要任务是什么？运动员在比赛过程中始终选择有利于观察的位置，可以清楚地知道在何时何地传球或者将球带到空当中。当运动员决定传球时，避免让对手预判到球的方向和位置。在成功传球之后，运动员立刻跑进其他空当，并与同伴不断沟通。

无球的进攻者应该怎样做？首先，他们必须尽可能地扩大比赛场地。他们可以跑离控球球员，同时占据防守者未注意到的位置来扩大比赛场地。如果他们在压力之下接到传球，那么他们必须要一脚传球。他们必须不断地跑动，同时与控球的同伴保持沟通。

两名防守者应该怎样做才可以重新获得控球权？他们共同协防同时上抢进攻者并施压，特别是当防守者已经站在区域角落时，1名防守者有意从进攻者的左侧抢断时，第二名防守者就可以思考抢断其向右侧的传球了。奉献精神和侵略性是压缩比赛场地空间最好的方法，而在拦截抢球时采用佯攻假动作迫使3名进攻者犯错也是比较重要的方法。

训练目标

- 学会思考和利用比赛场地的纵深空间。
- 进攻者必须避免站在同一直线上。控球球员必须学会一直将自己定位在三角阵型中，确保有两个传球的选择。
- 学会掩饰传球方向。
- 传球要具备足够的速度。
- 清楚何时可以传球以及何时不可以传球。

- 学会有目的地制造2v1情景。
- 记住在运球时要抬头。
- 在成功传球之后，要学会跑向其他空当。
- 当有防守紧迫时，要学会使用直传球或者墙式传球。
- 防守者要学会不断减少3名进攻者的可用空间和时间，同时预判他们的打法，特别是在比赛场地深处时。

纠正训练

使用面向2v2的第9个简单比赛，本章面向3v3的前6个简单比赛以及第55页的传球、接球和射门游戏作为纠正训练。

变化

- 这个变化可以应用到技术更高的运动员身上，标识一个15米×18米的比赛场地，同时将场地分成3个6米区域。有3名进攻者、2名防守者和1名防守替补参加比赛。（对于经验更丰富的运动员，可以采用更小的比赛场地。）分别指定3名进攻者的各自区域，在不可以离开指定的区域的情况下，他们必须在面对2名防守者时保持控球权，2名防守者可以在3个区域的任意一个进行防守。首先，在第一个进攻者的区域里不安排防守者，但是在进攻者触球之后，2名防守者可以立刻对他防守施压，当其中一名防守者成功抢断球，同时连续3次触球或者球出界时，替补（必须使用秒表计时）可以进入比赛场地替代任意一名防守者。在每次尝试中，3名进攻者必须控球10秒（稍后要求控球15秒）。在10次尝试中，10（15）秒控球时间最长的球队获胜。如果只有5名运动员参加比赛，那么获胜的防守者与失败的进攻者交换位置和角色。

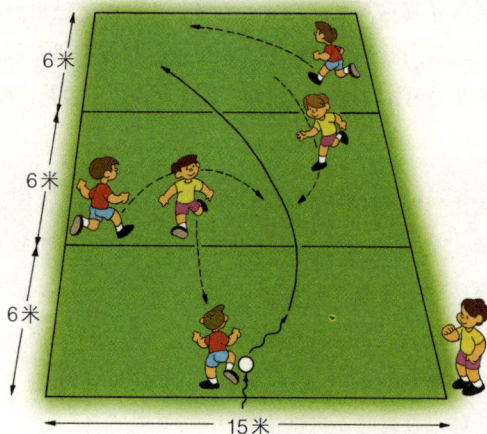

<table>
<tr><td>**第8个**</td><td>简单比赛
三支球队之间直传球</td></tr>
</table>

每个球队由3名运动员组成，三支球队在7v7的一半场地的中线和底线之间进行比赛。在这两个外侧底线区域中，由3名运动员组成的球队面对1名防守者，他们的目标是保持控球权，然后3名队员中的1名必须接球并控球穿过中场，然后传给对面进攻的同伴。3名防守者，1名在第一个区域，1名在中场，而第3名在接球区，他们都必须尽最大努力迫使6名进攻者犯错。

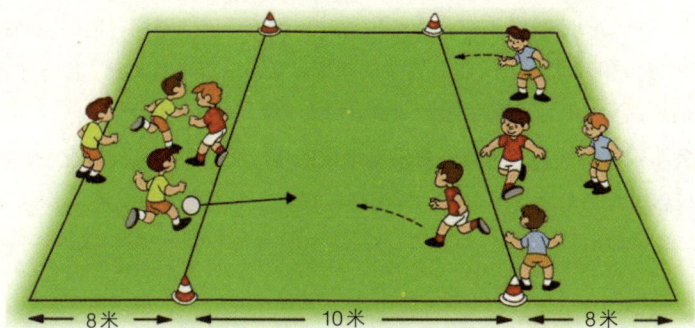

8米　　　　10米　　　　8米

在进攻或防守过程中9名运动员都不可以离开他指定的区域。只有在接球区的防守者预判到进攻传球路线后，才可以跑出指定区域防守拦截。在两支进攻球队的每名运动员都完成5次控球（总共是10次进攻）之后，三支球队之间进行轮换防守角色，能够实现向前锋直传球次数最多的球队获胜。

? 有效提问

成功的直传球需要哪些条件？ 在进行直传球之前，控球球员必须分析比赛情景，以识别可以利用的传球区域；接着，传球员必须与潜在的接球员进行眼神交流来确定他是否可以接球；最后，通过不让防守者意识到的诸如头部或手部暗示动作，潜在接球员必须向传球员传递出他可以在哪个位置以正确的方向和足够的速度接球。

控球球员有三种不同的进攻选择。在哪种情景下，他必须选择哪种行动呢？ 第一个选择是直传球给未被注意到的前锋。如果这种情况不可行，那么运动员可以选择第二个行动，将球传给同一区域中位置更好的同伴。第三个选择是他可以在防守者的防守范围之外运球并用他的身体掩护球，争取到一些时间或者获得不同的传球角度。

在防守区域之外接到长传球时，前锋或中场运动员应该在哪个位置？ 在一侧接球可以让他看到传球员以及他身后的防守者（和球门）。此外，侧身接球可以让运动员不必再转身浪费时间，同时可以更加快速地继续进攻（可以射门）。

何时会出现最佳的长传球时机？ 在从对手脚下抢回球之后就是最佳时机。并且长传球成功的机会更高些，因为大多数对手仍然处于进攻的状态，进攻者尚未被关注。

必须在三个不同的区域参赛的3名防守者各自的作用是什么？

- 第一个区域中的防守者必须减少控球球员的时间和空间，从而阻止他向对面比赛场地的前锋准确传球。基于这样的挑战，他必须迫使控球运动员保持带球。
- 中间区域的防守者可以选择靠近前场的位置，获得更多的时间以拦截速度不够或者不够精准的传球。他可以与在后面接球区域的第三名防守者进行沟通。
- 在中场区域的防守者必须阅读比赛情景并预判长传球的路线，同时阻断接球员的路线。传球员和接球员之间会有很多的暗示，因此，第2名和第3名防守者必须发挥他们的解读优势，学会分析进攻者的这些暗示。

接球员会比较喜欢接高空传球还是沿着地面的传球呢？ 在可能的情况下，向前锋传低平球。高空传球很难控制而且还费时，特别是在有防守者紧逼的情况下。

变化

- 中间区域的防守者可以在3个区域中任意防守。
- 进攻者必须采用传空中球而不是地滚球，培养他们空中接球和控球的技术。
- 当有12名运动员参加比赛时，4名进攻者在底线区域对抗1名防守者，而2名防守者在中间区域拦截传球。

训练目标

- 在执行直传球之前，学会通过余光观察和分析比赛情景以及比赛场地的深度。
- 传球员必须学会与接球员之间进行联系并建立视觉沟通，当接球员做好准备之后再进行准确传球。
- 学会隐蔽传球的方向。
- 防守者不可以让进攻者有足够的时间思考和准备他的打法。
- 学会预判或分析对手的打法。

纠正训练

可以采用针对2名运动员组成的球队的第5个、第9个和第10个简单比赛以及十项全能的3个训练来提高防守者的防守能力，同时指导进攻者学会掩饰传球方向。

第9个	简单比赛 **2个宽球门的3v3比赛**

　　运动员可以使用半场的底线和中线之间的场地进行比赛。在两条线的位置设置球门（如下面插图所示的场地大小和人员配置）。进攻者必须运球穿过对方的球门线才可以得分，要充分利用场地宽度。

　　比赛持续时间：共分4个回合，每个回合3分钟。

40米

20米

 有效提问

　　面对3名对手防守的球门线，3名进攻者应该如何控球呢？ 3名进攻者必须组成三角阵型并且要确保足够的进攻宽度和深度。通过这种方式，他们可以在防守者之间制造足够的空间从而提升他们的优势。进攻者必须一直留意制造2v1情景，同时避免1v1情景给对手提供反击的机会。

　　哪一种传球是控球球员的最有效传球？ 为了鼓励控球球员加强直传球，同伴必须主动在防守者身后接球和射门。在简单比赛中没有诸如7v7足球比赛一样的13米线越位设置。

　　前锋以怎样的方式接球？ 运动员最好假定一个侧面接球的位置，这样他就可以连续快速地进攻。并且这个位置可以让球员更好地进行观察，特别是在比赛场地容易射门得分的位置。

　　在罚任意球时，运动员必须思考哪些方面？ 运动员必须尽可能快地发出任意球（特别是在对于未被注意到的时候），突袭对手或者运动员可以非常慢且细心地研究所有可以传球的选择。

　　何时开始加速进攻以及何时必须减缓进攻？ 进攻加快节奏总会有所预示的。当出现人数优势（例如3v2）或者在控球球员身前面出现空当时加快速度。当同伴处在越位位置时，或者没有同伴提供最佳的传球机会，或者当大多数同伴都筋疲力尽时减缓进攻速度。

一般情况下，可以在比赛场地上的哪些位置发起进攻？一般情况下，当在对手半场的空间里时可迅速发起进攻，有目的地使用长传、平快球来利用这些空当，实现"战术转换"。

成功掷出边线球的关键是什么？掷边线球不要过于冒险，在可能的情况下，必须在对手未能注意到接应的运动员之前快速掷出边线球。在7v7比赛中，进攻者和防守者必须清楚在掷边线球时没有越位的规则限制，这可以被认为是进攻球队的优势之一。

防守者应该怎样盯防未控球的对手呢？防守者必须总是站在对手和球门之间，同时要比对手稍微靠近球门一些，防守者从这个位置可以同时观察球和对手。

防守者应该怎样选择自己与运球突破的进攻者之间的位置呢？防守者绝不可以直接面对进攻者，因为这样会给进攻者提供从任意一侧突破他的机会。防守者最好侧身面对进攻者，这样防守者就可以跟着进攻者跑动，同时将他引到预期的位置（例如朝边线或者协防同伴的跑动方向）。

在面对1v1情景时，防守者必须思考哪些因素呢？防守者必须总是用脚尖部位发起抢断，同时维持身体重心并将体重平均分配到两条腿上保持平衡，运动员两腿分开的距离不可以超过肩膀的宽度而且必须双腿前后站位。当球距离进攻者脚下较远时，他必须降低重心随时做好拦截抢球的准备，必须突然且非常快速地拦截抢球。同时不要失去整个身体重心，这样可以避免运动员错过第二次的抢断机会。在仔细观察球（不是对手的腿）的同时，运动员应该能看到其他的对手，以及最接近球的同伴。如果成功完成抢断球，那么运动员必须尽快地从防守模式转换为进攻模式。

最靠近1v1情景中的同伴的防守者应该怎样做？在关注他的个人对手的情况下，防守者必须预判同伴可能出现的错误。同时，在第一名防守者的身后进行协防。

防守者何时必须紧逼对手以及何时必须留意空当？根据防守者和进攻者之间的距离的不同。当球很接近时（可能少于15米），那么防守者必须紧逼对手，而且对于进攻者的关注程度要比球门还更重要。当球距离比较远时，盯防的程度可以稍微放松些，这样防守者就可以在空当中拦截直传到对手脚下的球。

变化

- 在控球穿过对方球门线之后，进攻者必须快速向身后11米远的中立守门员防守的足球球门射门来完成进攻。
- 比赛也可以设置4个球门（每个球门5米宽）。两名运动员分别站在相距10米的球门处（如下页插图所示），进攻者必须运球进入对应的球门或者射门。

训练目标

在进攻中，运动员要努力做到如下目标。

- 清楚在不控球的情况下该做什么，也就是让自己在防守方未控制的区域中做好接传球的准备。通过这种方式，控球的运动员可以选择运球向同伴制造的空间渗透或者传球。

- 以三角阵型进攻，确保宽度和深度。
- 当运球时，必须观察对手和同伴的行动，从而做出正确的决策。
- 避免暴露下一步动作。
- 带着责任进行每一次进攻，任何错误都可能导致对手得分。

在防守中，运动员要努力达到如下目标。

- 在防守中没有任何运动员是休息的，相反，他们都必须像投入进攻一样投入防守。因此3名防守者始终要保持积极主动。
- 根据球门的宽度调整防守阵型的宽度。
- 在对三角阵型的防守中要一直对控球球员进行紧逼和协防。
- 以自己想要的方式引导进攻方向，接着在这个区域与自己的防守同伴一起防守球。
- 尽可能地延缓抢断球直到确保获得同伴的支援。
- 在每次完成反击之后，记住要在对方半场完成防守（集中精力完成任务）。
- 能够在对方防守者建立"人墙"之前快速完成发出任意球。
- 在其他防守者的帮助下或者在没有其他防守者的帮助下，向在对方球门的第3名同伴准确且快速传球来发起快速反击。
- 在3v2的进攻中注意掩饰长传或其他传球的方向。

纠正训练

选择之前的任意简单比赛进行训练。

第10个　简单比赛
在3v3中传球通过任意球门

使用足球比赛场地的半场，在比赛场地边界向里5米位置设置4个球门（每个2米宽）

（如下面插图所示）。在比赛场地中间抛球开始之后，两队的运动员可以通过4个球门的其中一个将球传给另一名同伴，在球门后面成功接球得分，但不可以在同一个球门连续两次传球得分。所有的任意球必须在距离最近的球门至少5米远的位置。在完成了两个球门的进球得分之后，所有的运动员可以休息2分钟，在休息的时间里他们可以探讨打法。

有效提问

在获胜球队身上可以期望看到哪些特质呢？

- 为了获胜，运动员必须减少带球。首要目的是要一直保持控球权，第二个目的是从任意4个球门的其中一个将球传给同伴。
- 为了避开对手，运动员必须不断地改变速度和跑动的方向。
- 球队必须在进攻和防守中进行很好的沟通。
- 为了赢得比赛，除了高水平的体能（速度、耐力和灵敏）之外，还需要观察、感知和行动能力（洞察力、决策制定和动作完成能力）。

变化

- 1名中立的运动员可以与其他控球的球队一起比赛。
- 可以与4个运动员组成的球队进行相同的比赛。
- 除了传球，还可以通过运球穿过任意4个球门。

也可以在Mini足球场地上进行这个比赛，比赛的目的是在场地中间的任意区域通过4个球门的其中一个传球给同伴。

训练目标

- 提高在无球的情况下的战术打法，同时与球队同伴合作调整他们的行动。
- 能够不断地改变跑动的速度和方向（带球或者不带球），为下个动作获得时间和空间。
- 插入防守者的身后空当，同时发现防守较为薄弱的球门（在成功传球之后必须改变位置）。
- 最大限度地减少运球，同时同伴之间要快速传球。
- 创造直接传球或者墙式传球的机会。

纠正训练

查看第3个简单比赛中针对两个运动员组成的球队（有4个球门组成的2v2比赛）的纠正训练。

第11个 简单比赛
传中练习

将足球比赛场地分成3个区域，两边的区域为10米宽而中间的为25米宽。每个球队进攻一个球门，球队的运动员必须一个在右翼一个在左翼位置，而第3名运动员在中间的区域位置，当中锋将球传给他们的一名边锋时，边锋必须在他的区域里面接球。在完成控球之后，边锋在没有任何对抗的情况下运球向前到达禁区位置。传中给中锋或另一侧边锋，在到达禁区附近与禁区内中锋平行位置时传中。中锋包抄至第一门柱时，头球射门，另一边锋可以包抄至第二个球门柱头球射门。两个球队以相同的进攻阵型进行3分钟练习。当两个球队交换位置直到每名运动员在3个位置都完成了练习，接下来就可以举行比赛了。当所有的运动员在中锋位置完成10次练习时比赛结束，在进攻中头球射门得分最多的球队获胜。

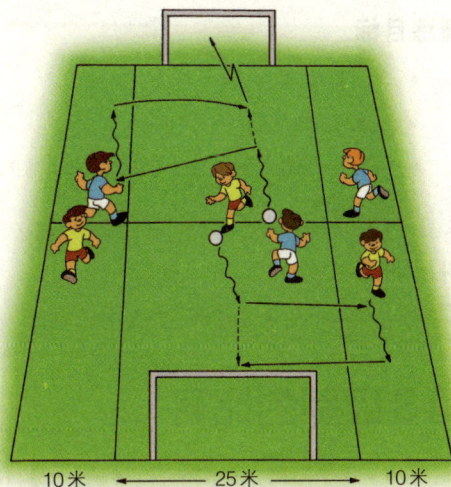

❓ 有效提问

传中球的运动员任务是什么？

- 边锋必须能够在合适的时机将球传到门前 8~10 米的位置，从而让守门员更难完成防守任务。
- 低弧度和高速度的传中球更具威胁时，而高弧度需要更多时间才能到达中锋位置导致传球比较容易被拦截。

头球射门的运动员必须思考哪些方面呢？ 在头球射门之前，运动员必须分析球的速度、旋转、传球的高度、球的弧度及落点，任何错误的视觉评估和决策都不可能成功完成头球。

在可能的情况下，进攻者必须迎着来球跑，给头球提供更高的速度，清楚在球门前面获得最佳位置的方法以及应用头球的技巧。

变化

- 运动员使用健身球或 3 号球练习准确传中和头球。
- 教练允许边锋在跑动中以定点球方式传中。
- 比赛中有守门员但是不允许出击防守。
- 守门员在比赛中没有具体的限制。
- 经验比较丰富的运动员也可以参加这个比赛的练习，同时将防守者标识为其他两名进攻者中的一名。因此，边锋必须决定向哪一名进攻者传球：向中锋或者对边的边锋。

训练目标

- 学会传中球。
- 积累头球经验。
- 学会在开始准备头球之前判断球门前的理想位置。
- 学会在执行头球之前跑向来球。

纠正训练

查看前两个变化，了解有益补救活动。

第 3 级别的比赛

4v4 三项全能和 7v7 比赛可以进一步挖掘 10 岁及其以上运动员的潜力。

4v4 三项全能

在训练课程中包含定期的三项全能训练，提高运动员分析和反应更加复杂情景的能力以及应对参赛人数增加的比赛。下表显示了组织三项全能比赛的方式。在这个例子中，代表亚洲和澳大利亚的球队对抗代表欧洲的球队直到最终决出获胜球队，每场比赛相对应的空白区可供教练记录成绩。

亚洲/澳大利亚 vs 欧洲

球队	韩国	澳大利亚	乌兹别克斯坦
运动员姓名			

球队	法国	荷兰	爱尔兰
运动员姓名			

第一场比赛得分：运球穿过对手底线（3×3分钟）		第二场比赛得分：中场长传转移（3×3分钟）		第三场比赛得分：射门、防守和反击（4×3分钟）	
韩国—法国		韩国—荷兰		韩国—爱尔兰	
澳大利亚—荷兰		澳大利亚—爱尔兰		澳大利亚—法国	
乌兹别克斯坦—爱尔兰		乌兹别克斯坦—法国		乌兹别克斯坦—荷兰	

最后结果：亚洲/澳大利亚＿＿＿＿＿　欧洲＿＿＿＿＿　技术代表：＿＿＿＿＿＿

注意：在三项全能训练中，不能改变球队的组合。

1. 运球穿过对手底线

每个球队由4名运动员组成。两个球队各自使用足球比赛一半的场地，在底线和中线之间进行比赛。两支球队必须尝试在对手的底线任意位置控球，在场地中间抛球开始比赛。运动员必须站在距离底线至少4.5米的位置踢任意球或者掷边界球。

比赛持续时间：共分3个回合，每个回合5分钟。

2.中场长传转移

在足球比赛场地的越位线和中线之间进行比赛。在比赛场地的每个底线可以使用锥桶标识3米宽的球门，相邻球门柱相距25米。两个球队在中场抛球开始比赛。在不可以离开中场区域的情况下，每个球队必须传球穿过对手的两个球门中的一个。要确保有大量的备用球可供训练。

比赛持续时间：共分3个回合，每个回合3分钟。

3.射门，防守和反击

同样，只是用7v7足球场地的一半，在中线的侧翼位置用锥桶设置两个临时的球门。在中间抛球开始比赛，一个球队进攻固定的球门，另一个球队防守临时球门，防守者可以通过长传转移向两个球门中的一个射门。

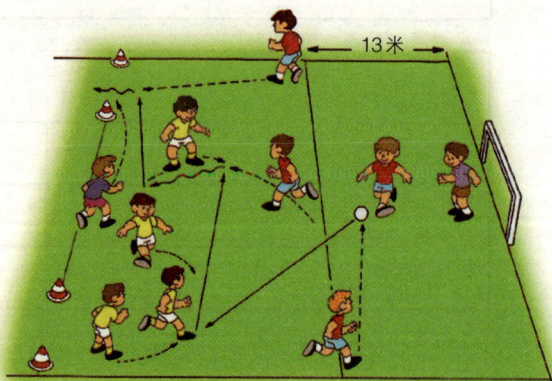

关于其他的规则，可以参考和使用本章下个章节所提供的足球规则，在固定的球门区域最好使用中立的守门员，每隔3分钟，进攻者和防守者必须交换位置和角色。

比赛持续时间：共分4个回合，每个回合3分钟。

7v7足球比赛的规则

这些都是7v7足球比赛规则。如果这里的规则不适应于你和你的运动员在比赛中所面对的情景，那么可以应用正规的足球比赛规则。

场地

7v7 足球场地是一个长 50~65 米，宽 30~45 米的长方形，正规大小的足球比赛场地是这个比赛场地的三倍，下图显示了所有的测量数据。

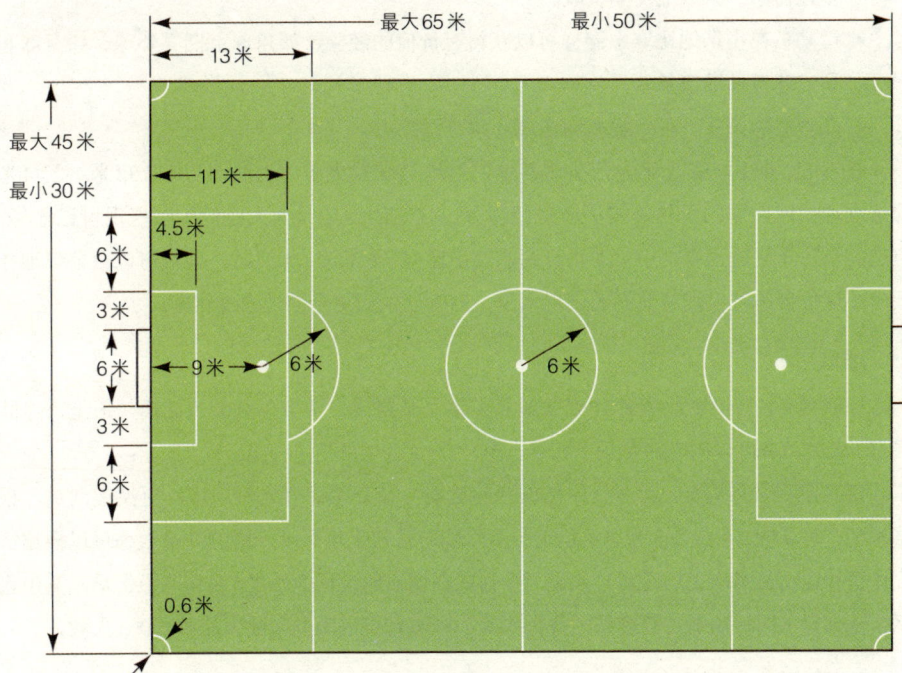

这个比赛场地大小适合青少年足球运动员的生理特点。事实上，这些测量数据综合考虑了以下的几个比赛因素。

（1）身体准备。

- 大多数的比赛都是在有氧状态下进行的。
- 频繁地，进行短距离冲刺，改变方向、节奏，跳跃和急停。
- 对青少年运动员的协调能力有更高的要求。

（2）技术准备。

- 运动员必须经常触球，培养自身的基本技术。
- 运动员接触到的比赛情景复杂性较低，因此增强了自信心，从而使他们变得更加的主动，更能发挥他们的想象力和创造力。
- 这个足球版本包含常见的标准比赛情景，例如，在任意距离或者角度射门，有目的地使用 2v1 进攻情景。

（3）战术准备。

- 运动员在防守中可以很容易对进攻者进行协防，因为进攻者只占据了很小的空间。
- 进攻中，运动员不断改变向前的进攻，采用更多的墙式传球或者一脚传球，同时更多地在第二条线上发动快攻。
- 运动员在小场地比赛中同样可以获得有价值的经验，如角球、掷界外球、任意球和罚点球等标准情景。
- 在理想的条件下可以提高沟通技巧和协调能力。

在7v7比赛中，青少年守门员比其他的运动员受益更多，当他们防守7.32米×2.44米的标准球门时，守门员始终担心被射门得分，这是因为球门太大他们无法展现自己才华。但是，当防守更适合青少年运动员身高的较小球门（6米×2米）时，他们可以更自信地扑救球，这种自信可以提高他们的表现水平，同时让他们更全面地享受比赛。

球队

球队由9名（最少）或者10名（最多）运动员组成，两支球队参加比赛。但是，球队只有7名运动员可以同时在赛场上比赛，其中一名运动员是守门员。

每队至少必须有5名运动员才可以开始比赛，在开始比赛之后，可以更换运动员，根据规则，每队的2名或者3名后备运动员可以随时替换上场，唯一的例外是教练可以根据情况让替补运动员多次上场比赛，如果一个球队在比赛的过程中不足5名运动员上场，其中包括被裁判罚下的运动员，教练必须终止比赛，同时宣布运动员人数少的球队0-3失利。

持续时间

共两个回合，每个回合25分钟，中场休息5分钟。如果举行淘汰赛，那么几场比赛可以在同一天举行，比赛的持续时间减少为两个回合且每个回合为20分钟。

技术规则

除了正规越位规则之外，可以在7v7足球比赛中，在对方球队13米禁区中设置一条越位线。正规规则中所有越位条件仍然有效，犯规会受到任意球的处罚。

器材

运动员必须使用4号球，球的周长介于63.5（最小）至66（最大）厘米，一开始使用的球的重量介于340至390克。

所使用的球的大小和重量必须适合青少年运动员的身高和体能，这样运动员才可以更好地控制球，之所以这样说，是基于以下原因。

- 它有利于传球和射门，因为4号球的大小和重量适用于脚较小且力量较薄弱的青少年运动员。

- 在运球或接球时，青少年运动员不需要像使用标准尺寸的球一样将脚大幅度地抬高，因此，使用合适的球可以让运动员保持平衡。
- 在与对手对抗或者采用佯攻时，可以（通过较小球）鼓励青少年运动员做假动作或者进行穿裆传球。
- 他们可以避免使用传统足球规则所养成的一些坏习惯，使用正规的大场地足球规则，青少年运动员会养成使用脚尖解围或射门的坏习惯，在稍后也很难改掉。
- 使用4号球可以鼓励青少年运动员更多地使用头球（用头部触球），并且还可以显著地提高技术，因为运动员不会对冲击力感到害怕而闭上眼睛。

裁判

为了在青少年中培养他们成为裁判的兴趣，最好是在7v7足球比赛中使用年龄小于20岁的青少年当裁判。裁判必须使用之前阐明的规则并且必须非常熟悉这些规则。

7v7足球比赛的优点

国际足球联合会的大多数成员国很少使用7v7足球比赛，这里所提供的信息将阐述促使几个国家抛弃传统比赛，同时向10~11岁青少年运动员引入7v7足球比赛的几个原因。7v7足球比赛是一项根据青少年身心能力量身定制的比赛。

（1）所有的运动员都可以更加频繁地接触球，因此可以更好地学习传球、运球、接球、过人、射门和抢断等技术。

（2）提供更多的角球和9米点球的机会，这样青少年运动员可以获得更多标准比赛情景的经验。

（3）比赛场地上的运动员人数比较少（14名，而不是22名），因此在做出正确决策之前不需要处理太多信息，这样有利于每名运动员理解比赛，运动员在任何时候都可以触碰到球，因此，他们都必须将精力集中在下一个动作上。

（4）每个球队的运动员都比较少，因此可以很容易地在比赛场地有限的空间内定位好每名运动员的方向和位置，这样可以在球队中提高沟通和协作技巧，从而可以很容易地将运动员整合到球队中。

（5）在整场比赛过程中前锋和其他同伴之间的距离比较短，同时还可以经常看到位置交换，这样可以避免位置上的专业化过早的出现。7v7足球比赛的要求比11v11足球比赛的要求更加多样化。

（6）只与7名运动员进行比赛时，很少进行破坏性和野蛮的对抗，因此，相对于11v11比赛中经常发生的较复杂情景，运动员可以更容易处理球。

（7）相对于大场地的比赛，可以更容易地掌握重要的空间和时间参数。

（8）在7v7足球比赛中，因为有较少的运动员而且场地较小，因此每名运动员在心理上都可以更好地准备比赛，分析场地，制定决策和执行动作。

（9）因为7v7比赛中的比赛情景比较简单，所以，10~11岁的运动员不需要依靠教练给予更多反馈，他们能够自行纠错。因为这个年龄阶段的运动员在进行完整比赛时会变得依赖教练。

（10）7v7比赛可以很容易发掘天才，因为教练可以相对清晰地看到运动员的优缺点。

（11）比赛持续时间越长，技术较薄弱的运动员的贡献变得更加重要，因为他才刚刚参与比赛的最初部分。技术较弱运动员参加7v7比赛比参加11v11比赛取得的进步更明显，因为他们在后者中几乎只是一名观众。

（12）因为守门员能够更多地参与比赛，因此他们同样也会取得更多的进步。

（13）相对于11v11足球比赛，缺乏经验的教练负责较少运动员参赛的球队，可以更好且更容易地完成任务。

（14）7v7足球比赛会成为年龄小于20岁裁判的学习圣地。只涉及少数规则且只有14名运动员在限定的比赛场地上比赛，负责这样的比赛相对于控制正式的比赛要容易得多。

本章所提供的各种活动可以让运动员学到很多内容。随后将提供关于球队在7v7足球比赛中实现良好表现的相关内容：青少年守门员的培养（第8章）。

青少年守门员的培养

"明天的成功是建立在今天的准备之上的。"

威廉·奥斯勒（William Osler）爵士

很少有教练接受过守门员训练，因此，他们在训练守门员方面的知识也是有限的。并且相对于其他位置球员，很少有教练会对这个重要运动员的训练给予足够的重视——即使每个人都知道守门员的表现决定着一场比赛的胜负。其他球员可能有机会弥补赛场上所犯的错误，而守门员一旦犯错，一般都会导致失分。

虽然现代足球要求所有运动员都要掌握全面的技术，但是必须将守门员当作是球队中唯一的专家一样对待。相对于其他球队成员，守门员防守相当小的范围，而且还是唯一一名允许用手触球的球员。因为守门员的独特作用和重要性，所以必须特别重视对他的培养。

守门员简介

守门员对比赛结果的巨大影响往往将其置身于决定比赛战况的核心位置。精彩的表现可以得到每个人的祝贺，但如果表现不是令人很满意，那么守门员也会受到严厉的训斥，这就是为什么守门员必须是一名非常冷静的运动员。守门员必须通过积极的自我暗示和频繁的训练来提高能力，同时不断提高自信心。

守门员必须向其他同伴传递或者流露出冷静和自信，从而对他们的表现产生积极的影响，另一方面，守门员的个性和自信也会对对手产生一定的影响。

当守门员感到不安、表现紧张或决策犹豫时，这些糟糕的表现无疑会对其他同伴产生负面的影响。球队的防守者以及进攻者由于担心自己球门的安全很可能都不愿意冒险进攻，并且还可能会害怕进攻。这就是为什么一个拥有优秀守门员的普通球队可以获胜，或者至少可以与守门员技术较弱的强队打成平局，因此，检验守门员的基本素质非常重要。

速度

守门员最重要的体能是速度——反应速度、加速能力、爆发力和肢体快速移动能力，具备这些速度能力的运动员可以挡住每小时130千米以上的高速射门，或者拦截带球接近球门的进攻者。但是，速度并不是必须关注的唯一能力，本章所描述的关于能力方面的内容还包含了良好的协调性和灵活性，以及其他的各种重要素质。

精准决策

守门员必须有效地利用在对手射门之前的相关信息，这样才可以发挥速度的优势。换言之，守门员必须通过对手之前的动作预判最后的进攻结果。守门员的洞察力是建立在扎实的知识和对比赛的了解程度之上的。守门员对比赛的分析能力决定了他的反应速度。守

成功守门员的品质

体能

- 减少反应时间的能力。
- 快速行动的能力。
- 爆发力。

协调能力

- 平衡。
- 各种动作组合的能力。
- 敏锐的方向感。
- 良好的节奏感。
- 空间和时间感。

情感能力

- 专注。
- 进取精神（遵守规则的情况下）。
- 勇气。
- 在充满压力的情况下保持冷静和自信。
- 理性。
- 领导力。

感知能力

- 视觉灵敏度。
- 视觉优势。
- 视觉的宽度和深度。
- 余光观察。
- 视觉反应时间。
- 预判。
- 在球由中场接近球门时，识别、理解和预判比赛发展的能力。
- 视觉记忆。
- 视觉动作评估。

门员的经验和知识越丰富，他们就越能够发现最重要的相关信息。高水平守门员比能力较弱的守门员具备更好的观察能力。能力较弱的守门员往往只关注球，较少关注跑位球员的位置及动作，因此，作为球队重要角色的教练需要引导守门员关注相关信息资源。

考虑到守门员的大部分工作都是关于心理调节和判断（两者都源于经验），因此，青少年运动员所犯的大部分错误不是由他们的技术造成的，而是因为决策失误。经过充分的技战术和体能训练才能成为优秀的决策者。注意力分散、糟糕的洞察力、缺乏决心或者缺乏知识都会导致决策的失误（来自糟糕的训练课程）。经过较高水平的训练之后，青少年运动员必须学会快速处理所有的相关信息，同时选择最佳的反应动作。

对于守门员来说，战术训练被认为与技术训练同等重要。然而守门员的年龄越大，战术训练将更多地代替技术训练（开始并不需要进行决策制定）。14岁及以上的守门员必须通过有针对性的简单比赛，系统地接触大量不同的问题来提高运动表现。通过这些比赛，他们可以学会在几种可能性中选择最有效的行动。

勇气

除了保持冷静和适当的攻击性之外，守门员在比赛过程中还需要有勇气和决心。特别是在1v1情景中面对近射或角球时，守门员控制身体激活水平的能力能够最大限度地减少犯错。研究证明，在较高的身体激活水平下会导致糟糕的表现，特别是在解决问题和决策制定的认知方面上更加明显。每名守门员在比赛中都会面对15~25次的高压情景。在这些情况下，运动员任何小的错误都可能会改变比赛的结果。换言之，每个人都希望自己是一名完美的运动员，而守门员必须生活在这种期望中。为了面对这种挑战，守门员必须控制内心的比赛，其中包括积极的自我对话（例如，"今天是我的幸运日！""我是最棒的！""没有人能够从我这里射门得分！"）。当距离球较远时，守门员必须做一些基本的技术或热身活动，让身心做好下一次决策性动作的准备。

守门员的训练技巧

为了获得最佳的表现，守门员应该在训练课程中练习在其他位置的战术打法，这样有利于他们的心理和身体素质的提高。此外，守门员可以在禁区外的训练中体会到类似于进攻者尝试战胜对方防守的最后一名球员所面对的各种压力和困难。无论作为防守者还是进攻者的体验都可以让守门员增加经验。前6年在Mini足球场地上完成训练的守门员（同时防守两个球门）比按照传统方法训练的守门员具备更高的洞察力和更丰富的知识。相对于接受主要以掌握技术为基础的传统训练课程的守门员，合理且渐进地主动参与比赛会使他们思维更加敏捷，同时可以提高他们对对手的战术打法的预判能力。

　　理想条件下，必须由专业守门员教练（之前是经验丰富的守门员）指导和监管守门员的专项训练，但是，在大多情况下，守门员教练并不清楚如何将守门员与防守者相互连接起来——将守门员和整个防守体系逐渐整合为一体是一项重要的任务。

　　专项的教练会通过各种不同的练习和比赛来训练守门员。青少年守门员必须通过各种练习和比赛不断积累知识和经验以解决比赛中常见的问题，并让他们在面对各种特定的情景时可以做出正确的选择。青少年运动员还必须学会以必要的速度、灵活的肌肉和稳定的关节完成正确的技术。此外，此类训练所培养的守门员能够以命令的口吻指挥和领导同伴。守门员学会使用清晰的指令（"我的！""躲开！""踢出去！"）创造有效的指挥，最后，有追求的守门员还要学会使用积极的评价鼓励同伴。

　　可惜的是，经常可以看到很多青少年球员都是由于在禁区之外的表现受到限制之后突然决定成为一名守门员。但只有当球员在这个特殊位置表现出某种天赋时，教练才应该鼓励他成为守门员。除非他表现出守门员这个位置上某种预期水平，否则他难以成为优秀的守门员。

"没有实践就是在浪费人才。"

——列奥纳多·达·芬奇（Leonardo da Vinci）

守门员培养模式

　　守门员的培养模式包含4个级别，第182页的图表说明了各个级别。

基本站姿

　　基本站姿就是准备姿势，这是守门员在动态干预比赛之前所采用的姿势，下面的技术建议有利于提高守门员的成功率。

- ➤ 总是前脚掌着地移动。
- ➤ 保持平衡，双脚与肩同宽度分开站立，同时手臂和手抬起到腰的位置。
- ➤ 保持重心均匀分布到两条腿上以避免脚步错乱。
- ➤ 保持膝盖超过脚尖。
- ➤ 膝盖稍微弯曲做好跃起扑救的准备（大腿和小腿呈110度~120度）。
- ➤ 躯干稍微向前倾斜保持平衡。
- ➤ 将注意力主要集中在球上，同时注意同伴之间的位置。
- ➤ 球距离球门40米以上时，可以轻松一些，在对手射门之前快速进入基本站姿。

第 1 级别
有进攻者或没有进攻者的练习和比赛（在预知情景之下学习基本的技术）

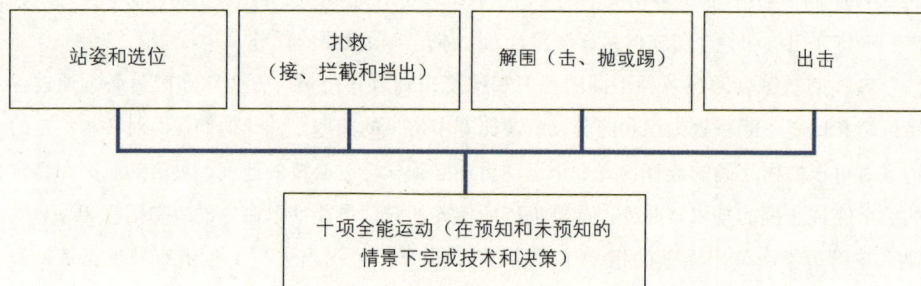

站姿和选位	扑救 （接、拦截和挡出）	解围（击、抛或踢）	出击

十项全能运动（在预知和未预知的
情景下完成技术和决策）

第 2 级别
有两名或更多进攻者的练习和比赛（在变化的情景之下巩固技术和决策能力）

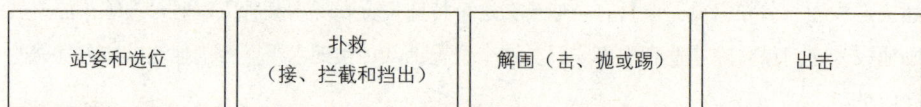

站姿和选位	扑救 （接、拦截和挡出）	解围（击、抛或踢）	出击

第 3 级别
有进攻者以及一名或两名协防者的练习和比赛
（在预知和未预知的情景中提高技术和决策能力）

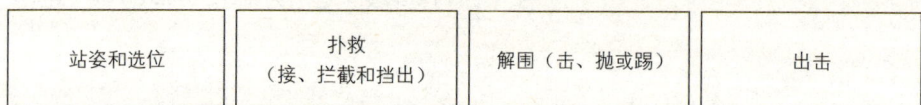

站姿和选位	扑救 （接、拦截和挡出）	解围（击、抛或踢）	出击

第 4 级别
经常有守门员的简单比赛（在未预知的情景中掌握、执行正确决策）

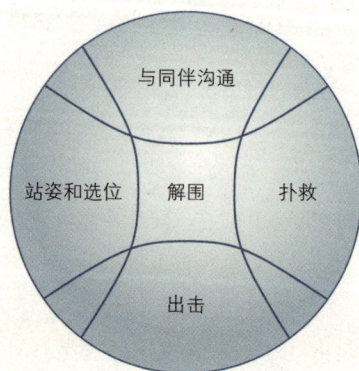

与同伴沟通

站姿和选位　解围　扑救

出击

守门员的培养模式。

选位

守门员需要培养的一个重要能力就是通过选位来减小自己移动拦截球的范围。找到与带球的进攻者和球门柱两者之间的最有利位置，可以有效减少守门员拼命扑救和最后一搏的次数。优秀的守门员可以让球看起来好像总是直接朝他们身上踢去一样，他们的每一次救球看起来都非常的容易。经常使用类似高难度跳水动作的守门员并不是最优秀的运动员，因为他们的选位战术是错误的。相反地，有经验的守门员一般都会采用很好的选位，因此他们几乎不需要做出跳水或飞跃的高难度动作。

大多数守门员都会觉得站在或者非常接近球门线的位置是非常适合的。但是，目前越来越多的比赛迫使守门员在远离球门线的位置掌控比赛，甚至有时候还要充当清道夫的角色。大多数守门员是沿着球门和球中间的假想线移动拦截球的。当沿着这条假想线向前封堵带球的进攻者时，守门员会达到一个他可以防守整个射门角度的点，在这个点上，守门员不需要使用大范围的移动便可以完成动态救球。当守门员离对手越近时，进攻者可以用于射门的时间会越少且射门的角度越小，但是此时，守门员离开球门和球的假想线越远，他干预的成功可能性就越低。

站姿和选位练习

（1）第一个练习帮助缺乏经验的守门员想象球门柱与带球进攻者所构成的三角形。教练站在11米线（在7v7足球比赛场地上）或16.5米线（正规的比赛场地上）的任意位置上。将两条绳索（长绳）绑在球门柱上，每根球门柱绑一条绳索，同时两条绳索的另一端都绑在教练的右脚踝上。根据教练沿着16.5米线的移动，守门员可以调整他的位置。守门员要保持站在平分射门角度的假想线位置上，同时必须尽可能朝前跑动，让右脚接触右边的绳子，同时左脚接触到左边的绳子。与此同时，守门员可以张开双手控制两边的空间。如果守门员的双脚无法触碰到绳索，那么守门员就会知道他的选位是不对的。糟糕的选位会给进攻者提供足够的射门角度。

（2）一名球员沿着禁区线运球并不断改变球的方向，同时，守门员以准备姿势站在球门外面3米并且平分射门角度的线上，并且还必须根据进攻者跑动的方向和速度而移动。守门员教练必须站在球网的后面仔细观察和分析守门员的选位，

同时在必要的时候纠正站位。

（3）在距离禁区线不到2米的位置放置5个球（如本页第1个插图所示）。一名运动员一个接一个地射门，为了给守门员足够的时间选择正确的位置并扑救，进攻者必须在每次射门之后跑出禁区然后返回才能进行下一个球的射门。

变化

● 指定第2名进攻者在接近守门员的位置（5~6米）进行相同的练习。第2名进攻者的首要任务是接住守门员或门柱回弹的球，同时也可以补射得分。

（4）在禁区两端的两名进攻者在相距8~12米的位置互相传球。同时，守门员必须根据球的位置调整自己在球门的位置。两名进攻者的其中一名必须在守门员站在最佳的救球位置之前突袭射门。

（5）这个练习有4名运动员和1名守门员参加。1名进攻者在球门的任意一边将球从底线传给在禁区线上的同伴。接球的球员可以在第一时间射门，也可以将球传到底线位置或一侧至少距离5米的同伴。这样做的目的是任意一名进攻者都可以突然向守门员射门。在这个练习中，守门员的目的是训练正确的选位，从而缩小射门的角度。

（6）教练必须站在球门后面观察比赛，并给出可视信号开始练习。6名运动员站在11米（或6.5米）线的不同位置进攻，接着进行快速射门。要向守门员及时反馈所观察到的任何选位问题。守门员的任务是在射门的瞬间总是可以让自己站在射门角度的平分线上。所有的进攻者都面向中线时，守门员的这个任务是可以很容易完成的。因此，在教练叫到运动员名字时，进攻者必须快速射门，这样守门员就几乎没有时间在球门区调整出正确的选位或展示出最佳的准备。随着守门员能力的提高，教练可以通过缩短喊出进攻者名字的

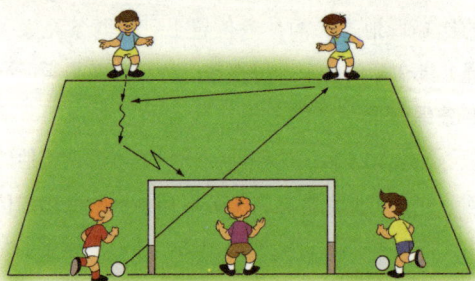

时间间隔来进一步减少守门员的反应时间。

（7）5名运动员绕着直径为18.3米的圆形足球比赛场地站好。他们的目的是从圆圈外面传球穿过任意三个5米的球门，这些球门设置在圆圈的中心并构成三角形（如本页第1个插图所示）。守门员同时防守这三个球门并根据球的位置从一个锥桶球门跑到另一个锥桶球门。守门员一直保持碎步移动，同时不断地观察球的轨迹。这个训练会迫使守门员身体重心移动，并选择最佳的选位，从而避免5名进攻者射门得分。显然，守门员采用大跨步的方式移动是不适合这个训练的。

（8）右边锋（或左边锋）在运球穿过一对放置在距离底线大约3米的锥桶（球门）之后，边锋可以向中锋或者另外一名朝着第二根球门柱包抄的边锋传球，不管谁接住传球都可以在第一时间射门或者头球射门。在这个练习中，守门员必须在不完全离开球门的情况下不断地展现最佳的选位战术。当守门员防守边锋传中时，他首先要封堵近门柱射门同时还要能够快速回到球门的中心位置。边锋永远不可以让守门员看出他是否会射门、采用假动作射门还是传中。守门员只有学会快速转换位置，才可以面对两名前锋的进攻，避免对手射门得分。

提高反应速度的练习

为了提高守门员的反应速度，可以使用比较轻的球，这些练习特别适合使用4号球。

（1）2名进攻者站在小禁区线位置，他们目的是垫射由第3名进攻者的射门。第3名进攻者可以直接射门突袭守门员但不要再传给同伴。

（2）守门员背身防守时，教练以不同的速度和高度射门，只有当教练喊守门员时，守门员才可以转身注视球、扑救或将球击出禁区。

（3）教练在球门后面的位置向3名进攻者的其中一名发出可视信号。3名进攻者都站在禁区里面控球并且距离球门的位置各不相同。接到信号的运动员进行射门时，守门员必须做出最佳的正确准备姿势以防止进球。教练应及时向守门员提供反馈。

（4）教练站在球门后面，向两名进攻者发出可视信号。两名运动员控球站在距离球门35米的位置，同时以相同的速度朝禁区运球，两人之间必须保持至少8米的距离。当他们进入到距离守门员防守的球门不到20米的位置时，通过信号（守门员不可以看到信号）让他们进行射门。一名进攻者射门，而另一名进攻者做回弹球的补射。

（5）使用7v7足球比赛球门，同时守门员只可以躺在球门柱外面的地面上。一名进攻者从禁区以外6米的位置运球进入禁区后射门。当运动员开始进攻时，守门员必须从地上站起来跑到球门内，做好准备姿势，并可以尝试扑救球。进攻者（可以是另一名运动员）有4次在进入禁区不超过2米的位置射门的机会。守门员必须在两根球柱旁分别进行两次防守。

救球

在足球比赛中，守门员经常采用的干预方式就是接球。然而，守门员也可以采用拦截或击球的方式救球。一般情况下，守门员可以通过接球（不管是空中球还是地面球）来减小球的整体速度。守门员不仅可以使用手还可以使用躯干或双腿设置屏障。

以下是三条在空中或地面接球的指导原则。

（1）尽可能让身体在球的后面。

（2）在胸前接球。

（3）缓冲球速。

不管有没有飞身接球，守门员在获得了控球权之后可以继续采取进攻行动，例如，精准地抛球或将球踢给同伴。

成功救球之后，守门员可以选择将球抛给或踢给同伴。如果没有时间双手接球，那么在不控球的情况下，将球击出横梁或门柱是守门员最难掌握的技术之一。在球到达守门员身体水平高度之前，不管是地面接球还是空中跃起救球，最接近来球的手必须触碰到球并且同一侧边的腿弯曲。青少年守门员往往会出错，因为他们总是习惯使用相反（上面）的手接球。这种错误会相对减少守门员补救范围，并且接下来还必须完全将身体伸展才可以防守住角度刁钻的球。

可惜的是，很多守门员都是在没有战术打法以及同伴或潜在射门得分球员的情况下练习各种补救技术。如果只是简单地使用定位球或移动的球射门，那么这是无法提高守门员和进攻者的表现的。清楚这一点是非常重要的，因此学习预判最好的方法是守门员必须在真正的比赛情景中训练。在练习的比赛情景中出现防守者和进攻者之间的高速比赛可以提高守门员的表现。守门员必须学会阅读比赛，学会采用正确的技术以及学会决策救球时机。

练习和比赛的目的是提高救球技术（例如接球、拦截、飞身或不飞身救球；主动或被动补救），因此，不可以让守门员事先知道何时、何地或采用何种方式射门。通过这种更加逼真的训练方法，守门员会在对手进攻时找到最可行的解决方案，在做出决策之后，接下来可以根据情况立刻做出反应。

在练习的过程中，教练必须仔细观察青少年守门员完成不同守门员技术和战术打法的程度，并评估他们的表现。同时留意守门员和最后的防守者是否展示了最佳的沟通和协调能力。为了确保学习的有效性，在守门员出现错误时必须立刻纠正他们的错误。青少年运动员在错误中汲取教训的过程中，教练还必须记得表扬他们的表现。

提高接球能力的练习

1. 面对对手射门（1v1）

查看第64页的1v1攻守射门。

变化

- 这里有2名防守者而不是1名防守者，第一名防守者封堵带球的进攻者而第二名防守者回防。
- 一名守门员、一名防守者和两名进攻者参加练习。底线的一名进攻者将球传给站在16.5米线位置的同伴，开始2v1的比赛。在完成首次传球之后，防守者和守门员（两人都在底线位置）开始阻止射门得分（回顾2v1情景中的射门得分）。

2. 快速射门（1v2）

教练站在禁区里面开始比赛，教练快速地将球从禁区里面传给在禁区边缘不同位置等待接球的3名运动员中的一名。3名运动员彼此之间至少必须间距5米。接到教练球的运动员必须射门，而其他的两名运动员必须尽可能阻止他射门得分。

3. 加守门员的 2v1 比赛

2名进攻者站在禁区外8米的位置，他们要在8秒时间内攻克防守者射门。当发生下列情况时进攻结束。

- 球出界。
- 进攻者或防守者犯规（罚点球）。
- 越位。
- 超过8秒。

守门员学会何时出击以及何时留在球门内。随着运动员能力的提高，可以将期限时间缩短为5秒。

变化

3名运动员在球门前25米的位置处开始进攻，两名防守者站在禁区边缘等待进攻者。除了做好正确的站姿和选位战术以外，守门员在进攻者开始射门时必须决策是站在球门内还是出击。接下来，守门员必须选择并执行最有效的防守动作以避免出现对手在第一次或第二次（弹回）射门时得分。

4. 加守门员的 4v2 比赛

4名前锋和2名防守者以及1名守门员在7v7足球比赛场地上进行这个比赛（如右侧插图所示）。在中线使用任意球开始进攻。4名前锋必须在5秒以内射门（也可以指定为8秒）。避免所有运动员站成一条线或跑到越位的位置，进攻者相对于防守者有着绝对的人数优势，因此守门员必须经常参与到防守中从而可以很快地提高自身的能力。

25米

解围（击、踢或抛）

如果附近出现的一名或者多名对手阻止守门员接住空中的球，那么他可以使用一个拳头或双拳进行破坏性击球。当守门员面对诸如比赛场地下雨或者场地潮湿等情景时不要试图接住湿滑的球。如果因为球的高度和速度或者对手的出现导致很难接住球时，那么最好是使用一个拳头或两个拳头击球或者破坏性地将球击出横梁或球门柱。

使用拳头击球时，双臂要在触球的瞬间用力击打，这样守门员就可以准确且有力地将球击出对手可以接触的区域。解围的距离根据守门员的力量以及来球的速度而有所不同。守门员首先必须学会使用双拳一起击球。注意保持拇指在握拳位置的外面，否则可能会挫伤拇指。

首先，守门员必须训练将球向来球的方向回击，因此，守门员必须学会面对任意一边的空中球。在这种情况下，运动员必须一直使用距离来球较远的拳头击球。例如，当球来自左边时，守门员必须使用他的右拳击球，而当球来自他的右边时则使用左拳。

守门员必须在一瞬间观察到球踢出的位置。正确评估球的轨迹、旋转和速度，同时决策是接球、拨球还是击球。在这个比赛情景中，守门员的注意力主要集中在球上，守门员可以根据球的飞行轨迹在较小的区域内改变站位。同时确保在其他人接触到球之前，并且只有在最佳的接球或击球时机之下，他才能跑出球门。

必须在球门以外参与比赛，这样守门员才可以体会到跑出球门的准确时机。守门员在评估球的速度、高度或轨迹以及对手跑动的速度等方面犯错都可能导致丢分。

评估球飞行轨迹的练习

17种有同伴的练习

（1）一名运动员将球扔到空中，其他的运动员开始拍手，球在空中被接住。

（2）进行小练习，一只手将球抛过头顶，另一只手接住球。

（3）一名运动员将球抛向空中，在球触到地面时，两名运动员拍手证明两人以相同的方式察觉到了球触到地面的情景。

（4）两名运动员都带球并在相距10米的位置面向对方。运动员A将球抛给运动员B，为了接住球，运动员B可以将自己的球尽量抛向高空，这样他就可以在接住自己抛高的球之前接住传球并将球传回给运动员A。运动员A和B要尝试在不犯错的情况下完成20次传球（来回10次）。

（5）进行相同的训练，但是两名运动员轮流将球传给对方，同时自己将球抛向空中。

（6）进行相同的训练，但是运动员在完成每次抛球之后必须改变自身的位置。可以逐渐增加其他的指示从而缩短两名运动员之间的距离。记录两名运动员交换位置和接住同伴抛到空中的球的次数。

（7）将球抛到同伴头顶上方，同伴可以将双手抬到接近肩膀的位置来接球。

（8）一名运动员使用单手（左或右）将球抛到空中或者使用任意脚将球踢到空中。当球的轨迹到达最高点（球不会再上升）时，运动员和同伴必须拍手或前滚翻，然后以飞身救球的形式接球，继续训练，然后重复练习。

（9）一名运动员将球踢到空中，同时同伴跑向可能的落点并接住球。同伴可以假定为俯卧姿势。可以在两名守门员之间不断地进行这个练习。

（10）所有运动员都将球踢到空中，以坐姿、仰卧、跳起之后的姿势或者转换为俯卧撑之后的姿势再接住球。

（11）一名守门员尽可能高地将球踢到空中，在球触地之前，守门员必须跑动穿过球可能落地的路径两次。谁可以在球第二次触地回弹之前跑动超过两次呢？可以与一名同伴一起进行相同的练习。一名运动员将球踢到空中而另一名运动员跑动接球。

（12）一名守门员将球踢到空中，在球触地时，同一名守门员必须在不被回弹球触碰到的情况下跳过球，目的是避免被回弹球碰到三次。

（13）一名守门员将球踢到空中，他的同伴在一边计算时间以及球的落点。接着同伴靠近球的位置，同时用胸部、大腿或脚背接球和控球或者以右脚或左脚的内侧停球，这样球就只可以回弹一次。在同伴控球之前，第一名守门员可以告知他可以应用的停球技术。

（14）两名守门员都站在禁区里面，一名守门员将球踢到空中（根据对手的能力设定球的方向和高度），另一名守门员试着阻止球在禁区里面着地，同时在飞身救球之后尽可能张开双臂在头顶上方接住球（2分）。

（15）一名进攻者站在球门前25米的位置，然后助跑5米射门。守门员站在球门里面快速从俯卧位转换为最佳的基本站立姿势，从而扑救来球。进攻者可以采用各种技术（正面或侧面、凌空和反弹球等方式）从不同的距离和不同的角度射门。

（16）一名进攻者从不同的距离和角度射门，守门员闭眼站在球门前，在听到进攻者的脚和球之间产生的冲击声时睁开眼睛。守门员可以利用这种声音评估来球的飞行轨迹并救球。

（17）一名守门员将球踢到空中。当球到达它的最高点时，守门员可以告诉闭上眼睛的同伴并预判球触地所需要的确切时间。在接下来的练习中，两名运动员可以改变角色，两次正确判断球落地弹起的守门员获胜。

3名运动员之间的练习

2名进攻者各带一个球，同时在20米的位置射门，守门员必须只关注第一个来球。

门前高空拦截练习

（1）避免球在禁区里面着地。守门员会使用各种技术（正面或侧面）在球未落地之前将球解围出禁区。一开始练习拦截来自于比赛场地中间的高球，稍后在各种不同角度的传球，这样可以模拟各种可能的比赛情景直到从边锋的传中球，最后，必须缩短传球员和守门员之间的距离，从而减少他评估来球的时间。守门员的任务是判断球的飞行轨迹、速度、高度、距离和旋转从而避免在禁区中让球触地。

（2）可以加入一名中锋来进行相同的练习，中锋可以尝试接球、以头球或垫球的方式射门，守门员不仅要防守球门，同时还要阻止球在禁区里面触地。

（3）查看第207页的空中对抗和第199页的运球穿过对手的底线。

（4）门前接球或者拦截球。右边锋和左边锋两者都距离球门30米，两者可以交替向球门前进行传中球练习。守门员在球门外2米的位置处，与球保持一条直线并且稍微接近同侧的球门柱，接着跑动出击拦截传中球。一旦守门员在空中接住球，那么就可以沿着地面将球传给相反方向的边锋。

变化
以踢角球的方式轮流从两边向中锋传球。

（5）面对2名或者更多对手在禁区内接球，3名进攻者站在球门前面，其中一名站在守门员前面，其他两名分别站在球门柱的前面。

（6）在一半的7v7足球比赛场地上设置两个7v7足球比赛的球门进行3v3（或4v4、5v5、6v6）的比赛。将禁区的大小设置为原来的两倍，同时在每个球队（右边锋或左边锋）中有一名不带球的运动员参赛。这名不带球的运动员站在设置为边线的5米宽通道位置上。只有边锋可以在这个通道中活动，并且只有接传中射门得分才是有效进球。

变化

每个球队有两名不带球的边锋并且分别站在通道的位置上。在开始射门之前，中场的3名或4名运动员必须将球传到通道上的边锋，接着，边锋在没有任何对抗的情况下运球传中给禁区的同伴。守门员必须拦截或防守接下来的射门。

空中接球和解围

根据克劳迪奥•菲利皮（Claudio Filippi）（1994）的研究，目前守门员必须支配和控制整个禁区，因此，他们必须比之前更多地练习空中接球和解围以及接地面球。在1994年与1998年举行的国际足球联合会世界杯的数据显示，仅仅在过去4年的时间内，跑出球门拦截或解围球的概率增加了70%。

为了减少出击夺取未受控制球时出现错误的次数，守门员在训练课程中必须完成以下内容。

➤ 选择门前中心区域最佳的位置。

➤ 根据球的飞行特点以及进攻者和防守者的位置、动作调整自身的位置。

➤ 清楚使用爆发力飞身接球的方式。

➤ 评估空中球的飞行轨迹。这意味着必须考虑球的起点、速度、最高点、弹跳和可能的落点，清楚处理所有这些关于来球信息的方式。这样守门员（以及防守者和进攻者）就可以预判球可能到达的位置，从而接住球或者使用一个或两个拳头解围球或拨球。接下来守门员还必须辨别球的旋转方向和速度，以及进攻者是否踢出呈现出不规则飞行轨迹的球，这些信息对于做出正确的决策和采用有效的拦截技术是必不可少的。

为了解围无法控制的空中球，守门员必须选择只用一个拳头或两个拳头解围球，同时要一直设法将球解围到对手无法控制的区域。

从中前场传向守门员的空中球必须使用两个拳头解围，因为这样比使用一个拳头处理可以有更远的距离和更高的准确性。但是，如果空中球来自任意一侧时，那么就必须只使用一个拳头来解围（一般是使用拳头的外部）。这意味着守门员在面对几名进攻者的情况下处理传中球时，必须使用右拳将球解围到右侧区，使用左拳将球解围到（从守门员的角度看）左侧区。

通过练习可以掌握使用一个或两个拳头解围空中球的能力，循序渐进的系统练习中包含了合适的拦截空中球的练习情景。对于不受战术打法限制的守门员，第169页中第11个简单比赛传中练习将提供额外的训练内容。

当球被传到球门中间位置时，守门员只有在100%确定能够先于他人触球的情况下才可以出击接球。选择出击接球的准确时机是非常重要的，这就是为什么在计算球的速度、重量、高度、旋转和轨迹以及考虑进攻者的战术打法等方面出错，将意味着对手可能获得射门得分机会。

支配和控制整个禁区不仅仅要求守门员具备一定的身高、力量和爆发力（这些方面确实是很重要的），同时还需要达到以下要求。

➤ 观察和分析比赛情景的速度。

➤ 控制高空球的经验。

➤ 快速选择最有效技术解决问题的能力。

➤ 解决非常近的来球的速度和果断以及执行所选动作技术的速度。

解围练习

经常以比赛进行练习可以提高训练守门员使用一个或两个拳头击球、飞身救球、接球或者拨球等方面的能力。第202页守门员的十项全能是体现真实比赛情景的典范例子。在第231页的第10个简单比赛使用头球的4v2比赛提供的从任意一侧练习角球（逐渐增加进攻者和防守者的人数）也是很有用的。

1. 长传解围

教练或进攻者以不同的速度和高度在禁区外射门，根据射门的特点，守门员得球之后可以长传至指定的比赛场地区域。

2. 边线解围

在成功救球之后，守门员必须尽可能快地将球踢到边线禁区左边或右边使用锥桶设置的两个球门中的一个。解围所选择的方向可以根据进攻战术打法而定，进攻者在距离球门16米的位置完成射门之后跑向其中一个球门区进行防守。

变化

完成救球之后，守门员必须在3秒内将球踢到禁区里面使用锥桶设置的3个球门中的一个。两名进攻者（一名站在16米远的位置而另一名站在11米远的位置）必须使用任意解围技术阻止守门员向3个球门中的一个射门。

3. 准确解围与5名进攻者

4名进攻者站在禁区周围，第5名进攻者可以控球接近禁区边缘，并在他的4名同伴所设置的空当中射门。当守门员开始防守时，所有的进攻者可以选择接回弹球补射。在守门员完成第一次防守扑救之后，进攻者必须在得球3秒内完成补射。守门员在救球时可以根据距离最近的进攻者决策使用哪个技术，很重要的一点是守门员必须将球破坏到5名进攻者无法得球的空当处。每次将球破坏到禁区以外，守门员就可以得到1分；进攻者补射进球获得2分以及直接射门进球获得1分。当守门员犯规时，进攻者就可以获得罚点球的机会。为了尽可能射中球门，5名进攻者都必须从区域的边缘将运动的球射进球门，但是，如果进攻者射门失败，那么他就会被另一名运动员替代。当5名运动员都被替换之后，比赛结束。

变化
- 教练禁止守门员在球门里阻止射门。
- 两名防守者协助守门员防守，他们可以在射门之后立刻从接近门柱的位置进行干预从而将球踢出危险区域。

4. 面对3名进攻者的解围
3名运动员作为进攻者站在一个球门前30米的位置。一旦他们稍微进入到禁区（不超过2米），其中一名运动员进行射门而其他两名运动员要尽量做好抓住回弹球的机会。守门员不可以仅拦截射门的球，他必须将球解围到禁区以外的区域。

变化
- 3名进攻者除了面对守门员还必须面对一名防守者。
- 两名防守者站在球门柱旁边协助守门员协防来自禁区的球（防守回弹球）。

出击战术

比赛数据显示，守门员每场比赛的防守干预时间不可超过3分钟，大多数的防守干预都发生在球门区域之外，特别是在禁区弧附近的位置。当进攻者在控球射门时，如果有防守队员干预，那么球很容易被守门员控制，但失球往往是因为射门之前没有任何防守干预或者射门的球打在球门柱或者运动员身体发生弹回。

在所有情景中，守门员必须在很短的时间内决定是出击还是留在球门线附近的位置。若球队的防守者能够阻止进攻者射门，即使是非常微小的可能性，守门员就必须站在球门的位置，但是，一旦守门员决定出击面对1v1的防守情景，那么他必须积极地完成这个决策，同时不可以半途改变战术打法。

在1v1情景中，守门员必须做好准备正确应对进攻者可能采取的两种行动：运球或射门。守门员必须通过出击来缩小射门的角度，必须学会耐心等待，迫使对手采取匆忙的动作或犯错。在这个行动中，守门员必须尽可能保持站立姿势，张开双臂干扰运球突破者的视线同时分散他的注意力。通过这些动作，守门员可以很容易地应对进攻者的攻击行为，同时通过假动作迫使对手按照他的意愿完成动作。

当进攻者尝试绕过他踢球时，守门员需快速完成对时间和空间的评估，果断飞身拦截或者最好是控制住球。但是如果球并不在守门员的动作范围之内，那么他必须采用最佳的选位战术封堵射门角度。

出击的过程中，守门员首先必须尽可能快地加速，在接近进攻者时降低跑动速度，只有通过这种方式，守门员才可以以基本的预备姿势做出成功的扑救。

守门员在球门外越远的位置防守，进攻者打败他的可能性就越高。如果守门员过早倒地扑救，那么进攻者就很容易突破守门员。

在比赛中的选位时，守门员必须与其他防守者一样遵守球队的基本战术打法。在1v1过程中，守门员必须尽可能减少进攻者的时间和空间从而迫使对手加速（这样往往会犯错）。进攻者可用的时间和空间越少，守门员就越能够在比赛中获胜。

出击练习

1. 跑动，在球前伸展四肢扑救

守门员主动快速出击，目的是在球门前相距6~8米的不同位置的定点球前面，以扑救动作伸展四肢躺下。在躺下和展伸四肢时，守门员可以双手接住球。教练可以从球门后面的位置评估守门员的跑动、扑救以及其他方面的技巧。

- 以直线方式快速接近球。
- 从直立到水平位置快速移动扑救，防止进攻者从守门员身体下面射门。
- 在接地面球时要准备好双手接球的动作。

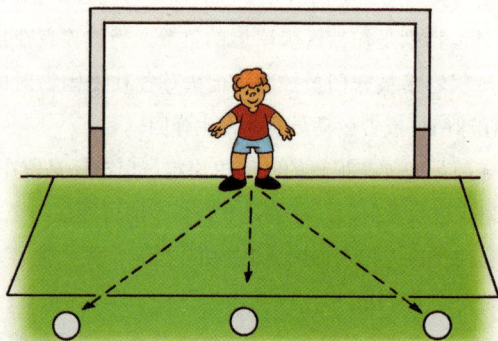

2. 定点球挑战

在禁区里固定好球。一名进攻者进入禁区线外面对站在球门中间的守门员。教练给出可视信号让运动员开始比赛，两个人要快速接近球并获得控球权。但是他们的目标是不同的：进攻者想射门而守门员是想把球踢出禁区。根据进攻者和自己的速度，守门员必须决定是先踢球还是防守进攻者射门的角度。守门员可以用自己的身体快速靠近球，从而迫使进攻者运球。如果进攻者被迫运球，那么守门员可以在防守范围内扑救，教练可以在区域中调整球的方向——以及两名队员之间的距离——从而让运动员获得更多的视觉体会。

3. 移动球挑战

进攻者从禁区线向内6~8米的位置传球。接着在守门员触球之前再次尝试控球。在评估了球的速度、进攻者的距离和速度之后，守门员才决定接下来的行动。继续停留在球门里面显然是一个错误。这就是为什么守门员必须快速出击封堵射门或者拦截运球的进攻者并在进攻者控球之前尝试将球破坏出禁区。经常进行这一训练，守门员将可以获得在禁区内应对未受控制球的经验。

4. 真实的1v1挑战

在禁区线设置一名进攻者，同时在球门线上安排一名守门员。在比赛开始信号发出之后，进攻者有4秒的时间完成射门。进攻者可以运球以及从任意区域位置射门。

变化

- 边锋从禁区一侧将球传给站在禁区线上的同伴（进攻者），在传球的过程

中，进攻者可以控球，守门员需要采用正确的方式出击或拦截射门。在第一次传球后，5秒以内射门进球可以得1分。

- 前卫在禁区外面不同的位置将球传给在禁区线位置的进攻者，守门员站在球门线位置，两人都必须以赢得比赛为目的来评估比赛情景。

5. 汗水箱

使用锥桶标识出一个边长为6米的正方形区域，同时有4名进攻者和1名守门员进行比赛。守门员在正方形里对抗从距离正方形8米远的位置开始运球的进攻者。为了得分，守门员必须防止运球跑动的进攻者穿过正方形。如果进攻者丢失控球权或者将球踢出另一条边线，那么守门员获胜。在第1名进攻者完成了进攻之后，第2名、第3名和第4名进攻者轮流发起个人进攻。在每一名进攻者完成了3次进攻且总共完成了12次进攻之后，比赛结束。一般情况下，守门员必须比进攻者获得更多的分数。这个练习的目的是训练守门员适应对手采用身体假动作。只有进攻者在守门员前面相距3~4米的情况下适时使用假动作，才可以成功实现突破。

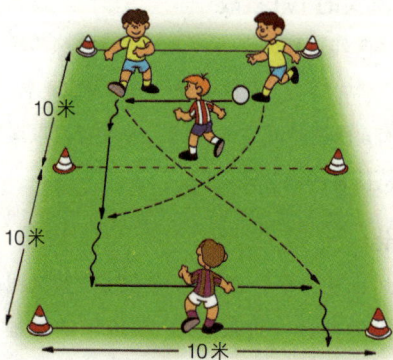

6. 两次 2v1

如本页第3个插图所示，使用锥桶指定比赛区域，同时有2名进攻者、1名防守者和1名守门员参加比赛。进攻者首先在10米线位置面对防守者，在完成了第一次防守，同时在第一个宽球门前面完成控球突破之后，2名进攻者向第二名防守者（守门员）

发起进攻。第二名防守者防守在第一个10米线位置后的球门处，但是只有在第1名防守者控球的情况下他才可以出击。为了打败守门员，同时获得有效进球，进攻者必须成功控球穿过第二条球门线，同时避免出现越位的情况。

7. 运球穿过对手的底线

这个比赛来自4v4三项全能简单比赛（查看第171页），可以应用之前的比赛规则和参赛人数。参考插图设置场地和打法。这个比赛的变化是，每个球队中安排一名守门员，守门员可以在场地的任意位置使用手参加比赛。

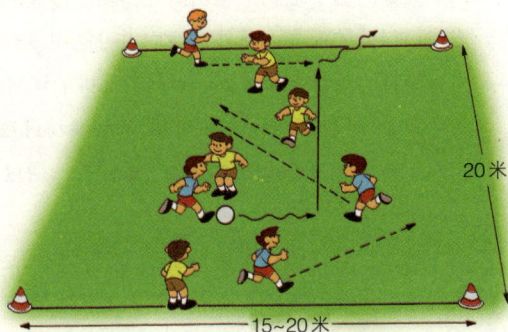

20米

15~20米

出击过程中最常见的错误

大多数青少年守门员都会犯相同的错误，以下是在出击过程中经常出现的错误。

- 只留在球门线上而不是积极地出击去面对控球的进攻者。
- 考虑到同伴仍然可以在对手射门之前进行干预，因此后退速度过快。
- 与其他的防守者之间没有建立起良好的沟通和协作，从而导致守门员和防守者之间出现不同步。
- 守门员与进攻者之间相距大约5米时，接近进攻者的速度不仅没有减速反而太快，进攻者完全可以轻松地突破守门员。
- 破坏性击球时缺乏准确性（朝着对手的方向）和力量（球距离球门太近，因此球很快又被踢回来）。
- 经常倒地且几乎养成习惯，而不是站在球门中间的位置。
- 重心向后而不是向一侧扑救。
- 扑救时首先拦截进攻者的双脚。
- 在进攻者只有很小的射门角度时离开球门——而不是留在球门位置防守射门角度和做好应对回传射门的准备。

进攻战术

今天守门员必须被看作是球队的第一名进攻者，因为他的任务并不限于阻止对手射门，大量的例子证明，聪明的守门员在最佳的时刻能够进行远距离且精确的传球从而创造出射门得分的机会。另外，他们也可能在没有正确分析比赛情景、做出错误决策或者选择执行糟糕的传球技术时将球和球门都拱手让与对手。

鉴于守门员三分之二的时间都会参与进攻的特点（Filippi, 1994），因此守门员需要每天都不断地练习进攻战术是合乎逻辑的。通过这种方法，守门员可以在重要且仍被低估的方面获得宝贵的经验。

类似于其他在比赛场地上获得控球权的运动员，守门员也必须观察和分析比赛情景，接着做出正确的决策并使用最有效的技术解决问题。最后，他们必须在合适的时间且没有指明球的方向的情况下熟练地将球传给位置最佳的同伴重新开始比赛。

守门员可以从以下各个选择中发动进攻。

➤ 高空传球或者沿着地面传球。

➤ 踢或者抛球。

➤ 使用左脚或右脚踢球。

➤ 踢定位球或移动的球。

➤ 守门员通过正面或侧面的跳起转身拦截，或者接到进攻方传球迅速以踢凌空球方式发动快速进攻。

守门员根据以下内容决策采用哪个技术。

➤ 寻找潜在接球员（在传球之前，与他建立视觉联系）。

➤ 同伴被防守的情况（他是不是没有被注意到或者是否有人在侧边或后面注意到了他？）

➤ 传球员与潜在接球员之间的距离。

➤ 对手防守的位置。

➤ 实际比赛的得分决定是冒险还是以最大的安全性进行比赛；是尽可能快地传球还是延迟传球，同时还要遵守守门员必须在6秒内将球掷出的规则。

一般情况下，守门员必须将球抛给站在本方半场位置的同伴，这名同伴是一名进攻发起者，但是，如果守门员从对方进攻的右侧接到球，那么他必须在相反方向发动下一次进攻。这样新的进攻就不会被多名防守者围攻而终止，因为前锋可以预判守门员的第一次传球，因此守门员必须在仔细分析了比赛情景之后再将球传给同伴。

守门员基本上都会尽力帮助同伴接球和控球，这就是为什么守门员希望沿着地面以一定速度将球传给跑动的同伴。守门员不可以将球往后传，并且必须迫使接球员转身接球突袭对手。在将球传给前场的前锋时，守门员可以使用长传将球踢向空当。这种战术打法经常在反攻时出现，传球往往具备一定的距离但缺少准确性。

第一次将球准确传向空当且向同伴发出了必须反攻的信号时，守门员的进攻型战术打法会变得特别的重要。一旦守门员决定发动反攻，那么他可以快速执行准确的传球，将球踢向中场跑动的同伴。除了准确之外，传球还必须是低弧度的，这样对手就没有时间拦截。这就是为什么所有守门员在训练时必须特别注意第一次长传的距离和精确度，并避免高弧度的传球。

守门员被对手施压时，就会出现无法积极对抗的情况。这时，守门员会被迫将球击出边线而不是击向中场：被击出去的球可能打到紧跟的对手身上并被反弹回来。

目前，大多数守门员会在球跑出底线时以踢固定球的方式重新开始比赛，而在过去则是由一名防守者来执行这个任务。现在守门员也可以选择将球传给防守者的方式来重新开始比赛。

提高守门员进攻型战术打法的练习

（1）边后卫将球回传给守门员，同时守门员用脚外侧接球（关注比赛场地地面）。在不停下球的情况下，再大力传给另一侧的同伴：另一侧的边后卫。

变化

- 同样的练习但增加两名前锋防守。其中一名前锋在守门员直线位置防守，守门员练习在有压力的情况下接传球。
- 同样的练习增加两名前锋防守。但是前锋可以以不同方式抢球，守门员必须根据进攻者的意图决策传给哪名边后卫。
- 同样有两名前锋一起参与的练习。两名前锋同时向守门员施压，阻止球传给两翼边后卫，接着，守门员接从距中线两侧10米位置正方形区域定向的来球，但是其中一名前锋非常靠近守门员，守门员必须预判决策将球解围出边线。

在接住回传的球之前，守门员必须分析比赛，同时对前锋的动作做出反应。守门员首先要遵守的规则是不冒险。

- 在之前的训练中，守门员只可以将球传给其中一名边后卫或者传给相距25米且只有一名防守队员干扰的两名中场同伴的其中一位，一旦守门员接住回传的球，他必须在不冒险的情况下将球传给4名同伴的其中一位。

（2）查看第205页的精准抛球。

（3）查看第207页的精准进攻传球。

（4）在完成高空接球之后将球长传给两名前锋的其中一名。守门员接住高空球后，将球传给接同侧中线的一名前锋或者将球传给另一侧更远的同伴。守门员可以练习各种技术，以找出最成功的技术。

变化

有一名防守者一起参加相同的练习。这名防守者站在两名前锋之间，毋庸置疑，守门员总是将球传给较近的进攻同伴。

（5）在接住高空球之后，将球长传给有两名防守者盯防的3名前锋的其中一位，计算在守门员初次完成10次长传球的成功次数。

（6）将禁区的大小扩大成原来的两倍，同时设置两个分别由一名守门员防守的球门进行3v3比赛（也可以设置4v4练习），两个球门相距33米。为了提高守门员的进攻型战术打法，这个练习所接触的一切都与真实比赛中发生的情景保持一致。

变化

- 每个球队都有一名无球的运动员，但他可以在门前并且只有一次触球机会，这名无球运动员必须在其他同伴位置不佳的情况下不断地抛球或踢球。
- 用锥桶在边路标识一个5米宽通道，两个球队分别安排1名边锋站在通道里。在射门之前，球必须传给两名边锋的其中一位，进攻守门员需要学习与同伴沟通来制定战术。边锋也需要做出摆脱动作摆脱对手回撤接球。

守门员的十项全能

大多数教练，特别是青少年运动员的教练会觉得很难将场上运动员与守门员的训练同步到一起。这种情况下就可以使用守门员十项全能项目测试。教练可以鼓励守门员在较短的时间自己进行练习，同时在其他队员训练间歇期间安排一个或者两个测试项目。这样，守门员就可以有效地利用时间，同时，教练也可以让他们加入到整个球队的训练和学习过程中。

参加十项全能比赛的守门员人数不受限。如果俱乐部或地区协会决定组织一个特定年龄组的十项全能比赛，那么一般设置为两天是比较适合的。参加为期两天的比赛（每天包含面对5名不同守门员的5项测试）一般可以激励参赛者提高不同方面的能力，例如，选位、救球技术、出击、倒地封堵射门及不同的解围技巧。守门员有机会与同行或对手进行较量，有助于了解自己的整体能力。并且青少年运动员在完成了一系列纠正训练之后会受到鼓舞或激励从而提高个人能力，这些纠正训练是针对所观察到的运动员技术的缺陷而设计的。

守门员十项全能项目测试也可以作为评估守门员表现水平的测试，这个测试不仅可以评估守门员对专项技术的掌握程度，同时还可以评估其他必要的表现：注意力、预判能力、视觉洞察力、想象力、瞬间决策制定能力、勇气和意志力、体能，守门员十项全能是一个理想的评估标准。

注意：年龄介于10岁至14岁的守门员可以使用4号球进行训练，守门员可以在7v7足球比赛场地的禁区内防守7v7的标准球门（6米×2米）。

1. 两次救球

使用11v11比赛场地并在常规球门前面4.5米用一对锥桶标识临时的球门（3.5米宽），进攻球员在禁区外面5米位置开始进攻守门员，守门员出击至临时球门位置进行防守。

进攻者踢出第一个球至禁区的边缘，守门员快速跑到临时球门并做好最佳的准备姿势。

在救球（最好是以站立姿势）或者射偏之后，进攻者立刻从10米（对于7v7球门）或15米的位置射定位球，这个球可以越过守门员的头部射入。守门员可以后退跑动同时做出扑救动作，每名守门员有连续3次的防守机会，在完成了6次射门之后，丢球较少的守门员获胜。

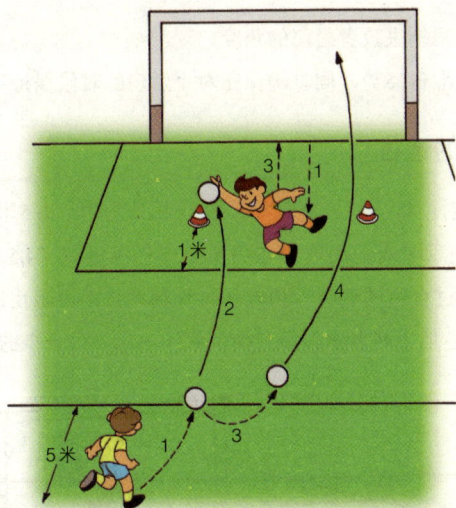

训练目标

- 可以朝前面和后面跑动并突然停止，同时做好正确的准备姿势和执行不同的技术（接球、击球、拦截、扑救球）以及在必要的时候采用特技来提高协调能力。
- 培养爆发力。
- 演示不错的选位战术，并始终站在球与两个门柱之间构成射门角度的平分线上。
- 后退跑动时很好的平衡感、意识和方向感。
- 快速决定最有效的技术从而避免对手进球。

2. 1v1

守门员将球传到站在禁区中16.5米或11米线任意位置的对手脚下。在大力传球之后,守门员必须立刻出击防守对手,进攻者的任务是在5秒以内得分。

当射门得分、球出禁区、守门员成功防守或者超过5秒时,比赛结束。在完成第一次比赛之后,守门员还有传出4次不同位置的比赛。在完成了5次比赛之后,两名守门员交换位置和角色,被进球次数较少的守门员在测试中获胜。

训练目标

- 选择正确的方法限制进攻者射门的角度。
- 尝试做出正确的准备姿势,同时确保在对手射门的时候保持身体平衡。

3. 守门员在禁区中的选位

进攻运动员有6次射门机会,分别在禁区的一侧和球门前16.5米以外的位置进行射门。进攻者的目的是使用任意球或地滚球射守门员防守任意区域（4.5米×12米）,并争取得分。防守的守门员需通过合适的选位、预判和特殊移动技术,阻止进球或者球落到危险的区域。在完成6次射门之后,两名守门员交换位置和角色,丢分少的守门员获胜。

5米

训练目标

- 在仔细观察球飞行轨迹和速度之后，培养快速制定正确决策的能力。
- 以最快速度实施防守技术动作（接、扑、拦截或击球）。
- 通过合理选位战术影响进攻者的射门。
- 做好最佳的准备姿势。
- 展示毅力和勇气（甚至是胆量）。
- 提高观察评估能力。
- 迫使进攻者的行动向预期发展。

4. 精准抛球

　　设置4个边长介于4~5米的正方形，两个正方形在一个区域中，而另外两个在对面区域中。根据守门员的能力设置中立区域的间距（10~20米），这个中立区域用于将正方形分开。两名守门员面对面分别站在他们自己的两个正方形的中间位置。一名守门员进行抛球，目的是将球抛入对手的两个正方形的其中一个。

　　防守的守门员可以根据预判情景做出反应，同时尽自己最大的努力远离球门选位扑救。能够让球在对方区域的一个正方形中5次着地的守门员获胜。

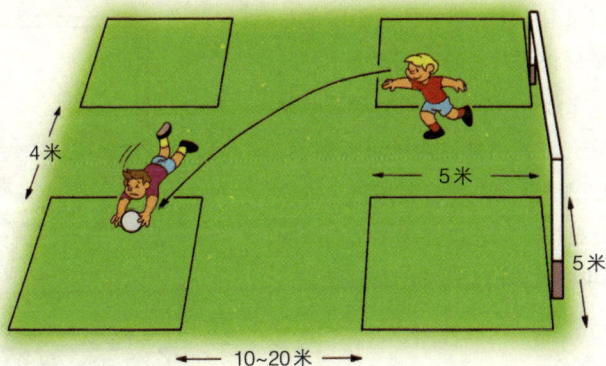

训练目标

- 防守的守门员必须通过观察做好最佳的准备姿势（前脚掌着地双腿微屈），同时站在可以在空中拦截所有抛球的位置。
- 提高抛球技术（如掷铁饼）的准确性和抛球力量。
- 学会掩饰抛球的方向。

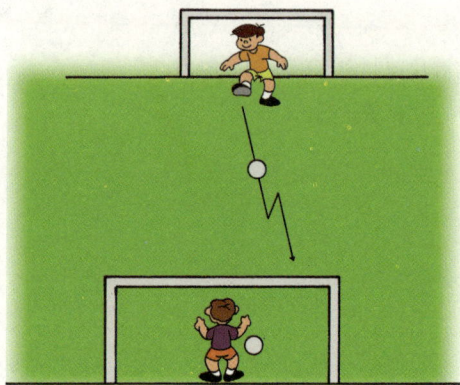

5. 防守10次连续射门

两名守门员站在相距11米或16.5米位置，各自防守一个固定球门（7v7或11v11球门），并在发出开始信号之后，两名守门员在3秒内射门并同时观察和扑救对手射来的球。在10次连续射门（两次定位球，两次反弹球，两次凌空球，两次用手抛高球和两次抛滚球）中，失球较少的守门员获胜。

训练目标

- 要有创造力地在你射门和对手即将射过来球之间做好转换，你必须在观察自己的球的同时还要观察对手的射门并做出反应，这要求具备敏锐的洞察力和相当快速的反应能力。
- 采用不同的技术发起进攻，尽可能掩饰自己的射门意图。

6. 守门员小禁区内防守

进攻的守门员有4次从禁区外面不同的位置将球运到小禁区的进攻机会（设置4个球）。当进攻者触球，守门员可以出击阻止进攻者带球到小禁区。只有进入小禁区内才可以射门。当球出禁区、射门进球或进攻者犯规时，进攻结束。当守门员犯规时，进攻者获得罚点球的机会，在4次进攻中失球较少的守门员获胜。

训练目标

- 学会出击，封堵角度和倒地扑救进攻者的球。
- 采用假动作干扰进攻者的进攻战术打法。
- 在必要的时候要采取带有侵略性的果断行动。
- 选择正确时机倒地，拦截，接住进攻者的球。

7. 空中对抗

　　两名守门员站在球门前面，其中一名守门员站在另一名守门员的旁边进攻，第三名运动员在禁区线外的六个点依次传中或射门。防守的守门员必须选择最佳的位置，跳起用双手接住球或者单脚起跳用两个拳头将球击出。

　　运动员分别在禁区的两侧以及禁区16.5米线外向球门传空中球，在6次比赛中获胜次数最多的守门员赢得本次测试。

训练目标

- 守门员要适应主动靠近的对手在争球的过程中的身体接触。
- 评估来球的速度、轨迹、旋转和高度，接着做好最佳的准备接球姿势。
- 在恰当的时机使用爆发力，同时将身体置于球和对手之间。

8. 精准进攻传球

　　标识两个边长为10米的正方形区域，同时两个区域相距15米以上；正方形区域的大小可以根据守门员的年龄进行调整。在距离球门20~25米的位置，进攻的守门员将球（不要太用力）踢向球门，在3秒以内，防守的守门员接球并将球踢向中场两侧所标明的正方形中。在前两次解围中，守门员必须使用踢反弹球的技术，而在第3次和第4次的解围中，守门员可以使用踢凌空球的技术，在第5和第6次解围中，守门员可以模拟重新开始比赛将球固定在4.5米线的位置踢出。进攻的守门员要尽一切可能在6次解围中都不让球落在正方形区域，执行正确解围次数较多的守门员获胜。

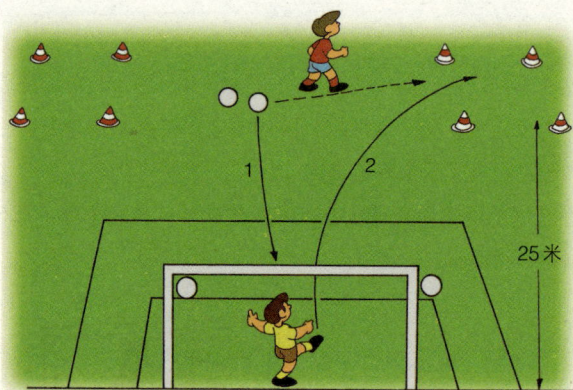

训练目标

- 准确且用力地传球。
- 掩饰解围的方向。
- 减少在接球和解围之间的时间。
- 深入探索在各个不同的比赛情景中哪种技术最有效。

变化

守门员从一侧边线接住传球并将球传到另一侧25~50米位置上设置的正方形中。

9.拦截回弹球

两名守门员进行比赛，年龄较小的守门员在禁区外在四个不同位置进行射门：其中两次使用定位球，两次使用滚动球。在每次射门之后，进攻者要立刻关注可能的回弹球，因为防守守门员不可以接住球，只能击球或将球解围拨出。

进攻的守门员必须尝试补射弹回的球，但是如果球射偏或被防守的守门员解围破坏，那么进攻的守门员必须跑到新的罚球点重新射门。两名守门员在同时争抢弹回球时，防守的守门员要尝试将球解围出禁区或者缩小射门角度，进攻的守门员必须尝试在不到4秒的时间里完成射门。在8次射门（4次在禁区外面，4次在禁区里面）中失球较少的运动员获胜。

训练目标

- 在第一次扑救之后，做好第二次防守的准备。
- 提高洞察力和决策能力。
- 提高协调能力。

10.点球大战

两名守门员中年龄较小的守门员从球门线的位置朝第二名守门员传球。开始比赛，第二名守门员在9米或11米的位置接球并控球。接着，两名守门员交换角色和位置，之前的防守守门员完成踢点球，另一名守门员则跑进空球门扑救球。在一名或两名守门员完成5次射门之后结束比赛。点球大战时必须采用正规的足球规则，失球不超过5个的守门员获胜。

训练目标

- 心理上做好扑点球的准备。
- 注意力只集中在球上，同时不要受到其他跑动进攻者的影响。
- 等待进攻者犯错，同时准备扑救不够刁钻的球。
- 不要犹豫，要主动预判和扑救。

守门员十项全能的替换测试

11.冲刺解围

两名守门员进行比赛。教练或中立运动员在球门前9米的位置拍球。两名守门员从同一的球门线开始争夺球，能够获得控球权或者将球击出禁区的运动员获胜。

　　守门员连续进行4次以上的比赛。在第二次和第三次比赛中，他们可以以坐姿开始比赛，而在第四次和第五次比赛中，以俯卧（躺下）的姿势开始比赛，在5次解围中获得更好比赛成绩的守门员赢得整场比赛。

训练目标

- 提高反应能力。
- 提高加速能力。
- 提高快速决策的能力。
- 提高预判的能力。
- 提高意志力。

　　守门员被认为是球队中最重要的运动员（这名运动员所犯的任何错误都可能导致对方进球），因此，必须对守门员的培养给予特别的关注。大多数守门员的错误一般是由糟糕的决策制定而非技术所导致的，因此，从根本上来看，不仅要训练青少年守门员的技术，还要训练他们的选位战术。所有青少年守门员都必须经常接触各种不同的练习和比赛。通过这些练习和比赛，守门员不仅可以学会救球，同时还会在比赛中思考对手或同伴的战术打法。

第 9 章

8v8 足球比赛

"训练是一个逐渐增加要求的培养过程。"
劳伦斯·默尔豪斯（Laurence Morehouse）

循序渐进的方法是足球发展模式取得成功的一个关键因素。这种方法可以使用头脑的先天能力来形成记忆力的连接。在前面 3 个级别中，所有重要的基本比赛情景都可以分成一系列小的步骤，这些步骤可以循序渐进且有目的地将青少年足球引导至最后的目标：享受且成功地参加 8v8 比赛。足球发展模式可以作为理想的桥梁来引导青少年运动员，在完成两年的训练之后便可参加大场地足球比赛。

大场地足球测试

大场地足球测试（如下表所示）可以在赛季中使用两次（在开始和最后），从而将运动员在赛季的早期表现和后期表现进行对比。通过对比，就可以获得他们级别提高的清晰写照。

这个简单的测试可以在由 6 名运动员组成的不同球队之间进行，它可以评估运动员的整体技术、战术和体能，同时，它还可以评估他们在足球运动其他重要方面的表现，例如，观察、预判反应、理解同伴或者沟通、决策制定和压力管理。

大场地足球测试		
顺序	测试	对抗
1	2v1 反击，第 79 页、第 100 页	组队 1/6v2/5，3/4v1/6，2/5v3/4
2	十项全能第 1 个测试，第 75 页	1v6，2v5，3v4
3	十项全能第 2 个测试，第 75 页	1v5，2v4，3v6
4	4 个交叉球门的 2v2 比赛，第 80 页	组队 1/4v2/6，3/5v1/4，2/6v3/5
5	十项全能第 3 个测试，第 76 页	1v4，2v3，5v6
6	十项全能第 4 个测试，第 76 页	1v3，2v6，4v5
7	2 个宽球门的 2v2 比赛，第 80 页	组队 1/5v2/6，3/4v2/6，1/5v3/4
8	十项全能第 5 个测试，第 76 页	1v2，3v5，4v6
9	十项全能第 6 个测试，第 77 页	1v6，2v5，3v4
10	4 个交叉球门的 3v3 比赛，第 137 页、第 156 页	球队 1/2/3v4/5/6
11	十项全能第 7 个测试，第 78 页	1v5，2v4，3v6
12	十项全能第 8 个测试，第 78 页	1v4，2v3，5v6
13	3v2 反击，第 137 页、第 157 页	球队 1/2/4v3/5/6
14	十项全能第 9 个测试，第 78 页	1v3，2v6，4v5
15	十项全能第 10 个测试，第 79 页	1v2，3v5，4v6
16	2 个宽球门的 3v3 比赛，第 137 页、第 165 页	球队 1/3/6v2/4/5

➤ **十项全能得分。** 在十项全能的测试中获胜次数最多的运动员获得6分；第二名获得5分；第3名获得4分；第4名获得3分；第5名获得2分；而第6名只能获得1分。

➤ **2v2 三项全能得分。** 取得每场比赛胜利时，获胜球队的2名运动员都可以获得2分。

➤ **3v3 三项全能得分。** 取得每场比赛胜利时，获胜球队的3名运动员都可以获得3分。

➤ **最后得分。** 在16次测试中获得最高分的运动员是6名参赛者中的全能冠军运动员。如果2名运动员在最后分数相同，那么十项全能的第10个比赛项目可以作为决胜局。

小组中前2名运动员可以挑战其他组获胜的运动员，同时在小组中分出第3名、第4名或者第5名和第6名。（A、B和C组三组中的前2名运动员组成一组进行新的淘汰赛，每个组决出的第3名和第4名组成一组，第5名和第6名组成一组同样进行新的淘汰赛。）

4v4 的简单比赛

这些比赛是针对在之前章节中较少运动员参加的简单比赛的附加部分。它们可以巩固青少年运动员已经掌握的技术，同时让他们为8v8比赛甚至是正规大场地的11v11比赛做好充分的准备。

第 1 个　简单比赛
相邻正方形中的 4v2 比赛

如右侧插图所示，设置两个15米边长的正方形，同时组成两支球队，每支球队有4名运动员。年龄最小的球队的4名运动员站在一个区域中，另外4名运动员站在另一个区域。第一支球队的4名运动员尽可能多地在自己区域中传球和控球，而另外2名防守者夺取控球权。当防守运动员获得控球权时，快速将球传给相邻场地的同伴，并跑回区域进行传球和控球，之前的进攻球队2名队员进入新的区域进行防守。为了加强转换节奏，建议离转换防守区域最近的队员快速跑到另一区域进行防守。

任意4名进攻者在比赛的过程中让球跑出比赛区域，那么2名防守者可以获得边线球

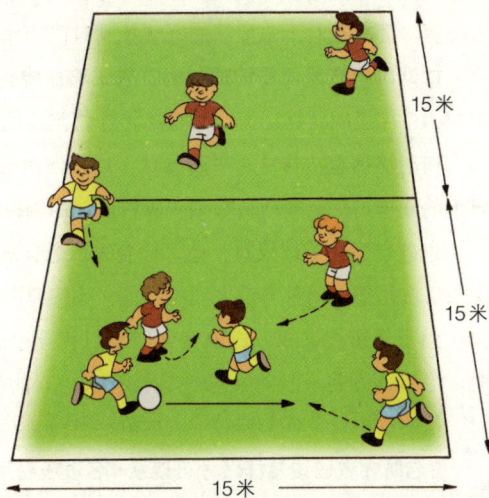

的机会。相邻正方形中任意4名进攻者控球失误出界后，2名防守者获得掷边线球机会，而防守者必须保持5米以上的距离。相邻区域同伴准备随时接应。为了提高积极性，每次传球时要大声地报数，完成15次或21次传球的球队获胜。

? 有效提问

2名防守者的同伴在相邻方格中最理想的位置是哪里呢？并解释原因。 2名同伴最好可以在远离将两个方格隔离中线位置传球和控球，这样做意味着他们有足够的时间接球和控球（因为防守者距离比较远），同时决定下一步的行动。

好的传球具备哪些特点？

- 接球同伴不会立刻被防守者施压。
- 球不会过早或过迟地传出，同伴接球很舒服。
- 球具备足够的速度并且路径隐蔽，防止防守者了解传球者的意图。
- 大多数球是地面球，这样比传空中球更加容易控制。

希望保持控球权时，为什么必须避免使用传空中球？ 地面传球可以实现更简单、更快速地控制。

开始特定的比赛时，何时是最佳的传球时机？ 当完全处于对手压力之下时，进攻者必须传球，这意味着传球是必需的。

阐述一下成功传球的运动员接下来的行动。 在成功传球之后，运动员必须立刻跑离原有位置，同时在对手未控制的区域找到自己的新位置。

球队的目标是保持控球权时，应该将球传到同伴的跑动路径上还是直接传到同伴的脚下？ 为了便于同伴接球，必须直接将球传到他的脚下。

何时必须直接传球（一脚传球）以及何时必须控制来球？ 在运动员接球时，如果受到对手的施压，那么运动员必须一脚传球，因为控球存在丢失控球权的风险。

进攻者丢失控球权时，他可能会采取怎样的行动？ 进攻者（以及所有的同伴）必须在进攻者和防守者两种身份之间不出现停顿的情况下快速转换。

为了保留控球权，进攻者何时可以传球以及何时可以运球？ 防守者施压运球前进者时，后者必须将球传给接近他且没有人防守的位置较好的同伴。在没有更好传球的选择时，他必须控球并朝未被对手占据的空当运球，并与其他的3名同伴进行配合。

2名防守者应该怎样做才可以从4名进攻者手中抢到球呢？ 一旦球出现在比赛场地角落的位置，一名防守者沿着斜对角线以驱赶方式接近控球者。这样可以迫使控球者的传球路线与防守者预留防守路线保持一致。接着，防守者就可以向正在控球的接球员施压并拦截其传球。

变化

- 超过5米的传球才可以得分。
- 进攻者可以尝试在15秒（最多20秒）的时间里面保持控球权。（也可以查看第111页的第9个简单比赛）。
- 成功传球之后，运动员必须立刻跑离原有位置至少5米的距离。
- 三支球队参加比赛，每支球队有4名运动员。在一个正方形中，球队1的4名运动员对抗球队2的两名运动员。在相邻的正方形中，来自球队2的其他的两名运动员对于对抗球队3的4名运动员，控球时间最长且由4名运动员组成的球队获胜。

训练目标

- 对两组队员保持高度关注。
- 避免出现1v1情景，相反应该是有目的地多采取2v1模式。
- 控制球时，避免进入防守者的防守范围，同时要尽可能地快速传球，并尽可能多地使用一脚或墙式传球。
- 进攻者必须学会在适合的时机使用假动作，以获得空间、时间和自信，尤其是在角落控球且仅有较少传球选择的情况下。
- 学会摆脱防守者，同时让自己站在可以接到传球，但又不被防守者控制的运球区域。在距离防守较远的区域接球可以有更多的时间和空间控球，并且有更多的选择。
- 不让自己选位与同伴重叠。
- 以足够的速度精准地传球。
- 避免向对手暴露潜在的传球方向。
- 弯曲双腿，同时在防守时尽可能降低重心。
- 通过身体假动作诱导运球者，从而让他或她将球传向自己想要的方向。
- 必须积极防守，同时做好全力减少进攻者可支配的时间和空间。
- 跑向球时必须考虑同伴的防守位置，通常，在场地角落防守进攻者将更加有效。

纠正训练

　　4名运动员站在边长为8米的正方形外面，但是不可以进入到正方形里面。他们必须沿着地面将球传给同伴，接传球需在正方形外面。正方形里面的2名防守者必须尽全力防守外面的4名运动员在两分钟的比赛时间内传球。两分钟后，2名防守者与2名进攻者交换角色和位置，每名运动员完成两分钟防守之后，比赛结束。

变化

- 只有一脚传球（不可以停球）穿过两条线才有效。

- 第5名进攻者在正方形里面接应。这名进攻者只能接正方形外面4名同伴的传球。他们可以选择将球穿过两条线传给另一名外面的同伴（以便得1分）还可以向正方形里面的同伴传球。第5名运动员在每次控球之后成功传给正方形外面的其他同伴可获得3分。

第2个 简单比赛
三个球队的4v2快攻

三支球队在7v7或8v8足球比赛场地上进行比赛，每个球队由4名运动员组成。教练给出可视信号之后，站在中线且都控球的2支球队开始比赛。他们分别进攻相反方向的球门。第三个球队的2名运动员分别防守两个球门（如右侧插图所示）。首先射门得分的球队获胜。当2名防守者或中立守门员获得控球权之后，他们必须将球传过中线，在完成了5次进攻和一次休息之后，三个球队轮换角色，直到每个球队完成5次防守和10次进攻。

变化

- 一旦进攻者开始进攻，防守者必须从他们的位置——底线、任意边线后面的10米位置或者是在同一条中线外——开始进场组织防守阻止进攻者射门。

- 进攻者在限定区域（接近中线、两条边线标识为15米×15米）的左侧或右侧位置开始进攻。

训练目标

- 以菱形站位进攻，具备深度和宽度。
- 使用直传、长传而不是平高球。
- 尽可能多地采用一脚传球。
- 获得进球的经验。
- 防守者要学会延缓和诱导进攻。

有效提问

请阐述在快攻时如何传球。最好是传给斜对角跑动接应的同伴，这名同伴必须在未被任何对手控制的区域中接球。横传或长时间带球会给对手重新组织防守阵型的机会。相对于接球和控球，要尽可能在停球前进行观察，然后再快速传球。换言之，将传球与接球有效地结合起来。

如何在快攻时接球？球与进攻者两者都不是静止的，必须在活动中接球，所采用的接球和控球技术必须不能耽误接下来的下一个进攻行动。

如何以快攻的方式射门？大多数射门是直接（一脚球）射门。

两名防守者在数量上处于劣势时应该怎样做？在他们面对运球突破者时，首先要后退延缓其进攻然后迫使他传球，防守者必须尽可能长时间地跟随运球突破者，接着迫使他将球传给远离球门的边锋。

纠正训练

回顾运球、面向2v2的简单比赛和面向3v3的简单比赛，了解相关纠正比赛的内容。

第3个 简单比赛 直接传球给影子前锋

使用第163页第8个简单比赛的规则，让两个球队在7v7足球赛场上进行比赛。每支球队有2名中场球员（分别站在两个禁区中）、1名前锋以及1名防守的运动员。防守运动员始终站在越位线（在13米位置）和禁区线（在11米位置）所构成的狭小区域内。如果没有越位线，那么防守者只可以跑动到11米线位置。2名中场运动员控球并尝试将球传给前锋，前锋一旦控球可以直接将球传到对方的禁区。球员在越位区域控球后，可以尝试在面

对1名中立守门员的情况下射门。11米和
13米线之间的区域是防守者要重点防守的
区域，防止在他后面的无球运动员接球。
任何运动员都不可以离开他被指定的区域。
每支球队的中场运动员每隔5分钟与他们
球队的前锋和防守者交换位置和角色。

❓ 有效提问

　　将球成功传给前锋有哪些条件？ 运球者在直传球之前必须分析比赛的情况，从而确定可以传球的区域。接着，传球者必须与潜在的接球者做好视觉沟通，从而清楚了解他是否做好了接球的准备。最后，通过对手没有注意到的暗示（头部或手部动作），潜在的接球者必须明确做出传球者所预期的传球方向和适当的速度。

　　带球的中场球员可以在三个不同的进攻动作中进行选择。在哪些情景之下，他必须选择哪一个呢？ 中场球员的第一个选择是将球直传给未被注意到的前锋。如果不可行，那么他第二个选择是将球传给在同一个区域中站在较好位置的同伴，第三个选择是将球带出防守者的防守区域以外，并用身体护球，从而获得一些时间或不同的传球角度。

　　前锋必须站在哪个位置可以接到中场位置的长传球？ 在一侧接应的位置可以让他看到传球者以及后面的防守者（和球门）。此外，前锋还可以从侧面位置更快地进攻（还可以射门），并且不会因为转身而浪费时间。

　　何时是直传球的最佳时机？ 在从对手脚下成功断球时可以立刻直传球，因为此时大多数对手仍然是进攻状态，而己方的进攻者都未被注意到，所以这个时候直传球更容易成功。

两名防守的中场球员的任务是什么？他们都必须尽他们最大的可能限制2名进攻的中场球员的空间和时间。这样，进攻的中场球员就无法与他们的前锋进行沟通以及准确地直传球。

成功直传球之后，两名中场球员的哪一名必须支援前锋？这主要根据前锋和中场球员之间的距离以及前锋接球的位置判断。如果前锋在右边接球，那么左边的中场球员支援，反之则右边的中场球员支援。

变化

- 一旦球进入射门区域，任何中场球员或者防守者必须跑进禁区支援同伴进行进攻或防守，这时任何进攻者都可以射门。
- 为了学习二次进攻，在将球传给前锋之后，必须遵循只有一名中场球员可以射门的规则。
- 水平较高的运动员必须练习将球直传给在禁区里被防守者紧逼的前锋，同时，要求运动员回顾针对2名防守球员的第7个和第8个简单比赛（第109页和第110页），从而提高他们直传球的能力以及在被紧逼下的接球和控球的能力。这个比赛可以很好地应用到Mini足球比赛场地上。

❓ 有效提问

怎样通过盯防影响前锋接直传球的方向？如果从后面盯防进攻者，那么他会希望接脚下球；如果从侧边盯防进攻者，那么他会将球停到另一侧；当在后面的空当接球时，进攻者首选是用身体护球（掩护球）以阻止防守者先到达。

训练目标

以下是进攻的目标。

- 在时长为5分钟的两个回合中保持高度的精神集中。
- 展示出较强的沟通和协作技能，希望接球的运动员必须与运球前进者之间建立视觉沟通，同时指示他传球的位置。
- 在运球时要抬头。在分析了情况之后，利用足球比赛知识选择最有效的传球方式。
- 最好是直传球而不是横传或者运球。
- 在接球之前确定好下一步的行动，这样就可以实现流畅的比赛。
- 在丢球时，要尽快转为防守。
- 在前锋接住直传球时，他的接球技巧必须考虑到下一步的动作以及防守者的位置，从而在较少时间内射门（查看最后的变化）。

以下是防守的目标。

- 在得到控球权时，快速从防守转为进攻。
- 通过有目的地减少进攻者的空间和时间，增加直传球的难度。
- 协防。总是在抢断之前考虑同伴的防守位置。
- 分析进攻者的战术，从而及时预判他们的目的。

纠正训练

使用面向3v3的第8个简单比赛。

第4个 简单比赛 拯救囚犯

使用一个边长为25米的正方形比赛区域，并在每个转角采用锥桶标识球门。球队的2名运动员在场地内对抗，球队的第3名和第4名运动员站在比赛场地斜对角位置。2名进攻者的目的是在不让球出界的情况下连续传球10次。运球进攻者可以将球传给己方场地中间的同伴或者在斜对角的（监禁）的2名同伴（囚犯）。当囚犯在监禁的球门接到球之后，他就可以与传球者进行轮换。

25米

25米

同时，在中间的2名防守者要尽最大的努力阻止控球的球队成功传球。在每次传球时必须大声地告知教练和对手。当球跑出指定比赛区域时，防守者必须至少站在3米以外的位置接受以任意球开始比赛的规则。能够3次完成10次连续传球或者保持控球权最长的球队获胜。

? 有效提问

好的传球具备哪些特点?

- 接球同伴不会立刻被防守者施压。
- 传球时机不早也不迟，同伴可以在更好的情况下接球。
- 传球具备一定速度并且还做了隐蔽，这样防守者就无法分析传球的意图。

● 传球一般沿着地面，这样相对于空中传球更容易控制。

控球队员的主要任务是什么？ 他必须阅读比赛然后找到合理的位置，了解何时、何地将球传到或者运到未被占据的空当中最合适。当运动员决定传球时，他不可以表露出任何传示时机或方向的意图，从而避免对手抢占先机。在完成成功传球之后，运动员必须立刻跑向未被占据的空当，同时与其他的两名同伴沟通。

目标是控球时，为什么必须避免传空中球？ 沿着地面传球比空中传球更快且更容易控制。

请阐述在比赛中，何时是最佳的传球时机？ 当对手向带球的进攻者全面施压时，进攻者必须进行传球，这意味着传球也是必要的。

请阐述已经成功传球队员的任务。 在完成成功传球之后，运动员必须立刻跑离原有位置，从而在未被任何对手控制的区域再次获得控球机会。

当球队的目的是保持控球权时，是应该将球传给跑动的同伴还是直接传到他的脚下？ 为了便于接球，必须直接将球传到脚下。

何时可以直接传球（一脚传球）以及何时必须控球？ 当对手在运动员接球的时刻施压时，他必须一脚传球并避免控球，从而避免丢失控球权的风险。

进攻者丢失控球权时应该怎样做？ 进攻者（以及所有的同伴）必须立刻转换为防守角色并且不可以在进攻和防守之间出现任何停顿。

何时进攻者可以保持控球权以及何时他必须传球？ 当没有传球的选择时，进攻者可以保持控球权并运球，当进攻者受到一名或两名防守者施压时，他必须将球传给位置更好的同伴。

变化

按照以下顺序在比赛中使用这些变化。

（1）只有长传才可得分（超过10米或者从比赛场地的一边到另一边）：画一条中线将正方形分成两个区域。

（2）只有之前没有运球的队员传球才可得分。

（3）只有在精确传球（即穿过他的角落里的球门锥桶）或者使用技术不擅长脚传球时才可以释放监禁的运动员。

（4）除了留在小的监禁区域里，4名接球员的每一名都必须在后面的一个正方形的4条边线后面选择一个位置，从而接住同伴的传球。

（5）只有一名接球员站在正方形外面，可以接住向场地外面的传球（即加上一名外部运动员的3v3比赛）。

（6）4名囚犯必须以不同的速度和方向围绕比赛场地不断跑动，一直到他可以接到传球的位置。

（7）为了提高一脚传球能力，只有一脚传球才可以得分。

（8）为了提高接球和控球技术，只有完成传空中球后才可以释放囚犯。

（9）为了提高头球技术，囚犯可以根据传球改变位置，并且只有在他能够将球返回给同伴的情况下使用头球。

（10）每个球队有5名、6名、7名或8名运动员一起练习这些变化训练；随着运动员人数的增加要不断增加比赛场地的尺寸。

有效提问

这些比赛变化可以让运动员学到什么？ 在防守者拦截进攻者之前，进攻者必须关注附近防守者的位置，防守者也必须留意同伴之间的位置，他们的目的都是尽可能快速地进行攻守转换。

训练目标

- 传球之前要选择出最有效的跑动（往往是将球传给距离防守者最远的运动员）。
- 采用简化且成功率最高的传球方式，避免出现1v1情景并保持在任何防守者的防守范围之外控球。
- 培养精准且具备速度的传球，同时尝试隐蔽传球的方向。
- 同时还可以查看本章第1个简单比赛的目标（第213页）。

第5个　简单比赛　连续传球

两支球队的各4名运动员在7v7足球比赛场地的中线和越位线之间进行比赛（或者是在8v8足球比赛场地上的边长为30米的正方形区域）。两队的运动员要保持争夺控球权，同时在相距至少10米的位置上进行10次连续传球，这里应用正规的足球规则，在一个球队连续10次传球之后，可以有2分钟的休息时间。两队的运动员可以在休息时间探讨他们下次比赛的战术。抛球重新开始比赛，3次完成10次连续传球的球队取得比赛胜利。

30米

30米

? 有效提问

请参考之前简单比赛中的提问和回答。

变化

- 保持控球权时间较长的球队获胜。
- 在较小的区域（边长为20米的正方形）中进行比赛。
- 每支球队的2名运动员必须一直站在正方形的边线外，不可以进入正方形中，同时这2名运动员还必须经常保持运动状态以便接应。

训练目标

- 避免运动员都集中在球的附近，以使防守更加困难。
- 正确地分析比赛，从而选择最有效的传球。
- 学会在危险情景中保持控球，例如，当对手防守施压时或者运球进攻者在角落控球时。
- 清楚何时传球以及何时不可以传球只能运球。
- 学会使用身体掩护球。
- 在进攻时增加深度和宽度，从而增加对手的防守范围；无球的进攻者必须时刻做好在防守者控制不足的比赛区域中接球的准备。
- 在传球之前，确保在传球者和接球者之间做好了视觉沟通。
- 尽可能进行整体练习，同时减少个人对抗（特别是1v1）。
- 防守者接近球的人数应该比进攻者的人数多；分析比赛，预判进攻方的下一步动作以及对手的战术打法。

第6个 简单比赛
运球穿过对手底线

采用7v7足球比赛场地或者20米×35米的长方形区域。两支球队的各4名运动员进行比赛，目的是运球穿过对手的底线（35米宽）。抛球开始比赛，任意球必须在距离各自底线4.5米的位置开始。没有越位，其他的规则与正规的足球比赛相同。

比赛持续时间：共分3个回合，每个回合3分钟，回合之间有2分钟休息时间，

35米

20米

两支球队可以在休息时间探讨接下来3分钟的比赛采用的战术。

❓ 有效提问

　　4名进攻者应该怎样面对4名防守者进行控球呢？ 当4名进攻者一起进攻时，他们必须采用菱形站位。2名运动员站在边路确保进攻宽度，另外2名运动员一前一后确保进攻深度。保持站位的同时通过位置轮转让4名防守者难以防守。进攻者必须不断地制造2v1情景，同时避免1v1情景，这样可以防止对手获得更多反击的机会。

　　什么是运球进攻者的最有效传球？ 为了鼓励运球者进行直传球，一名同伴需协助他在防守者后方接球并射门。在这个简单比赛中没有越位，就像7v7足球比赛一样只有在13米线的位置设置越位。

　　前锋如何接球？ 他最好站在侧面位置，这样他可以快速地连续进攻。并且前锋还可以拥有更好的视野，特别是在更容易得分的球门区域。

　　何时必须加速以及何时必须放慢进攻节奏？ 在比赛中当运球进攻者突破形成人数优势或空当后，需要开始加速（例如，4v3）。当一名同伴站在越位位置、没有同伴接应或者大多数进攻者都筋疲力尽时必须放慢进攻节奏。

　　通常，比赛场地上哪些空间可以利用？ 通常，在运球场地的另一侧会有一些空间，可以有目的地采用长传、平传和快速传球的方式传给空位处跑动的同伴。

　　我们怎样做才能令对手的紧逼盯人不起作用？ 首先运球者必须预判对手的压力在哪里，同时将球回传给策应的同伴。然后同伴接下来会再传给中前场未被紧逼的前锋或中锋。

　　成功掷界外球的要点是什么？ 在掷界外球时不要冒险，必须在对手有时间紧逼之前快速掷出。在7v7比赛中，进攻者和防守者都必须清楚掷界外球无越位规则，这对于进攻球队而言是一个优势。

　　踢任意球之前，运动员必须考虑哪些方面？ 首先他尽可能快地发出任意球（特别是在同伴未被注意到的情况下），或者他必须非常缓慢地仔细研究所有可能的传球选择。

　　防守者应该以怎样的方式盯防无球对手？ 防守者必须总是站在对手和球门之间，但是要比对手更接近球门。在这个位置，防守者可以同时观察球和对手。

　　防守者何时必须关注对手以及何时必须关注空当？ 可以根据防守者和进攻者之间的距离来决定。当接近球距离小于15米时，防守者必须非常仔细地盯防对手，而且必须比进攻者更加接近球门。当球距离较远时，防守者需要占据空当进行拦截传球。

　　防守者应该以怎样的方式站位？ 防守者永远不可以正面面对进攻者，因为这样进攻者就可以在任意一侧突破他。防守者最好在侧身位置盯防进攻者，这样防守者就可以跟着进攻者，同时将他引到预定方向（例如朝向边线或者有防守同伴）。

防守者面对 1v1 情景时，他必须考虑哪些因素？ 防守者必须始终保持利用脚尖位置发起拦截抢球，同时要将身体重量平均分配到两条腿上。为了保持平衡，防守者不可以将双腿打开的宽度超过肩膀过大或者两脚交叉。当球在距离进攻者脚下较远的位置时，他必须稍微屈膝，做好瞬间拦截抢球的准备。在进行拦截抢球时，必须以非常快的速度突袭对手，但同时避免将身体的全部重量都放置在前腿上，以确保在出现失误时还可以进行第二次拦截抢球。防守时防守者不仅要仔细观察球（不是对手的双腿），还必须注意到其他的对手以及最接近球的同伴，一旦成功拦截球，他就必须快速从防守模式转换为进攻模式。

在 1v1 情景附近的防守者应该怎样做？ 除了不再是将全部注意力放在个人对手上，防守者还必须预判同伴可能防守失败，同时在协防区域寻找潜在的进攻者。

变化

- 训练第 6 个简单比赛之前，青少年运动员必须练习以下变化内容。每个球队有 5 名进攻者并且总是在底线位置上开始比赛。当他们第一次触球时，对手在底线位置开始防守。当射门进球或者防守者获得对方控球权时进攻结束。防守者在成功防守之后不可以反击，在 10 次进攻中进球多的球队获胜。
- 技术熟练的运动员在较小的比赛场地（这样防守更容易）上或者在更大的区域（让防守难度增加）上进行训练。
- 这种变化可以称之为"进球之后继续进攻"。在射门得分之后，进攻者可以继续进攻，他们可以立刻转身向仍然由相同的对手防守的相对球门进攻。在 5 分钟的比赛中进球多的球队获胜。
- 代替两个球门的比赛。进攻者可以向两个 4 米宽的球门的任意一个进攻（轮流进攻，球门也可以设置为 6 米宽），这两个球门设置在两条底线的侧翼位置。
- 每个球队都有一次控球权，为了射门得分，球队必须在相对的底线开始控球，另一支球队也如此。

训练目标

以下是进攻的目标。

- 采用菱形站位打法，同时确保进攻深度和宽度。
- 在运球时要抬头，从而观察比赛状况，这样才可以将球传给位置更佳的同伴。
- 清楚何时改变进攻节奏，学会在正确的时机加速。
- 学习找到在比赛区域中未被防守者控制的接应者，这个区域往往距离球比较远而且在比赛场地的另一侧。
- 选择最有效的传球方式，当成功率相当低时，不要冒险长传。

- 以合理的方式摆脱紧逼盯人防守。
- 清楚如何成功地踢任意球和射门。
- 避免成功率非常低的1v1情景，相反可以通过有目的地支持运球者制造2v1情景。

以下是防守的目标。

- 让自己站在对手和球门之间合适的位置，同时要比对手更加靠近中场。
- 观察比赛情景，不仅要观察球的动态，更要记住观察自己视线范围里的对手和自己的同伴。
- 确保防守的宽度和深度。
- 预判运球突破者的意图。
- 根据比赛情景，练习协防（在接近自己区域内紧逼盯人）、区域协防或者1v1紧逼防守，同时4名防守者之间要保持不断的沟通。
- 使用侧身的姿势拦截控球的进攻者。
- 在比赛中保持高度的注意力。

第7个　简单比赛
中场长传转移

2个两支球队各4名运动员在7v7足球比赛场地的中线和越位线之间进行比赛。比赛共分3个回合，每个回合持续5分钟。在场地中间抛球开始比赛，接下来每支球队开始争取控球权并在对手的施压之下传球穿过两个球门区域的其中一个（锥桶标识的6米距离），两个球门区域设置在距离对手后面底线13米的位置。任何运动员都不可以离开指定比赛区域，这样有利于在每个底线位置放置一些备用球，从而保证比赛流畅性，同时在进行长传转移之后不需要延迟就可以重新开始比赛。当进攻球队尽最大可能制造足够的空间和时间准备进行准确长传时，对手必须积极防守。防守者必须创造防守区域的人数优势。青少年运动员要清楚在成功拦截抢球之后是使用长传进行反击的理想时机。

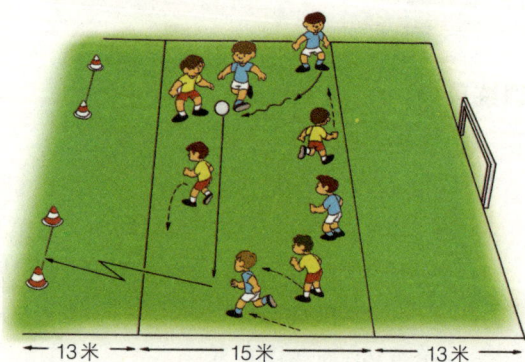

←13米→ ←—15米—→ ←13米→

? 有效提问

　　何时可以采用长传？ 一般情况下，总是在从对手脚下夺得控球权之后立刻进行长传。在进行拦截球之前，聪明的防守者已经对他前面发生的情景做好了分析。如果成功拦截，防守者可以立刻向现在被关注较少的前锋或中场球员进行长传转移，因为他们的防守者此时正在参与进攻。

　　阐述一下接球和控球。 在接球之前，运动员必须清楚如何接球，相对于在原地控球，在运动中朝着既定的方向控球（定向控制）将更有利于比赛的继续进行。

　　成功直传的特点是什么？ 最重要的一点是可以将球传给目标（同伴）。这需要完美的时机、准确性、速度以及尽可能低的高度，从而易于控球。

变化

　　循序渐进地让运动员尝试下列变化训练。

　　（1）中立运动员支援任意控球的球队。

　　（2）在进行长传之前，在比赛场地中间必须至少进行3次传球。

　　（3）第5名进攻者在两个球门区域后面等待接住长传的球，接着在锥桶之间的其中一个球门里控球，教练也可以要求这名额外的进攻者将球射进7v7球门来完成进攻。

　　（4）相对于按照之前的变化来引入一名进攻者，防守者现在可以站在靠近其中一个球门，接着尝试拦截向任意球门长传的球，一旦射门得分，防守者必须与隐蔽且准确地完成长传的进攻者交换位置和角色。

　　（5）在较小的比赛场地进行相同的比赛（上面的第4个变化）。

　　（6）两名进攻者分别在球门后面做好接球的准备，一名防守者在他们之间进行防守。进攻的目的是，在面对防守者努力拦截的情况下接住中场之外传过来并穿过锥桶球门的直传球。

　　（7）移走球门（锥桶）并在底线后面大约13米的位置安排两名进攻者，在接住长传的球之后，即使在面对一名积极的防守者和一名守门员的情况下，进攻者也要努力射门得分。

　　（8）按照变化7进行比赛，但是要加入紧密防守的第2名防守者。

　　（9）按照变化8进行比赛，但是要加入作为自由运动员的第3名防守者。

训练目标

- 使用之前的简单比赛实现训练目标。
- 从对手手中重新获得控球权之后，立刻进行长传转移。
- 学会隐蔽传球的方向。
- 在接球之前先分析比赛情景，从而决定是否适合长传转移。

- 总是要设法进行长传，但是如果无法成功地实现，那么就放弃长传，选择确保球队保持控球权的战术打法。
- 防守者必须减少运球进攻者及其支援同伴的空间和时间；在重新获得球权之后，要快速转换进攻。

纠正训练

使用2v2足球比赛中的第2个、第5个或第7个简单比赛；3v3足球比赛中的第5个、第8个或第10个简单比赛；以及本章4v4足球比赛中的第3个简单比赛进行纠正训练。

第8个 简单比赛
射门，防守和反击

组织两支球队，每支球队有4名运动员。每支球队的运动员都可以在7v7或8v8足球比赛场地的半场范围内进行比赛。采用6米×2米的正规球门，同时在中线位置添加2个用锥桶标识的5米宽球门，也可以在每个球队都增加一名中立守门员。在场地中间抛球开始比赛，或者两个球队抛硬币决定进攻哪个方向的球门。可以根据运动员的年龄，参考7v7（第172页）或8v8（第237页）上的比赛规则来制定本次比赛的规则。

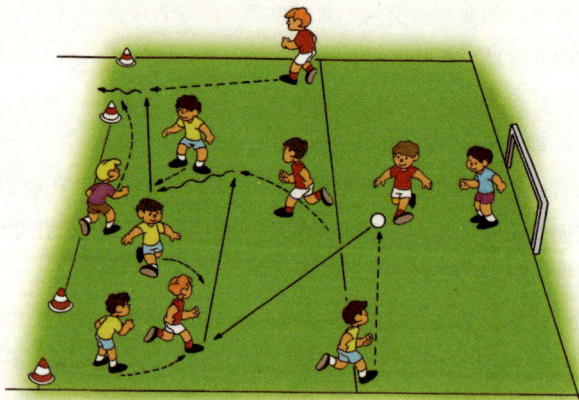

比赛持续时间：共分4个回合，每个回合5分钟；球队在每次休息的时间里改变站位和进攻的球门。

有效提问

哪些要素会影响射门还是传球的决定? 必须考虑很多方面。例如，运动员与球和球门之间的距离、射门的角度、位置、人数、接近球门的同伴的行为、守门员在球门里面和外面的位置等要素，最后还必须考虑接近球门的防守者的人数、位置和行为。

完成射门之后，接近该球门的其他进攻者和防守者的任务是什么？ 每个人都必须预判可能弹回的球，同时尝试让自己站在可以射门或者将球踢出禁区的位置。距离球门的位置太近是进攻者常犯的错误，而防守者必须总是留意将球踢出任意边线，因为缺少时间而且很多比赛对手都围着来球，因此必须一脚处理回弹球。

为什么善于防守的球队总是比善于进攻的球队得分更多？ 这可能与在丢失控球权之后快速进行角色转换有关，一般情况下，进攻者转换为防守比防守者转换为进攻所需要的时间更多。

可以给踢角球的进攻者提出哪些建议呢？

- 必须将球踢到守门员和防守者都很难控制的区域。
- 角球必须具备较快的速度、较低的弧度并旋转着从球门飞过。
- 进攻者必须以弧线包抄跑动，从而摆脱他们的防守者，同时必须积极、快速且勇敢地迎接来球。

可以给防守角球的防守者提出哪些建议呢？

- 永远不要躲藏在对手后面，与进攻者站在相同的水平位置但是要更加接近本方球门（球门一侧）。
- 总是留心对手和球，让自己站在可以同时看到两者的位置。
- 不要等待球跑向自己，最好是在确定球的速度、旋转和弧度时跑向球，通过预判反超对手。
- 不要忘记与自己球队的防守同伴进行沟通。

掷界外球的三个基本规则。

（1）掷出边线球的速度越快，对手可以建立防守的时间就越少。

（2）在自己的半场掷边线球时不要冒险，因此，最好是将球往后传给未被防守的同伴。

（3）在对方半场位置掷边线球时可以冒险，特别是在清楚没有越位规则限制的情况下。

裁判判定一个靠近球门的任意球时，可以给防守者提供哪些建议呢？

- 在裁判判定任意球之后，立刻要有一名防守者站在球的后面。
- 这种方式罚球者就不能够突袭，可以有时间做好组织防守。要一直观察球，同时绝不可以离开来球，唯一的例外是，守门员需要与运动员沟通防止球门哪个部分不能受到攻击。

运动员在踢任意球时必须考虑哪些方面？ 突袭对手，他必须尽可能快（特别是在一名同伴未被注意到的情况下）地射门。或者，他可以非常缓慢地仔细研究所有可能的选择，可以根据球门的距离采取射门或者将球传给站在更好位置可以射门且未被注意到的同伴。

训练目标

- 争取实现之前面向4名运动员的简单比赛的目标。
- 清楚如何在对手的射门区域中采取有效的战术打法。
- 系统地观察守门员的回弹球。
- 清楚如何很好地踢任意球；同时积累在建立防守人墙方面的经验。
- 积累角球和禁区的经验。
- 清楚如何在不犯规的情况下防守。

纠正训练

回顾之前的简单比赛以及第4章的比赛。

第9个 简单比赛
有4个球门的射门比赛

　　三支球队在8v8足球赛场的半场范围内进行比赛。在半场的边线或底线里面10米的位置用锥桶设置4个球门（6米宽）。一支球队的4名运动员防守4个用锥桶设置的球门，其他两支球队攻守取决于哪个球队控球。他们的目的是在比赛区域中面向任意球门射门得分。在射门之后，守门员可以将球击向空中，当球跑到任意球门后面时，比赛继续进行，但是当球跑出标志的区域时，守门员必须将球门附近的预备球投入到比赛中。每隔5分钟，球队进行交换，这样不同的球队可以对球门进行防守。在15分钟的比赛中射门得分多的球队获胜。

　　还可以有第四支球队参加比赛，这个球队的角色是将踢出赛场的球收集起来放到球门附近备用。

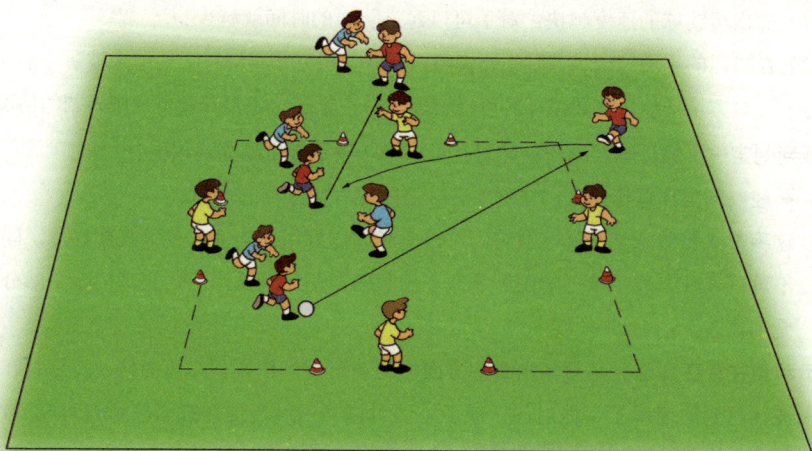

 **有效提问**

运球突破者在决定射门还是将球传给同伴时应该考虑哪些信息？以下是必须考虑信息。

- 运球的运动员和球门之间的距离。
- 射门的角度。
- 接近球门的同伴的位置、人数和行为。
- 守门员的位置是在球门里面或者外面。
- 防守者的位置和行为。

何时必须射门？ 当在球门和球之间并不是只有一名防守者以及无法向位置更好的同伴传球时，一般都必须射门。同时当距离球门的位置和射门角度都是最佳时以及可能运球突破守门员存在风险时往往也可以射门。

在射门时，球门附近的其他进攻者和防守者的任务是什么？ 每个人都必须预判可能的回弹球，同时尝试让自己站在可以射门或者将球踢出禁区的位置。距离球门的位置太近是进攻者常犯的错误，而防守者必须时刻留意将球踢出任意边线。因为缺少时间而且很多比赛对手都围着来球，因此必须一脚处理回弹球。

变化

只有在8米以上的距离射门或者使用技术不擅长脚射门才可以得分。

第**10**个　简单比赛
4v2头球比赛

采用3v3的第13个简单比赛的规则，但有两个例外：两支球队参加比赛，球队由4名运动员组成，同时两支球队只使用一个球。每个球队的两名运动员在边路开始比赛，两名在比赛场地中间开始比赛。获得控球权的球队在完成向任意一侧边路抛球之后开始比赛。一旦边锋在限制区域中连续3次触球，那么他就可以在没有对手的情况下运球前进。当边锋到达禁区位置时，他可以将球传给中场的两名同伴，这些同伴必须支援运球的边锋，同时一起努力实现头球射门的目标。但是，同时中间区域也有两名防守者防守，一开始在没有守门员的情况下，头球射门会比较容易一些（查看有守门员的变化6的比赛），当其中一名防守者从进攻者脚下重新夺回控球权之后，他必须将球传给边锋（对手防范较少的同伴），从而直接朝对方的球门发动下一次进攻。在完成5分钟一个回合的比赛之后，球队的4名运动员轮换角色直到每名运动员都在3个位置完成比赛。

有效提问

传中球的运动员的任务是什么？
- 边锋必须能够在球门前面8~10米的位置抓住合适的时机直接且准确地完成传中球，这样守门员面对的任务就会更加艰难。
- 低弧度且高速度的传中球比高弧度且力量较小且需要更多时间的传球更具威胁性。

使用头球射门的运动员必须考虑哪些方面？ 在使用头球射门之前，运动员必须分析球的速度、旋转、高度、弧度以及可能的落点，视觉评估的任何错误都可能导致错误的决定和糟糕的头球效果。

在可能的情况下，进攻者必须迎着来球跑动，从而让头球具备更快的速度。清楚如何在球门前面选位以及使用正确的头球技术。

变化

让运动员循序渐进地练习以下变化。

（1）比赛一开始没有防守者。两支球队都进攻，每名运动员都有一次控球权（按照第169页的面向3v3第11个简单比赛描述的规则进行比赛）。

（2）可以让比赛更复杂些。进攻者总是使用头球射门，同时只使用一个球进行比赛。每支球队的2名运动员的其中一名可以作为防守运动员，而另一名始终站在中线位置做好头球射门的准备。

（3）根据变化2，除了一名防守者必须效仿守门员以外，还可以在球门线位置使用双脚防守。

（4）中间条纹线位置的两名对方防守者不会受到任何限制，他们可以识别他们的球队有没有打算进攻。一般情况下，他们中的其中一个可以快速地跑向球门作为守门员，而另一个可以尝试在中间进行拦截抢球。

（5）使用原来的比赛规则进行比赛（查看之前的页面）。

（6）设置两名守门员，同时使用原来的比赛进行练习（查看之前的页面）。

（7）边锋可以选择在中间朝守门员防守的球门射门。

（8）没有控球的边锋可以与中间条纹线位置的两名进攻者一起参与射门（形成3v2情景）。

（9）可以自由地对抗，但是只有头球射门才可以得分。

训练目标

使用与面向 3v3 第 11 个简单比赛一样的训练目标。

纠正训练

使用面向 3v3 第 11 个简单比赛作为纠正训练。

第 4 级别的比赛

教练通过 5v5 的比赛可以向运动员展示在 8v8 和 11v11 比赛中常见的问题。

请回顾 4v4 比赛中所有简单比赛（在第 213 页开始），这些比赛可以按照相同的规则进行练习，包括相同的比赛场地尺寸和比赛持续时间——只需简单地在每个球队中增加一名运动员就可以进行 5v5 比赛。虽然 5v5 比赛比较复杂，但是训练的目标和矫正练习必须与之前的 4v4 简单比赛中所提供的目标和练习保持一致。

5v5 三项全能

在赛季里，必须有三次或四次使用 5v5 三项全能进行训练，从而为 12~13 岁的运动员提供在压力下完成比赛的机会。这种压力在 8v8 的比赛中是最常见的情况。

在诸如 5v5 三项全能的比赛中成功的表现主要根据大量的变化而定，包括训练课程的质量、教练、裁判和比赛。第 236 页的表格展示了比赛组织的方式。在这个例子中，代表欧洲的球队对抗代表南美洲的球队，直到最终决出胜负。教练可以使用每场比赛相邻的空白位置来记录得分。

1. 在三个区域中的 5v5 比赛

将比赛区域平均分成三个部分，每个部分为 16 米×20 米。每个区域中有 1 名防守者；两名前锋在底线区域而中场运动员在中间区域。比赛在第一个区域的 20 米底线位置开始，两名运动员要对抗 1 名对手并保持控球权。在不可以离开他们的指定区域情况下，他们必须在自己区域向他们的中场同伴传球或者向距离较远的两名前锋传球。中场运动员会受到他的对手的紧逼防守，中场运动员以及在相对区域的两名前锋也要尽可能获

得控球权。任何运动员都不可以离开他被指定的区域。

5名进攻的运动员拥有5次控球权。他们可以在3个区域中控球，同时要尽最大可能实现传控球，出现以下情况时进攻结束。

- 3名防守者中的一名获得控球权或者将球踢出比赛区域。
- 球出界。
- 进攻者犯规。

每次进攻之后，一直在比赛场地外面观察的防守者替换第一区域和第三区域的防守者（如之前比赛的插图所示）。当一个球队完成了全部5次控球之后，两队轮换，之前的5名进攻者现在进行防守。

变化

- 为了帮助中场运动员训练接球和控球，在尝试继续进攻和将球分配给第三区域的2名前锋之前，必须将球传给中场的运动员。5名进攻者的目的是在对面的底线区域控球。
- 为了练习长传，可以在中间区域不安排运动员。第三区域的进攻者与同伴建立了视觉联系之后，进攻者可以练习使用隐蔽的方式准确且有力传球的能力，另一方面，两名单独的防守者也可以学习分析对手的战术打法，控制相对宽的区域和拦截对手。
- 当更多的运动员加入比赛时（例如在初始区域3v2），就必须相应地扩大比赛区域的宽度——直到达到原来足球比赛场地正规宽度。

训练目标

- 学会把握进行短传或长传的时机，学会何时传空中球以及传地面球。
- 选择正确的时机直传给中场的同伴或者长传给前锋。
- 提高传球技术（沿着地面准确且有力地平传，避免向对手暴露传球的方向）。
- 传球前，学会与接球员建立视觉沟通。
- 提高无球跑动战术。
- 预判对手的战术打法。
- 提高2v1情景的成功率。

纠正训练

青少年运动员进行大场地比赛之前，让他们先练习和体验比较简单的比赛形式。

- 用任意球向目标进攻者传球（第110页，2v2第8个简单比赛的变化），从而学会在连续传球中控球。
- 在2v1情景中保持控球权（第111页，2v2第9个简单比赛的变化），从而制造出足够的时间和空间来向同伴直接有效地长传。

- 在3v2情景中保持控球权（第160页，3v3第7个简单比赛的变化）。
- 使用第4章的各种不同的活动——查看传球、接球和射门游戏的章节（第55页）。

2. 5v5快攻

将8v8足球场地平均分成三个区域，在中间区域开始比赛。来自各个球队的4名运动员可以尝试在连续5次或者更多次传球中保持控球权。运动员必须将球传给接近对方球门的前锋，运动员（进攻者和防守者）在将球踢进攻区域之前不可以离开中场。在接住和控制长传的球之后，站在禁区的运动员必须等待同伴（在完成长传之后跑出中场的运动员）的支援，同时不可以射门。进攻最后因为中立守门员和防守者成功拦截后结束。这里的防守者在完成长传之后才可以跑出中场。在中场的中间位置完成10次直传球之后，得分多的球队获胜。

变化

球队的5名运动员都必须留在中场，只有在3次（稍后设置为5次）连续传球之后，球队才可以离开中场进攻球门。其他的规则都是一样的。

训练目标

这里与3v3第8个简单比赛和4v4第3个简单比赛的目标一样。

纠正训练

这里也与3v3第8个简单比赛和4v4第3个简单比赛的目标一样。

3. 射门、防守和反击

查看本章前面的第8个简单比赛。使用8v8足球比赛场地的半场，同时在中线位置添加锥桶，然后在正规的6米宽球门对面设置两个5米宽的球门区域（如右侧插图所示）。在常规的球门位置设置一名守门员，在场地中间抛球开始比赛，一个球队进攻正规球门，另一支球队防守锥桶球门的同时使用穿过两个较小球门区域的球进行反击。

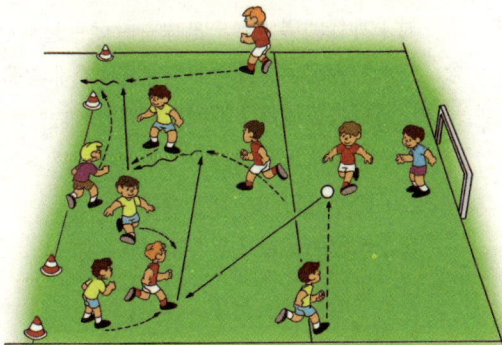

比赛持续时间：共分4个回合，每个回合3分钟；在每次完成3分钟的比赛之后，球队交换位置和角色。

欧洲vs南美洲

球队	葡萄牙	英格兰	波兰
运动员姓名			

球队	阿根廷	巴西	智利
运动员姓名			

第一场比赛得分：运球穿过对手底线（3×3分钟）		第二场比赛得分：中场长传转移（3×3分钟）		第三场比赛得分：射门、防守和反击（4×3分钟）	
葡萄牙—巴西		英格兰—巴西		波兰—巴西	
英格兰—阿根廷		波兰—阿根廷		葡萄牙—阿根廷	
波兰—智利		葡萄牙—智利		英格兰—智利	

最后结果：欧洲_____ 南美洲_____ 技术代表：_____

注意：在三项全能比赛中，不能改变球队的组成。

理解8v8足球比赛

对于外行的旁观者，足球有时候看起来很复杂。事实上，在学习和了解了这些基本概念、技术和规则之后就会清楚这是一个非常简单的比赛。

比赛可以分成两个不同的阶段。

（1）进攻阶段——自己的球队控球时。

（2）防守阶段——对手控球时。

每个阶段的目标（个人和球队）如下。

（1）进攻阶段。

- 保持控球权。

- 尽快通过运球突破渗透对方的防线。

- 制造射门和进球的机会。

- 射门得分。

（2）防守阶段。

- 尽快重新获得控球权。
- 避免被对方控制或运球突破，避免被渗透过自己的防线。
- 拒绝给对手射门和得分的机会。
- 避免让出球门（阻止进球）。

按照以下能力要求完成每个阶段的目标。

（1）进攻阶段。

- 全神贯注地冷静控球。
- 运球跑动的能力。
- 运球和躲闪的能力。
- 传球的能力。
- 接球并控球的能力。
- 创造和转变进球机会的能力。

（2）防守阶段。

- 盯防的能力。
- 延缓、驱赶和封堵对手的能力。
- 拦截和抢断的能力。
- 能够预防和阻止对手射门的能力。
- 高效守门。

不同阶段的打法要求。

（1）进攻阶段必须具备流畅性、扩张性和创造性。

（2）防守阶段必须具备纪律性、组织性和安全性。

相似的，这两个阶段决定了比赛的打法规则。

（1）在进攻时，要做好控球、速度、支援、渗透、洞察力、宽度和机动性。

（2）在防守时，要做好深度、延缓、平衡、注意力、组织性、安全性和速度。

为了实现 8v8 比赛的表现效果，运动员必须清楚在比赛的不同阶段以及不同的比赛区域中所要求的目标、风格和原则。最重要的是，有效的整体战术打法取决于每个运动员努力掌握的基本技能以及他们的良好表现。

8v8 足球比赛的规则

8v8 足球比赛最理想的比赛时间是在青少年运动员完成了两年的 7v7 比赛的训练并且年龄达到 14 岁之后。这个比赛可以作为 7v7 比赛和正规大场地比赛之间的桥梁。以下的规则只适用于 8v8 足球比赛，对于以下规则中未涉及的任何情况可以参考正式的足球比赛规则。

场地

在正规足球比赛场地的禁区之间进行8v8足球比赛。禁区是一个介于正规场地16.5米线（8v8比赛场地的底线）和中线之间的区域，可以在正规场地16.5米线中间位置设置7v7足球比赛的球门，罚点球的位置可以设置在距离球门9米的位置。

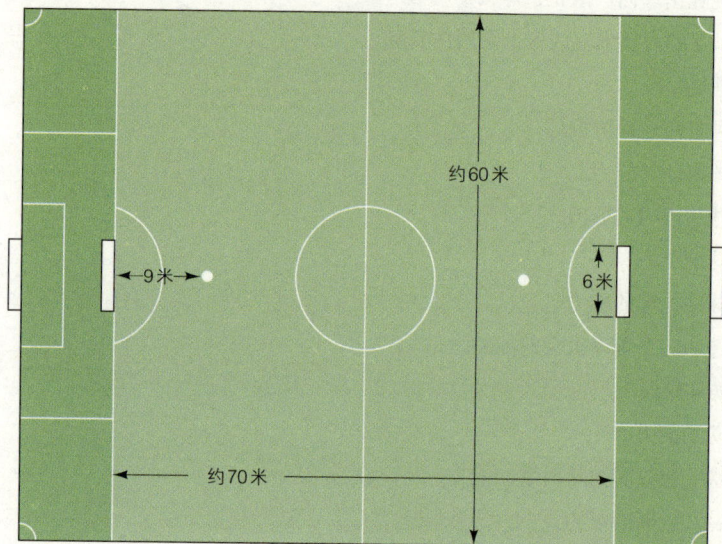

球队

球队最多有11名运动员，8名运动员可以同时参加比赛，替补运动员可以在任何时候加入比赛，这通常由教练决定，所有的11名运动员都可以参加比赛。

持续时间

比赛共分3个回合，每个回合25分钟，每个回合间歇5分钟。

技术规则

防守者在他自己的半场中出现任何犯规，裁判都可以根据犯规的严重性判处任意球或者罚点球（9米位置）。此外，裁判还可以给运动员发牌，其中包括黄牌（暂时罚出场10分钟）或者红牌

当智商、技术和意志力一起发挥作用时，可以想象这会是一场经典的比赛

终止比赛。

器材

所有比赛都使用4号球。

裁判

为了培养青少年裁判，8v8足球比赛的裁判年龄必须小于21岁（没有助理裁判）。

8v8足球比赛的优点

8v8足球比赛比正规的11v11比赛更适合12~13岁的运动员，以下是其优点。

（1）每名运动员可以尽可能多地触球，因此，可以更好地参与比赛。通过更加密切地参与比赛，不仅可以提高运动员技战术，还可以让青少年运动员的教练收集到更多关于每个人及其整支球队表现的准确信息。

（2）虽然空间和时间参数几乎与11v11比赛的一样（290平方米/人或300平方米/人），但8v8足球比赛可以保证球员更好地学习技术（并且更容易转换为正规大场地的战术打法）。因为场地上只有16名运动员，所以基本的比赛情景会更加频繁地出现，同时他们面对的青少年运动员的问题比大场地比赛的问题要简单些。因此，运动员会感到更能适应比赛，从而变得更自信，更有动力学习更多的内容。

（3）使用4号球可以让青少年运动员轻松将球传给其他同伴（有时候，使用正规的球不可能在整个场地上实现想要的打法）。这个方面可以提高他们的洞察力。此外，球的大小和重量与这些运动员（特别是对于女孩）的速度和力量水平相当匹配。通过使用合适的球，运动员可以获得和巩固重要的技术并取得更好的效果。

因此，8v8足球比赛有利于青少年运动员养成良好的习惯，并且为之后参与11v11比赛打下基础。毫无疑问，在接触了两年比较简单的8v8足球比赛之后，运动员可以很容易成功地参加大场地比赛。

（4）所有年龄介于12~14岁的青少年守门员更倾向于参加8v8足球比赛，而非大场地比赛。为什么呢？因为与他们的同伴一样，他们可以有更多的机会踢球。在8v8比赛中参加的运动员比较少，同时球在球门附近的机会比较多，因此，他们可以在越短的时间中更多地接触到球，同时，球门的大小（6米×6米）非常适合他们的身高。

（5）随着接近球门的机会不断增加，前锋和防守者也在比赛场地的重要位置上获得了宝贵的经验——任何错误或成功的行动都可以改变比赛结果。在8v8足球比赛中，他们可以学会在压力情景下完成进攻和防守。

（6）每个球队只有8名运动员，这样比赛被中断的次数会少些，而踢球的时间会更多一些。

（7）任何运动员都不会承受过重的体能负担，因为教练认为他表现不错时，就会经常调整运动员。轮流替换可以提高球队的士气，同时将运动员培养成可以在不同位置参赛的更加全能的人才。8v8比赛中距离较短，因此进行无氧耐力训练的机会比较少，这对于这个阶段运动员的培养有着积极的促进作用。此外，对于爆发力的训练使用4号球的效果会比较一般，但是运动员可以将球传到场地中的任何位置上，因此可以促进运动员洞察能力的培养。

（8）通常青少年教练经验不太丰富，但8v8比赛相对比较容易。因此，他可以在较简单的条件下（较少的运动员，但是能更多地触球和较简单的比赛情景）分析运动员的表现和球队的整体状况，以及为下一次训练课程内容安排做好准备，分析得越充分，越容易找到问题合适的解决方法。

（9）大多数教练会训练3名前锋、3名中场运动员、1名自由中卫和1名守门员。因为场地的长度缩短了（比正规场大场地少33米），所以中场运动员往往会向前进攻而前锋则在中场进行防守。这就是为什么8v8足球比赛能够有效防止青少年足球运动员过早专业化。

（10）对教练有效的内容对裁判同样也是有效的。合理地将青少年比赛循序渐进地应用到实践中毫无疑问会让裁判能力的发展长期受益。与教练及青少年运动员类似，青少年裁判发展到可以参加完整比赛的过程也是缓慢的——需要面对不断增加的困难和复杂的问题——确保他们在裁判培养的每一个阶段都能够感到可以胜任工作。

（11）相对于传统的比赛，作为观众特别是父母会更喜欢观看8v8足球比赛，因为比赛更容易跟进，同时，两支球队可以有更多的射门机会，因此比赛会更加令人兴奋。此外，在中线和大场地16.5米线之间有一个较大的禁区（约40米长、55米宽），因此必须维护比赛的公平，同时不放过处罚的机会。这就是在应用8v8足球比赛规则时很少出现球员受伤的原因。最后，同样重要的是，父母可以更多地看到他们的孩子获得更多的控球权，他们可以看到比大场地比赛更多的对抗，以及更多进球的可能性。

> "失败是什么？没有失败，只有学习；这是迈向更好未来的第一步。"
>
> ——温德尔·菲利浦（Wendell Phillips）

本章阐述了学习更复杂情景和再次应用各种技术之间的实用性过渡方式。这里大量的简单比赛和纠正训练主要适用于调整技术。此外，本章在理解特定情景和应用正规比赛（8v8足球比赛）方面构建了良好的衔接。训练和比赛一直以来都被看作一个整体，两者之间紧密相连。本章中面向比赛的训练比孤立于比赛的指导和训练课程内容更能激发青少年运动员的兴趣。（这里的指导和训练课程常见于其他青少年足球训练方法中。）

让足球走向未来

"尊重昨天的足球，学习今天的足球，同时预期明天的比赛。"

博拉·米卢蒂诺维奇（Bora Milutinovic）

　　在运动员踏入比赛场地时，他们必须接受有趣、有效且适合他们年龄的训练，这是健康且快乐地培养足球运动员的唯一方法。任何加快青少年足球运动员自然发展的尝试或者让他们过早面对大场地比赛的要求，都不利于运动员的发展和未来的表现。

带领比赛走出中世纪困境

　　尼尔•波兹曼（Neil Postman）是纽约大学社会学教授，他在他著名的《童年的消逝》一书中说道，现代社会往往不区分孩子们的生活方式与大人的生活方式，"他们都吃着与成年人相同的食物，看着与成年人相同的节目，犯下与成年人相似的错误。"

　　在波兹曼看来，如果社会没有注意到孩子们与成年人的世界之间巨大的差异，那是非常危险的。他认为，孩子们必须慢慢地且循序渐进地发现人生的秘密，并且必须一直与他们的精神状况和现有能力保持一致。

　　目前，孩子们的跑动和玩耍的环境已经遭受到从自然山水到都市丛林的巨大转变，这种发展制约了孩子们从自然中学习和秉承自然的机会。相反，他们往往会被迫按照违背他们自身天性的方式跑动（例如，只有在斑马路上才可以过马路，或者在家里玩电脑游戏而不是到户外玩耍呼吸新鲜空气）。由于孩子们已经缺失了以前影响他们父母和祖父母的教育与发展的自然环境，因此他们会必须自己学习和体会代替之前环境的现代环境。这就是学校和俱乐部组织体育活动对于青少年的生活质量如此重要的原因！

　　我们的足球世界反映了目前的情形，孩子们不能够像以前一样在街上或其他自然环境下练习特定的比赛，并且不断增加的城市化景观也让他们中的大多数无法使用他们的祖父母们以前玩耍的自然环境。

　　在我们如此先进的社会中，除了在远离他们家园的人工草地上进行比赛，年轻的男孩和女孩（在很多俱乐部和学校里）必须接受刻板的训练方法和比赛，这些训练和比赛完全没有按照孩子们自然的精神和身体能力来制定规则。

　　无论在哪里，孩子们都会被迫像成年人一样进行训练和比赛，被迫适应原本为成年人所设计的规则。迫切地将天才青少年引入成年人比赛往往导致他们染上以后会限制他们在成年队中表现的坏习惯。

　　我们都清楚，一个机构为8~9岁以及10~11岁的孩子们组织比赛并要求他们按照与成年人相同的规则进行比赛，这些训练和比赛过程中的学习目标、内容及形式，对于孩子们而言要求都是很高的。这意味着，如果比赛的结构是错误的，那么教练训练青少年运动员的方式肯定也是不正确的。

　　经验表明，只有当孩子们证明他们取得了成功或者获胜，父母以及俱乐部的管理者才会认可青少年运动员的教练，但是，在传统的比赛中取得这种类型的成功，教练必须以非常类似于成年人的方式以及差不多一样的内容和方法来训练青少年运动员。

　　这种系统中的初学者会被迫在每个星期参加比赛，而比赛的成功主要由某种特定技术（长传）以及破坏性或者消极的战术所决定，这就迫使教练必须在有限的可用训练时间（一般是一个星期3小时）中几乎时刻关注于赢得胜利的独特技术。他们害怕在培养孩子们的开始阶段将时间浪费在大量的体能活动和问题解决情形上，但是，只有通过这种系统的方式，孩子们才能掌握一定水平的协调性和调节能力。众所周知，这些能力对于青少年未来表现的提高是不可或缺的。

　　虽然几乎所有的运动科学家都认可这种培养模式，但是很少有运动协会使用这些重要的专业建议。相对于通过采用适合孩子们能力的训练和比赛，模拟自然情况并耐心培养所有必需的能力，很多青少年运动员教练仍然迫使他们像成年人一样进行比赛。

　　稍微改变一下波兹曼的话，我们认可这样的说法，"一旦我们允许孩子们接触成年人信息的禁果（比赛），我们就会将他们驱逐出幼年期的乐园"。显然在世界的很多方面看起来都是这样的，很多青少年足球运动员的老师和教练仍然生活在中世纪，为什么这么说呢？在中世纪，只有婴儿和成年人。在6~7岁的年龄阶段，一个人已经被看作是成年人了，因为他参加了成年人的活动：孩子们工作、吃饭、穿衣和动作都跟成年人一样。我们还将允许这些教练和管理者继续妨碍下一代足球运动员的自然发展多久呢？

实现持续不断改善的10条规则

　　（1）做好放弃自己思维模式的准备。

　　（2）在执教时，要不断地提问自己执教的内容和方式以及现在自己所完成的事情。

　　（3）为了克服运动员或球队的某些弱点，仅仅发现和诊断问题是不够的，还必须寻找到问题的根源，同时采取相对的补救措施。

　　（4）为了下次比赛表现得更好，必须考虑和完善运动员表现的每个组成部分；细微的细节调整可以显著改变情形。

　　（5）循序渐进地取得进步。

　　（6）很难找到100%的解决方法。

　　（7）表现优秀与表现良好之间的差异在于付出的努力更多些。

　　（8）为明天做得最好的准备是以最理想的方式完成今天的工作；最后的胜利来自于一系列细小且日常的成功。

　　（9）因为我们自己无法了解所有的人，因此以球队的方式进行比赛可以确保更好的结果。

　　（10）持续不断地完善是一个循序渐进的过程。

　　这是一个循序渐进且专为青少年运动员设计的训练，目的在于培养他们在比赛方面不断成长和发展的积极性。这个培养模式有利于他们在通往成年人比赛的光辉道路上不断地成长为越来越好的运动员，同时还可以培养他们对运动以及足球比赛的热爱之情。

参考文献

Almond, L. 1983. Teaching games through action research. Pp. 185-197 in Teaching Team Sports.

Roma: Comitato Olimpico Nazionale Italianio/Scuola dello Sport.

Andresen, R., and G. Hagedorn. 1976. Zur Sportspiel-Forschung, Band 1. Berlin: Bartels und Wernitz.

Blázquez Sánchez, D. 1995. La iniciación deportiva y el deporte escolar. Barcelona: INDE Publicaciones.

Bohm, D., and F. P. Peat. 1987. Science, Order, and Creativity. New York: Bantam Books.

Diem, C. Lectures author attended at Deutsche Sporthochschule Köln, 1960s.

Dietrich, K. 1968. Fussball Spielgemäss lernen-spielgemäss üben. Schorndorf (Germany): Verlag Hofmann.

Dietrich, K., and G. Landau. 1976. Beiträge zur Didaktik der Sportspiele, Teil 1. Spiel in der Leibe-serziehung. Schorndorf (Germany): Verlag Hofmann.

Durand, M. 1988. El niño y el deporte. Barcelona: Ediciones Paidos.

Filippi, C. Análisis de los 52 partidos del Campeonato Mundial en 1994. Il Nuovo Calcio. Número 112.

Gallahue, D. 1973. Teaching Physical Education in Elementary Schools, 5th edition. Philadelphia: Saunders.

Gallahue, D., and B. MacClenaghan. 1985. Movimientos fundamentales: su desarrollo y rehabilitación. Buenos Aires: Ed. Médica Panamericana.

Gould, D., and M. Weiss, eds. 1987. Advances in Pediatric Sport Sciences, vol. 2. Champaign, IL: Human Kinetics.

Halliwell, W. 1994. The motivation in team sports. Apuntes de Educación Física y Deportcs, no. 35 (Barcelona), 51-58.

Leitner, S. 1991. So lernt Man lernen. Freiburg (Germany): Herder Verlag. Leitner, S. 1972. So lernt Man lernen. Freiburg (Germany): Herder Verlag. Mahlo, F. 1981. La acción táctica en el juego. La Habana: Ed. Pueblo y Educacíon.

Martin, D. 1982. Grundlagen der Trainingslehre. Schorndorf (Germany): Verlag Hofmann. Millmann, D. 1979. The Warrior Athlete—Body, Mind, and Spirit. Walpole, NH: Stillpoint Publishing.

Morehouse, L., and L. Gross. 1977. Maximum Performance. New York: Mayflower Granada. Mosston, M. 1988. La enseñanza de la educación física. Buenos Aires: Ediciones Paidos. Ostrander, S., N. Ostrander, and L. Schroeder. 1979. Leichter lernen ohne Stress—Superlearning. Bern: Scherz Verlag.

Pierce, W., and R. Stratton. 1981. Perceived sources of stress in youth sport participants. In Psychology of Motor Behavior and Sport. Champaign, IL: Human Kinetics.

Postman, Neil. The Disappearance of Childhood. 1994. New York: Vintage Books. Robbins, A. 1987. Poder sin limites. Barcelona: Ediciones Grijalbo.

Spackmann, L. 1983. Orientamenti practici per l' insegnamento dei giochi. In L' insegnamento dei Giochi Sportivi. Roma: CONI-Scuola dello Sport.

Thorpe, R., and D. Bunker. 1983. A new approach to the teaching of games in physical educa- tion curriculum. In Teaching Team Sports. Roma: CONI-Scuola dello Sport.

Thorpe, R., D. Bunker, and L. Almond, Eds. 1988. Rethinking Games Teaching. Loughborough, UK: Loughborough University.

Wahlsten, J., and T. Molley. 1995. Quality Ice Hockey, Vol. 2. of Understanding and Learning the Game of Ice Hockey. Helsinki: Finlands Ishockeyförbund.

Wein, H. 1999. Fútbol a la medida del adolescente. Sevilla: Federación Andaluza de Fútbol. Wein, H. 2005. Developing Game Intelligence in Soccer. Spring City, PA: Reedswain. Whitmore, J. 1997. Coaching for Performance. London: Nicholas Brealey.

Wilson, V. 1984. Help children deal with stress factors found in competition. In Momentum, Journal of Human Movement Studies, Vol. 9, no. 1 (Edinburgh): 26-28.

Ziglar, Z. 1986. Pasos hacia la cumbre del éxito. Bogota: Editorial Norma S.A.

作者简介

霍斯特•韦恩（Horst Wein）可能是世界上最重要的
足球教练和培训师。他曾在4大洲的53个国家担任各种教
练，同时还撰写了31本与运动相关的书籍，其中4本是关
于足球的。

韦恩是奥林匹克银牌得主的教练。在20世纪70年代
后期，他作为第一位来自西方国家的教练应邀担任苏联顶
级运动员的训练工作，同时他还参加了两次奥运会、亚运
会并担任世界上最重要的足球俱乐部之一——国际米兰的
顾问。

霍斯特•韦恩曾与西班牙皇家足球协会研究中心（CEDIF）合作，同时他还到处旅游，
帮助其他人采用更加适合青少年运动员的足球比赛。联合国邀请他帮助设计其在南美洲的
足球学校项目。他还担任过英国耐克超级足球培训项目指定总教练。

译者简介

李东波

十六年职业足球生涯，曾效力辽宁和北京国安足球俱乐部。

国家级运动健将，曾入选国家队、国奥队。

国家沙滩足球和U-19男足助理兼体能教练。

国家体育总局体育科学研究所青少年体育研究与发展中心助理研究员。

主要研究方向：体能训练和青少年体质健康促进。